当代中国民生论

于慧颖 著

广西师范大学出版社
·桂林·

当代中国民生论
DANGDAI ZHONGGUO MINSHENGLUN

图书在版编目（CIP）数据

当代中国民生论 / 于慧颖著. -- 桂林：广西师范大学出版社，2023.12
　　ISBN 978-7-5598-6699-8

Ⅰ.①当… Ⅱ.①于… Ⅲ.①人民生活－研究－中国－现代 Ⅳ.①D669.3

中国国家版本馆 CIP 数据核字（2023）第 239144 号

广西师范大学出版社出版发行
（广西桂林市五里店路9号　邮政编码：541004）
　网址：http://www.bbtpress.com
出版人：黄轩庄
全国新华书店经销
广西广大印务有限责任公司印刷
（桂林市临桂区秧塘工业园西城大道北侧广西师范大学出版社集团有限公司创意产业园内　邮政编码：541199）
开本：700 mm × 960 mm　1/16
印张：27　　字数：312千
2023年12月第1版　　2023年12月第1次印刷
定价：79.00元

如发现印装质量问题，影响阅读，请与出版社发行部门联系调换。

目　录

一

马克思的民生思想研究　3

马克思社会革命的理论前提及其当代价值——以《论犹太人问题》
　　为中心的考察　14

先秦诸子民生思想研究　30

试论近代爱国人士对中国共产党民生思想的影响——以梁漱溟、
　　辜鸿铭、张竞生、晏阳初为例　45

毛泽东民生思想及其当代价值　51

新中国成立初期周恩来的民生思想　67

江泽民人权思想的理论价值和实践意义　80

二

习近平民生理念形成的理论与实践根源探析　93

习近平民生重要论述的主要特点论析　112
习近平关于民生论述的本质特征及其现实意义　128
习近平民生论述的理论价值与实践意义　152
彰显人民至上的价值取向　169
深刻理解共享发展理念　174

三

红色精神是实现中国梦的巨大力量　179
伟大建党精神在百年征程中的实践意义探析　191
伟大建党精神的传承与坚守　216
传承红色精神,锤炼当代青年精神品质　229
中国共产党人理想信念的关键特质探析　255

四

思想政治理论课"显性教育与隐性教育相统一"的内在规律　283
思想政治理论课价值性与知识性相统一的实现路径　297
大中小学道德观教育一体化的实现路径探索　311
思想政治理论课内容衔接一体化探析　325
思想政治教育价值浅析　339
社会主义核心价值体系的民生导向　343

五

新时代全面深化改革必须坚持马克思主义指导地位　357
马克思主义科学理论指导是我国改革成功的重要经验与原则　364
现代科技革命与振兴东北老工业基地的关系　383

吉林省民营经济发展中存在的问题	*391*
加快吉林省民营经济发展的对策及建议	*399*
浅谈创新行政管理方法与提高基层政府管理能力	*410*
网络公共事件中政府回应路径选择探究	*414*
新时期我国政府职能转变存在的问题及对策	*420*

马克思的民生思想研究

马克思的民生观是马克思在欧洲近代历史研究中所形成的有关民生问题的价值分析、理念论证和理论创造。马克思民生思想的形成是与他当时所处的社会环境、家庭环境和所受到的教育密不可分的。马克思曾生活在一个阶级矛盾极其尖锐复杂的社会环境中,现实的生活条件为马克思民生思想的形成提供了社会动力;而家庭环境的影响,使马克思从小就充满了对贫苦人民的同情。同时,马克思对优秀思想家民生思想的研究和继承,也为其民生思想的形成奠定了坚实的理论基础。从本质上说,马克思的民生观源于人类自身关注生存和发展的社会属性;在实践形态上,马克思的民生思想是科学社会主义运动的产物;在观念形态上,马克思的民生思想表现为丰富多彩的理论样式。马克思民生观的多样理论形态既是西方民生思想在近代欧洲的自然沉淀,又是理论家博采众长、推陈出新的必然结果。马克思的民生思想在马克思主义的就业理论、女性学说等诸多领域都有各自的表现形态,这些不同的理论形态分别表现为马克思主义的就业民生观和女性民生观等。深刻分析和挖掘马克思的民生思想,对推进我国关注民生、改善民生的实践具有重要的理论意义。

一、马克思关于促进知识阶层就业的民生思想

马克思认为,在资本主义社会,由于功利主义、法律束缚和奴化教育的影响,广大的知识阶层普遍存在着知识片面发展的情况。马克思指出:"不仅是工人,而且直接或间接剥削工人的阶级,也都因分工而被自己活动的工具所奴役;精神空虚的资产者为他自己的资本和利润欲所奴役;律师为他的僵化的法律观念所奴役,这种观念作为独立的力量支配着他;一切'有教养的等级'都为各式各样的地方局限性和片面性所奴役,为他们自己的肉体上和精神上的近视所奴役,为他们的由于受专门教育和终身束缚于这一专门技能本身而造成的畸形发展所奴役。"[①]由于每一个人所拥有的知识具有片面性,知识阶层的显性或隐性失业问题变得特别突出。知识阶层的就业困难不仅造成人类知识资本的巨大浪费,也不断冲击着业已处于衰落状态的人类文化精神。

对此,马克思特别重视知识阶层的就业问题,并在此基础上提出了许多民生就业思想和民生就业理论。

---

① 《马克思恩格斯全集》(第23卷),北京:人民出版社,2001年,第207页。

(一)造成知识阶层失业问题的民生因素在于忽视知识的物质生产力价值

对于知识的作用,马克思特别强调:"复杂劳动等于倍加的简单劳动。"在这里,复杂劳动就是指具有一定知识和智慧凝结的劳动。由于知识在生产上的巨大作用,因此马克思主义一贯认为,知识和科学技术是生产力。如果知识和技术能够被合理地使用和发展,那么人类将会不断地向文明社会过渡,但由于制度因素,资本主义社会掌握知识的工人阶级往往处于失业或半失业的边缘状态。对此,马克思指出:"工资决定于资本家和工人之间的敌对的斗争。胜利必定属于资本家。资本家没有工人能比工人没有资本家活得长久……。土地所有者和资本家可以把产业收益加进自己的收入,而工人除了劳动所得,既无地租也无资本利息。"[1]工人在这种不利的条件下,他们的工资只能维持"在劳动期间的生活费用,再加上使工人能够养家糊口并使工人种族不致死绝的费用"[2]。在这样的社会条件下,无论社会状态好与坏,工人生活状况都是十分凄惨的,只能维持"牲畜般的存在状态"[3],根本没有幸福。马克思在《经济学手稿》《资本论》中对知识阶层的失业问题进行了论述,对资本主义社会条件下工人的就业问题进行了揭示和批判,指出资本主义社会所存在的对知识阶层的歧视和对基础生产力的忽

---

[1] 马克思:《1844年经济学哲学手稿》,北京:人民出版社,2000年,第7页。
[2] 马克思:《1844年经济学哲学手稿》,北京:人民出版社,2000年,第7页。
[3] 马克思:《1844年经济学哲学手稿》,北京:人民出版社,2000年,第7页。

视是造成工人阶层失业的主要原因。

(二)解决知识阶层就业问题的民生措施是实行社会所有制的运作理念

马克思认为,资本主义社会不可能从根本上解决知识阶层的失业问题。在资本主义私有制的社会形态下,随着资本有机构成的不断提高,资本家投入的可变资本相对于不变资本来说不断减少,这种相对减少随着总资本的增长而加快,而且比总资本本身的增长还要快,从而使雇佣劳动的数量也相对减少,进而导致大量劳动者被排挤在资本主义生产之外,成为失业者。同时,新技术的采用使劳动力的一般作业趋于简单化,出现了不熟练劳动力与熟练劳动力的竞争,以及妇女、儿童可能代替成年劳动力的情况。另外,资本主义的激烈竞争也使一些中小企业资本家陷于破产,被推入无产者行列。可见,在资本主义私有制的条件下,就业问题根本得不到实质性的解决,而"民生问题"也因此不能得到真正的关注。基于此,马克思提出了"社会所有制"的民生解决思路。他指出,只有实行生产资料的社会化占有制度,即全体劳动者共同占有生产资料,彻底实现劳动者与生产资料在社会范围内的直接结合,使劳动者成为名副其实的社会主人,并享有天然的、神圣的劳动就业权,资本主义社会的失业问题才能从根本上得到解决。马克思认为,在这样的体制下,"除了个人的消费资料,没有任何东西可以成为个人的财产"①,任何个人都无法通过资本积累建立私有经济,劳动者与公有资料的直接结合是取得所需消费资料的唯一途径。由此可见,马克思的"社会所有制"思想是指社会可以根据生产和个人的需求统一配置劳动力,"同资本主义社会相反,个人的劳动不再经过迂回曲折的道路,而是直接作为总劳动的组成部分存在着"②。基于此种认识,马克思坚定地认为,这种"劳动的社会所有制"措施克服了私人劳动与社会的矛盾,体现了人类社会最基本的就业理念,因而必将成为解决资本主义失业问题的根本措施。当然,具体到怎样在实践中推行这一民生措施,马克思并没有给出直接的经验。

二、马克思关于加强对弱势群体人文关怀的民生思想

马克思非常重视对弱势群体的人文关怀问题,并在此基础上形成了许多有价值的民生思想。具体表现在以下几个方面:

(一)关注儿童发展的民生思想

马克思坚决反对使用童工,认为资本主义早期的原始积累是建立在剥削和使用童工的基础之上的,是不人道的。马克思义正词严地指出:"如果不把儿童和青少年的劳动和教育结合起来,那

---

① 《马克思恩格斯选集》(第3卷),北京:人民出版社,1995年,第303—304页。
② 《马克思恩格斯选集》(第3卷),北京:人民出版社,1995年,第303—304页。

就无论如何也不能允许父母和企业主使用这种劳动。"①针对资本主义社会广泛存在的使用童工的现象,马克思提出了解决问题的办法,指出工人阶级的主要任务首先必须使青少年、儿童免受工厂主的掠夺性剥削,同时制止亲生父母迫于生计而把自己的子女当作劳动力出卖给工厂主。为此,应当利用资产阶级的国家政权来反对资产阶级对童工劳动的毫无限制的使用,迫使资产阶级通过有利于工人子女受到切实教育的法令。在1866年日内瓦第一国际代表大会上,马克思写了《临时中央委员会就若干问题给代表的指示》一文,指出"首先应当使工作的儿童和少年不受现代制度破坏作用的危害。这只有通过变社会意识为社会力量的途径才能办到,而在目前条件下,只有通过国家政权施行的普遍法律才能办到。工人阶级要求施行这种法律,决不是巩固政府的权力。相反,工人阶级正在把目前被用来反对他们的政权变为自己的武器。工人阶级通过普遍的立法行为能够得到靠许多分散的个人努力所无法得到的东西"②。对于未达到劳动年龄的儿童,马克思认为需要给予特殊的生活保障。"那些由于年龄关系还不能参加生产……的人,是未来社会生产和社会活动的主体,在没有具备参加生产劳动能力的阶段,需要社会为他们提供部分生活保障。"③马克思认为,只有这样才能使他们健康成长,进而促使整个社会向着和谐稳定的方向发展。儿童是社会的未来,关注儿童就是关注社会的发展和国家的希望。马克思关注儿童发展的民生思想时至今日仍闪

---

① 《马克思恩格斯全集》(第16卷),北京:人民出版社,1964年,第217—218页。
② 《马克思恩格斯全集》(第16卷),北京:人民出版社,1964年,第217—218页。
③ 马克思:《资本论》(第3卷),北京:人民出版社,2004年,第960—961页。

耀着智慧的光芒。

(二) 关于老弱病残孕生存和发展的民生思想

马克思认为,社会对于"那些由于年龄和身体关系……已不能参加生产的人",应该给予基本的生活保障。这些需要特殊照顾的人群包括:原来是生产劳动者,现在由于年老已不能参加生产劳动的人;因疾病而丧失劳动能力的人;因残疾而一直不具备劳动能力或不具备健全人的劳动能力的人;因维持人类延续而怀孕的妇女。马克思曾经指出:由于社会劳动者在参加生产劳动时生产的社会总产品在分配给劳动者个人进行消费之前,已从其中扣除了一部分,并且"为丧失劳动能力的人设立了各种基金"[①],因而,劳动者年老失去劳动能力而不能参加生产劳动时获得的基本生活保障,实质上是其劳动报酬的延期返还;那些因残疾而丧失劳动能力的人获得的基本生活保障,实质上则是一种社会救济或救助。

(三) 关于民生保险的思想

基于对弱势群体民生的关注,马克思阐述了崭新的民生保险理论。这一理论可以说是马克思主义发展史上最早的社会主义民生保险理论。首先,马克思认为,社会的物质资料再生产具有风险性和不确定性,需要社会提供保险基金予以保障。马克思在分析

---

① 《马克思恩格斯选集》(第3卷),北京:人民出版社,1995年,第303—304页。

不变资本再生产时指出,"不变资本在再生产过程中,从物质方面来看,总是处在各种会使它遭到损失的意外和危险中。因此,利润的一部分,即剩余价值的一部分,从而只体现新追加劳动的剩余产品(从价值方面来看)的一部分,必须充当保险基金"①。这里的"危险",即现代所指的可以预料的或可以想到的"风险性";而"意外"的本意则是出乎人们的意料,是无法从主观上想到的,也即现代所指的"不确定性"。其次,马克思认为,对人民物质生产和生活的基本保障应该是与人类社会发展过程相始终的现象,而不是阶级社会所特有的现象。恩格斯指出:"劳动产品超出维持费用而形成的剩余,以及生产基金与后备基金从这种剩余中形成的积累,过去和现在都是一切社会的、政治的、智力的继续发展的基础。"②马克思进一步指出,保险基金"也是在剩余价值、剩余产品、从而剩余劳动中,除了用来积累,即用来扩大再生产过程的部分以外,甚至在资本主义生产方式消灭以后,也必须继续存在的唯一部分"③。可见,马克思一直试图寻求一种适用于一切社会形态的民生保险措施。除去此种设想的理想成分,应该说,马克思的社会保险思想是具有一定进步意义的。

三、马克思关于关注女性发展的民生思想

马克思曾经说过:"每个了解一点历史的人也都知道,没有妇

---

① 《马克思恩格斯全集》(第25卷),北京:人民出版社,1972年,第958页。
② 《马克思恩格斯全集》(第20卷),北京:人民出版社,1971年,第220—221页。
③ 《马克思恩格斯全集》(第25卷),北京:人民出版社,1972年,第958页。

女的酵素就不可能有伟大的社会变革。社会的进步可以用女性的社会地位来精确地衡量。"①基于此种认识,马克思在很多场合多次指出,女性作为性别上的相对体,在整个人类社会的发展中起了非常重要的作用。然而在很长一段时期里,女性在社会生活中一直处于弱势的地位。历史进入近代以来,女性在就业、教育、生活保障、就医、从政等方面仍然受到诸多的限制。总结起来,马克思关注女性发展的民生思想主要表现在以下几个方面:

(一)经济基础是女性民生地位嬗变根本

马克思在《资本论》中曾写道:"没有经济的独立,就没有人格的独立。"经济基础决定人在社会生产关系中的地位。自母系社会解体后,在社会大生产中女性便处于劣势的地位,自然而然地沦为被压迫者;男性则成为家庭和社会中的主宰者,长期扮演着压迫者的角色。而造成这种状况的根本原因就是人作为类存在物在经济能力和经济地位上的差异。

(二)阶级矛盾是女性民生地位变化的主因

在有阶级的社会里,马克思坚持认为,需要区分对立的群体及社会、政治和经济的不平等,这些不平等既使对立的群体分裂,又使他们相互依存。马克思提倡研究阶级的形成过程及性别、民族、

---

① 《马克思恩格斯全集》(第32卷),北京:人民出版社,1972年,第571页。

种族的等级形成过程。对于这些认识,美国学者指出:"马克思对社会问题的分析,不仅有性别差异,也有阶级分化。为了理解社会文化的产生以及它们的变迁,女性主义必须辨识人类生活中的性别角色,这是地道的女性主义方法,也是一种马克思主义的方法。"[1]从这里可以看出,马克思一直认为,女性文化地位的变迁是以阶级矛盾为主要动力的。客观分析马克思的观点,我们认为,从阶级地位的变化分析女性社会地位的变迁,不失为一种合理的政治人类学方法,但不可否认的是,阶级地位的变化有时与女性的幸福感指数并不成正比。阶级的存在只是女性民生地位变化的助力而已。

(三)女性民生地位变化的前景是消除人性的异化

马克思指出,资本主义社会广泛存在着异化问题。这些异化首先是劳动的异化,然后是母性的异化,最后是妇女自身的异化。人类的劳动原本应该是为了生存,或者是为了创造的快乐。但它渐渐被异化为一种资本的社会生产,变成一种苦工而不是快乐。同样,女人天生的母性也异化为父权制体系下的资产一般的生养工具。这些最终导致了女性自身的异化,也相对地导致了男性的异化。而要消除这些异化,马克思接着指出,必须实现妇女的彻底解放。马克思认为,妇女解放的根本途径是使妇女摆脱私人性的家务劳动的束缚,充分投身于社会劳动中,并且使家务劳动转变成

---

[1] [美]罗伯特·沙雷尔、温迪·阿什莫尔:《考古学:发现我们的过去》,上海:上海人民出版社,2009年,第58页。

一种社会行业。在马克思看来,"现代化工业为妇女摆脱私人家务,开辟了参加社会生产的途径。大工业,使妇女重新回到社会生产之中,逐步使家务劳动社会化,这是巨大进步,对家庭及其道德也将产生积极的作用"①。从以上的分析可以看出,马克思的女性解放理论主要关注的是资本主义的经济暴政,对妇女问题的思考只是其反思经济暴政问题的一个视点。所以在马克思那里,女性获得真正解放的根本前提是消灭私有制。马克思反对压迫与剥削、关注人的生存与解放的价值取向表现了马克思主义者对社会民生的深切关注。

(原载《经济纵横》2010年第11期)

---

① 章海山:《马克思主义伦理思想发展的历程》,上海:上海人民出版社,1991年,第248页。

马克思社会革命的理论前提及其当代价值

——以《论犹太人问题》为中心的考察

马克思的社会革命理论作为超越资产阶级政治革命的理论，蕴含着超越现代资产阶级政治哲学的理论前提。他曾在《共产党宣言》中对资产阶级革命作出历史定位：正面的评价是"资产阶级在历史上曾经起过非常革命的作用"[1]，通过对世界市场的开拓与推进，资产阶级革命使一切国家的生产和消费都成为世界性的；负面的批评是"资产阶级使农村屈服于城市的统治"[2]，"使东方从属于西方"[3]。这里，马克思既肯定了资产阶级政治革命对于世界历史的进程所做出的重要贡献，即在人类历史上作为政治革命实践的典范开拓了人类文明新的里程；又揭示了资产阶级革命的固有局限性，即其所遵循的革命意识形态是"资产阶级的生产关系和所

---

[1]《马克思恩格斯选集》(第1卷)，北京：人民出版社，2012年，第402页。
[2]《马克思恩格斯选集》(第1卷)，北京：人民出版社，2012年，第405页。
[3]《马克思恩格斯选集》(第1卷)，北京：人民出版社，2012年，第405页。

有制关系的产物"①。具言之,资产阶级将利己的所有制关系与生产关系从一种暂时性与时代性中剥离出来,并将之塑造成一种永恒的理性规则,从而将其特殊的阶级利益塑造成普遍的资产阶级意识形态。这是资产阶级革命意识形态的根本理论限度与前提。对此,马克思在根本处给予批判与回应,提出超越政治革命的社会革命理论。在他看来,以共产主义革命为旨归的社会革命,必须"同传统的所有制关系实行最彻底的决裂;毫不奇怪,它在自己的发展进程中要同传统的观念实行最彻底的决裂"②。这两个决裂指向问题根本,也是马克思社会革命理论的前提与基础,传统的所有制与传统观念是社会革命要打破的、由资产阶级革命所树立的"坚固形象",其遵循着市民社会的特殊性原则。对政治革命的局限性与对社会革命的理论前提的最有力批判与阐述,便是马克思的《论犹太人问题》。他认为"政治革命是市民社会的革命"③,而市民社会所遵循的是特殊性原则,这种特殊性原则就是对资产阶级私有制的确认与肯定。此核心观念贯穿于马克思的各个文本。在马克思看来,由资产阶级私有制确立的近代政治哲学的重要论题,如自由、平等、人权、财产权等均属资产阶级的法权话语,是资产阶级的意识形态而非关于人类解放的真理。因此,马克思认为,必须进行一场由无产阶级主体领导的社会革命来实现真正的人的解放。

人的真正解放是马克思社会革命理论的价值诉求和目标指向。在当今时代,中国特色社会主义实践作为一场深刻的社会革

---

① 《马克思恩格斯选集》(第1卷),北京:人民出版社,2012年,第417页。
② 《马克思恩格斯选集》(第1卷),北京:人民出版社,2012年,第421页。
③ 《马克思恩格斯选集》(第1卷),北京:人民出版社,2012年,第44页。

命,始终以马克思主义理论作为旗帜与基础,同时基于中国实际情况与具体国情进行伟大探索,其所取得的成就必定会折射出马克思社会革命理论的内在价值。在中国特色社会主义建设过程中,习近平总书记提出"人类命运共同体"理念,其定位于"人类社会"的哲学立场有利于打破资产阶级意识形态中孤立的、封闭自身的个人主义原则,也有助于实现全人类普遍的和真正的社会交往,最终达至真正的人类命运共同体。这些中国化马克思主义新成就,既是当代中国马克思主义者对人类文明的新贡献,也是马克思的思想尤其是他的社会革命理论的当代效应与价值的体现。

一、政治革命与"市民社会"的特殊性原则

在1843—1844年间,马克思对资产阶级自由主义观念做出深刻反思,并初步阐述了其共产主义思想。在这一时期,他认真研究法国大革命,将之看作资产阶级革命的典范,从中考察资产阶级政治革命的限度。对此,他在《论犹太人问题》中,阐明作为政治革命典范的资产阶级革命的基本性质和局限性,指出资产阶级在革命进程中所获得的政治解放,并未能解决市民社会和政治国家之间的矛盾,也无法有效解决作为市民社会成员的个人和作为国家公民的个人之间的矛盾。在马克思的论述中,政治解放不是人的解放的最终形式,而仅仅是市民社会从政治国家中的解放,"是市民社会的利己主义精神的解放"[①],因此,"政治解放不是人的解放的

[①] 林进平:《马克思〈论犹太人问题〉研究读本》,北京:中央编译出版社,2016年,第157页。

完成,只是人的解放的一个环节"①。对此,马克思在《论犹太人问题》中指出:资产阶级革命所诉求的政治解放,不会触动市民社会中存在的经济压迫和不平等,政治解放实现了政治国家和市民社会之间对立的完成,在此情形下,人过着一种典型的二元对立的生活,因此政治解放是同真正的人的解放相对立的,解放不能仅仅止步于政治解放,而要彻底意识到政治解放的局限性,对其展开更深入的批判。也就是说,政治解放绝不是解决问题的最终方法,因为"政治解放不仅以异化为前提","而且它的自由和平等观念的实现也要求政治变革与社会变革"。② 马克思认为,人的真正的解放要通过消灭资产阶级私有制,即通过共产主义革命(社会革命)来实现国家和社会的彻底变革。显然,马克思在《论犹太人问题》中指出资产阶级政治革命实践的限度:以财产权为基础的资产阶级个人自由无法实现人的真正的解放,这是问题的根本。他认为理论研究必须彻底,"所谓彻底,就是抓住事物的根本"③。对此,他提出超越政治革命实践的社会革命理论,力求突破资产阶级革命的理论局限与实践限度,在根本处洞悉政治解放的限度。因此,他对资产阶级革命所实现的政治解放与社会革命所指向的人类解放进行了深入讨论与阐述。如果说政治解放的立脚点是"市民社会",那么人类解放的立足点便是"人类社会或社会化的人类"。马克思所指向的社会革命的哲学前提与哲学意蕴,是超越市民社会特殊性

---

① 林进平:《马克思〈论犹太人问题〉研究读本》,北京:中央编译出版社,2016 年,第 160 页。
② 林进平:《马克思〈论犹太人问题〉研究读本》,北京:中央编译出版社,2016 年,第 253 页。
③ 《马克思恩格斯文集》(第 1 卷),北京:人民出版社,2009 年,第 11 页。

原则的人类社会的真正的普遍解放,其实现中介则是他在《黑格尔法哲学批判·导言》中所提出的无产阶级革命主体。可以说,社会革命的理论内涵与实践诉求贯穿了马克思文本的始终。

在十九世纪三四十年代,犹太人问题成为当时社会热烈讨论的一个问题,也引起青年黑格尔派的广泛兴趣。针对这个问题,马克思重新开始研究他的黑格尔法哲学批判中的基本主题,即被国家公民和社会市民的分裂与对立所决定的政治国家与市民社会之间的分离问题。面对市民社会中个人的二元化的分裂的生活,马克思竭力寻求消除这种分离与达到人的真正解放的另一种道路,从而寻求使人的解放不仅带有"民主主义"的性质,而且带有"共产主义"性质的实践道路。在他看来,"彻底的革命、普遍的人的解放,不是乌托邦式的梦想,相反,局部的纯政治的革命,毫不触犯大厦支柱的革命才是乌托邦式的梦想"[1]。这里,局部的纯政治的革命是以法国大革命为典范的资产阶级革命。在马克思看来,资产阶级革命作为政治革命的典范,其基础与本质特征是"市民社会的一部分解放自己,取得普遍统治,就是一定的阶级从自己的特殊地位出发,从事社会的普遍解放"[2]。市民社会的一部分,即资产阶级显然有明显的经济与政治局限性。首先,资产阶级处在市民社会的产业革命的潮流中,带来的是不同于前现代社会的人与人之间的新型剥削关系,撕开前现代社会温情脉脉的面纱,代之以"利己主义"的冰水,即"实际需要、利己主义是市民社会的原则;只要市民社会完全从自身产生出政治国家,这个原则就赤裸裸地显现出

---

[1]《马克思恩格斯文集》(第1卷),北京:人民出版社,2009年,第14页。
[2]《马克思恩格斯文集》(第1卷),北京:人民出版社,2009年,第14页。

来。实际需要和自私自利的神就是金钱"①;在政治革命中崛起的资产阶级,以财产权为基础宣扬人与人之间的独立、平等的地位,以便破除前现代社会的等级束缚关系。基于此,在资产阶级社会中,支配权主要体现在经济领域与财产关系中,"政治经济学"为资产阶级社会的"政治哲学"代言。也就是说,政治领域所倡导的平等关系,为经济领域的统治与服从关系提供前提条件,在资本主义社会形态中,经济领域占据着主导性地位。

对此,马克思在《论犹太人问题》中以对人权的分析为突破口,指明资产阶级革命所倡导的人权,仅仅是指市民社会中以"自私自利与实际需求"为代表的个体的特殊权利,而在国家层面的普遍意义的公民权依然未得到保障和实现。因此,马克思对各种涉及人权的资产阶级法律进行具体分析与阐释。他认为,资产阶级革命所宣扬的四项人权是值得关注和分析的,主要包括自由权、财产权、平等权与安全权。具言之,资产阶级所提倡的自由无非是分裂的、单子式的自由,其所代表的是人与人之间的相互分离,"这里所说的是人作为孤立的、自我封闭的单子的自由"②。而自由这一基本权利主要表现为资产阶级私有财产权的运用,正如马克思所言,"自由这一人权的实际应用就是私有财产这一人权"③。因此,自由权与财产权是互为根基的。而平等权作为自由权的延伸则是"每个人都同样被看成那种独立自在的单子"④。"安全"则是服务于

---

① 《马克思恩格斯文集》(第1卷),北京:人民出版社,2009年,第52页。
② 《马克思恩格斯文集》(第1卷),北京:人民出版社,2009年,第40页。
③ 《马克思恩格斯文集》(第1卷),北京:人民出版社,2009年,第41页。
④ 《马克思恩格斯文集》(第1卷),北京:人民出版社,2009年,第41页。

当时作为统治阶级的资产阶级的,是马克思眼中的警察概念,是黑格尔法哲学理论意义上的"需要和理智的国家"的概念,也是"市民社会的最高社会概念"①,它维系着市民社会中人与人之间的外在的、独立的联系。

然而,新兴的市民社会并没有借助"安全"这一概念而超出自己的利己主义与实际需要的外在形式。相反,"安全"成为利己主义的保障。最终马克思断定,资产阶级革命所宣扬与强调的人权,仅仅是市民社会中人与人相互分离的权利。"任何一种所谓的人权都没有超出利己的人,没有超出作为市民社会成员的人,即没有超出封闭于自身、封闭于自己的私人利益和自己的私人任意行为、脱离共同体的个体。"②因此,政治解放的限度要遵循市民社会的特殊性原则,这种特殊性原则所表现的人的基础便是利己主义的人,是黑格尔理论范畴中的"特殊性原则"与"私利的场所",也是马克思所讨论的犹太教的世俗基础"实际需要,自私自利"③。可见,政治解放仅仅是资产阶级革命所实现的二元对立的完美典型,现代个人由此实现了"市民"与"公民"的完美切换,但这种分裂阻碍人的普遍解放的实现。

二、社会革命的理论前提与人的普遍解放

马克思在讨论完资产阶级革命所宣扬的人的各项基本权利

---

① 《马克思恩格斯文集》(第1卷),北京:人民出版社,2009年,第42页。
② 《马克思恩格斯文集》(第1卷),北京:人民出版社,2009年,第42页。
③ 《马克思恩格斯文集》(第1卷),北京:人民出版社,2009年,第49页。

后,提出一个根本性问题:在这四种资产阶级意识形态论的基本权利中,"人绝对不是类存在物,相反,类生活本身,即社会,显现为诸个体的外部框架,显现为他们原有的独立性的限制。把他们连接起来的唯一纽带是自然的必然性,是需要和私人利益,是对他们的财产和他们的利己的人身的保护"①。这里显露的问题是:资产阶级革命所实现的政治解放,为什么会把市民社会中的个人权利与利益看作人的目的?马克思认为,"尤其令人困惑不解的是这样一个事实:正如我们看到的,公民身份、政治共同体甚至都被那些谋求政治解放的人贬低为维护这些所谓人权的一种手段;因此,citoyen(公民)被宣布为利己的homme(人)的奴仆;人作为社会存在物所处的领域被降到人作为单个存在物所处的领域之下;最后,不是身为citoyen(公民)的人,而是身为bourgeois(市民社会的成员)的人,被视为本来意义上的人、真正的人"。②

马克思尤其强调"人""市民""公民"三个不同论域的概念,指出在市民社会中,只有国家公民才是以人本身为目的存在,然而政治解放的结果却是人们把市民当作目的本身与真正的人的存在。资产阶级革命的功劳就是使得政治国家与市民社会的相互分离,其不仅解放了前资本主义社会,释放市民社会的特殊性因素,也让政治国家获得普遍性。同时,资产阶级革命所带来的政治解放也在现代政治中引入新观念——自由主义意义上的自然人与自然权利的观念。问题的关键是,"人,作为市民社会的成员,即非政治的人,必然表现为自然人。Droits de l'homme(人权)表现为droits na-

---

① 《马克思恩格斯文集》(第1卷),北京:人民出版社,2009年,第42页。
② 《马克思恩格斯文集》(第1卷),北京:人民出版社,2009年,第43页。

turels(自然权利),因为有自我意识的活动集中于政治行为。利己的人是已经解体的社会的消极的、现成的结果,是有直接确定性的对象,因而也是自然的对象"。①

由于其理论本身的局限性,资产阶级政治革命指向的特殊性原则必然在其实践中遭遇悖论,社会革命势在必行。如上所述,政治解放仅是市民与公民、市民社会与国家二元对立的完美典型,本质上只是宗教因素从国家向市民社会的转移,是人被分裂成"犹太教徒和公民、新教徒和公民、宗教信徒和公民"②。政治解放的宗教限度显然导致人的普遍解放的落空。对马克思来说,要实现人的普遍的、真正的解放,就必须研究市民社会对人的束缚及市民社会的运作方式。"我们可以看到马克思清楚地知道市民社会是如何运作的,它的主体是孤立、分化的利己主义的个人"③,它主要运作的概念形式是私有财产、劳动、商品等物质性要素。从这里入手,马克思破解了人的解放的秘密。

通过《论犹太人问题》这一文本,马克思指出奠基于现代革命与现代政治意识中所存在的一对不可调和的矛盾:

一方面,资产阶级革命谋求的政治解放始终把国家当作目的,国家应被认作是具有普遍性高度的、超越市民社会特殊性的存在;另一方面,发生于市民社会中的真实的情形是,市民才是人的真正表现,市民社会才是国家的真正目的。

---

① 《马克思恩格斯文集》(第1卷),北京:人民出版社,2009年,第45—46页。
② 《马克思恩格斯文集》(第1卷),北京:人民出版社,2009年,第32页。
③ 林进平:《马克思〈论犹太人问题〉研究读本》,北京:中央编译出版社,2016年,第16页。

因此,超越政治解放实现人的真正的普遍解放,成为社会革命的理论初衷与前提。社会革命的关键是消灭造成剥削关系存在的条件,而作为革命主体的无产阶级只有解放全人类才能最终解放自身,这就是无产阶级自身存在的秘密。正如马克思所言:"无产阶级宣告迄今为止的世界制度的解体,只不过是揭示自己本身存在的秘密,因为它就是这个世界制度的实际解体。无产阶级要求否定私有财产,只不过是把社会已经提升为无产阶级的原则的东西,把未经无产阶级的协助就已作为社会的否定结果而体现在它身上的东西,提升为社会的原则。"[1]换言之,无产阶级本身就是超越市民社会特殊性原则的普遍性因素,其作为资产阶级社会的"掘墓人",唯有秉持共产主义的原则与理念才能不仅在理论上而且在实践中冲破资产阶级私有制的禁锢,将政治的原则提升为社会的原则,将特殊性原则提升为普遍性原则,这便是社会革命的超越性指向。在马克思、恩格斯看来,社会革命才是真正的、彻底的革命,"政治的和哲学的革命必定通向社会革命"[2]。也就是说,以资产阶级革命为典范的现代革命仅仅将行动局限在政治行动,随着欧洲工人运动的不断兴起,欧洲的无产阶级必须进行一场彻底的社会革命,这场革命不仅寻求无产阶级自身的解放,也致力于人的真正解放,即在世界历史的视域中寻求人的真正的解放与普遍交往。

---

[1]《马克思恩格斯文集》(第1卷),北京:人民出版社,2009年,第17页。
[2]《马克思恩格斯文集》(第1卷),北京:人民出版社,2009年,第87页。

三、马克思社会革命理论的当代性意蕴

马克思对资产阶级政治革命之根本局限性的揭示,以及对社会革命有利于实现彻底的人类解放的阐释有着突出的当代性。

其一,马克思的社会革命理论所追求的目标,即扬弃异化与实现人的真正解放,有着突出的当代性。马克思的社会革命理论作为超越资产阶级政治革命的范畴,对近代资产阶级所带来的现代性问题的诊断和提供的治理方案,均彰显出明显的超越性。首先,以"共产主义"为目标的社会革命理论具有多维的、广泛的理论与实践指向,它不再局限于政治层面的变革要求,而是追求社会方方面面的深刻变革,即包含政治、经济、文化、科技等领域的全方位制度改革。其次,它突出地表现为对现代资产阶级革命所设置的政治解放的超越,以实现人的真正解放的目的。当前资本的原则依然主导着整个社会历程的进展,在资本原则为主导的现代"第二大社会形态"中,个人的独立性是由对"物的依赖性"所决定的,现代人摆脱了有形的统治却深受无形的资本原则的"抽象"统治。自我异化的形式在现代社会非但没有得到缓解,反而以更抽象和隐蔽的形式得到强化。也就是说,资本主义生产关系中所蕴含的内部矛盾依然没有得到缓解。在当代,"资本主义生产关系调整所要达到的缓和矛盾的努力收效甚微,而且这种调整已经几乎接近极限。逆全球化运动、英国脱欧、民粹主义、特朗普上台执政等等,表明资本主义世界已经陷入复杂、深重、尖锐的矛盾体系和系统性危机,

整个资本主义世界已经进入一种近乎撕裂的状态"①。也就是说，在全球化的背景下，以资本主义生产方式为结构的世界历史进程中，安全、秩序、环境、发展等问题都面临重大挑战。扬弃资本主义社会形式下的异化形态与实现人的真正解放，依然是马克思主义社会革命的重要使命。

无产阶级与共产党肩负的历史使命是进行彻底的社会革命，不会仅仅止步于政治革命，而是致力于追求人的真正解放，实现人的全面而自由的发展。马克思指出，无产阶级革命是要消灭一切阶级，进入无阶级社会。这不是基于特殊性原则的隶属于阶级利益的革命，而是拥有"共产主义原则高度的社会革命"②，其要旨是实现真正的人的解放与"自由人的联合体"。这是马克思社会革命理论在当今时代的题中之义。因此，当前的理论工作者和政治实践者在中国特色社会主义新时期的社会革命与建设探索中，一方面仍要关注以资本主义社会为典范的第二大社会形态的新趋势与新动态，努力将资本主义体系的否定性因素转化为积极的革命性因素；另一方面，在社会主义实践过程中，仍须深刻理解马克思所揭示的社会革命的理论前提，以普遍的人的真正解放为旨归，从而超越政治解放的理论限度与实践局限，致力于实现马克思所追求的人的真正共同体中的个性自由和社会平等。马克思的社会革命理论依然是人们在新的历史条件下探索新的社会革命的理论指

---

① 石镇平、石柱邦：《从时代发展深刻认识"两个必然"的科学论断》，《红旗文稿》2017年第23期。
② 曾瑞明：《马克思恩格斯的社会革命论及其当代价值》，《马克思主义研究》2019年第3期。

引,对于当前中国特色社会主义建设与新时代下的具体社会问题的解决,也有着启发意义。

其二,马克思通过其社会革命理论所揭示的"自由人的联合体"思想中的"共同体"理念,有着突出的当代性。习近平总书记提出的"人类命运共同体"理念,与马克思社会革命理论所指向的"自由人的联合体"的思想息息相关。在"自由人的联合体"的理论阐述中,每个人的自由发展是一切人自由发展的前提,这与"人类命运共同体"的理论内涵所表达的所有人的命运都是休戚与共、紧密联系的观点高度一致。"同呼吸、共命运"是当下全球化背景所呈现给人们的客观事实,因此,社会革命理论的价值旨归与目标,即人类的真正解放就是人类命运共同体与自由人联合体的联结点。显然,马克思主义理论中彻底的社会革命所指向的"自由人的联合体"与"人类命运共同体"一样,都是一项艰难而长期的任务。许多历史上曾经发生的社会主义革命运动,并未从根本上严格遵循马克思社会革命理论所阐述的根本原则与要求,而是遗憾地止步于政治革命及政治解放,没有完成彻底的社会革命,从而消灭阶级和实现真正的自由人的联合体。前文已述,在马克思的社会革命理论的根本指向中,无产阶级的历史使命不是满足于政治革命的成功,而是实现人的全面而自由的发展,实现人的真正的普遍的解放。为了完成构建"人类命运共同体"任务,必须坚守中国共产党人的初心和使命,正如习近平总书记所指出的,"人民对美好生活的向往,就是我们的奋斗目标"[1],这是每个共产党人应铭记的重要

---

[1]《习近平谈治国理政》,北京:外文出版社,2014年,第2页。

准则。当然,"人类命运共同体"的构建不是一蹴而就的。有学者认为其正确的路径应该是"积极推动参与主体之间达成各种阶段性的共同目标,以强化彼此的共同联系"①。这个判断是正确的。在笔者看来,能够确保这种阶段性的共同目标不间断地向前进阶的,是马克思所昭示的彻底的社会革命精神,这是中国共产党人一贯秉持的革命精神,后者恰恰折射出中国共产党人的初心和使命。

其三,马克思的社会革命理论相对于资产阶级政治革命的彻底性,即蕴含其中的关于人的全面发展的"解放旨趣"的当代性也值得重视。也就是说,人类社会的当代使命绝非仅仅奠基于伴随政治解放所实现的"物的依赖性"而来的人的"独立性",而是要将人从对以第二大社会形态为典范的物的依赖性中彻底解放,从而实现人的真正的全面发展,将当代社会中"资本的独立性与个人"全然转变为"人的独立性与个性"②。在马克思看来,社会革命与政治革命的根本区别在于:后者只是立足于"市民社会",政治解放所实现的人的独立与自由被资本抽象为物与物的关系;前者则立足于"人类社会",人的真正解放是针对政治解放特殊性原则,而力求达到普遍性原则的高度。因而,社会革命具有理论上的彻底性。马克思指出,欧洲的无产阶级需要一场超越政治革命的彻底的社会革命,这场革命必须通过全面而根本性的社会变革,在实现阶级自身解放的同时就实现了全人类解放,这是无产阶级自身的存在论秘密,即"无产阶级宣告迄今为止的世界制度的解体,只不过是

---

① 刘同舫:《将构建人类命运共同体思想落到实处》,《红旗文稿》2018年第21期。
② 孙正聿:《"现实的历史":〈资本论〉的存在论》,《中国社会科学》2010年第2期。

揭示自己本身的存在的秘密"①。换言之,无产阶级的存在直接表征着对私有财产制与特殊性原则的直接否定,从而在实践中要求"把未经无产阶级的协助就已作为社会的否定结果而体现在它身上的东西提升为社会的原则"②,即把"市民社会"的立足点提升到更高境界中的"人类社会"的立足点。这同样是马克思社会革命理论的根本哲学立场与原则。

综上,从马克思社会革命理论的价值诉求与最终旨趣来看,新时代"人类命运共同体"的提出,彰显了马克思革命理论的全新人类图景与世界图景构想。这为马克思社会革命的当代阐述提供了全新的实践观念设想,是人类文明新形态的全新理论表达与实践诉求,有助于新时代背景下人类的存在方式与思维方式的根本变革。社会革命理论所立足的"人类社会或社会的人类"是一种全球性与全人类的视野,引领着"各个个体、民族和国家的前进方向"③,也是人类命运共同体的根本性立场。为了超越政治解放所界定的特殊的、独特的资产阶级的阶级利益的意识形态,全方位的社会革命必须在全球化的加速进程中实现真正的"普遍交往"形式,从而形成一种真正的共同体或"自由人的联合体"。就马克思的社会革命理论而言,如何在落实"人类命运共同体"的过程中不断深化与建构自身的实践基础,是其革命理论创新的重要契机,也是其理论

---

① 《马克思恩格斯文集》(第1卷),北京:人民出版社,2009年,第17页。
② 《马克思恩格斯文集》(第1卷),北京:人民出版社,2009年,第17页。
③ 刘同舫:《构建人类命运共同体对历史唯物主义的原创性贡献》,《中国社会科学》2018年第7期。

效应在当代发挥作用的重要机遇。因此,社会革命既要立足于当代世界社会主义的具体实践,又要以高于现实的形式指引社会主义历史进程的向前发展。

(原载《现代哲学》2020 年第 3 期)

先秦诸子民生思想研究

先秦诸子的民生思想反映了社会大变革时期民生凋敝的现实图景。道家从自然生态的角度论证了关注民生的理想图景;儒家从自上而下的角度论证了民生关怀的政治和伦理价值;墨家从利益的角度论证了民生关切的经济价值;法家从法律治理的角度论证了民生关切的行政价值。他们的民生观虽然角度不同,但内容中无不充满着对劳动人民的深刻同情和道德体恤。

一、道家的民生思想

道家的民生思想非常丰富,本文仅选具有代表性的老子的民生思想作为论述的主要内容。老子的民生思想可谓一朵奇葩,至今仍熠熠生辉。老子民生思想的主要内容可以概括为以下几个方面:

首先是以"人心"作为民生分析的价值核心。老子具有强烈的爱民重民情结,他指出:"圣人无常心,以百姓心为心。"①在这里,老子要求将百姓的想法作为统治者制定大政方针的基本依据,鲜明地体现了他的以"民心向背"为分析价值的民生思想。老子对春秋战国时期各国兼并、征战频繁、百姓困苦等种种社会现实感同身受,所以他特别重视百姓所承受的疾苦。他指出"人"是宇宙中最伟大之创造物。在"天地人"三和的自然秩序中,"人"是最值得称道的。他指出:"故道大,天大,地大,人亦大。域中有四大,而人居其一焉。"②老子所指称的"人",在现实生活中必衍生为"芸芸民众百姓"。故此,老子提倡执政者要以尚民为先,其次要"爱民治国"。

其次是崇俭抑奢的美德民生观。春秋战国时期,诸子对"德"的探讨基本上是在关注民生的前提下进行的。老子的"节用"思想可以说体现了"百家争鸣"时期"经世致用"思想的核心理念。老子说:"我有三宝,持而保之。一曰慈,二曰俭,三曰不敢为天下先。"③"俭"即"节省"之意。谈到个人"节俭"美德的养成,老子的思想便走向了对欲望的有效控制上。其提倡为政者要"塞其兑,闭其门",要"见素抱朴,少私寡欲",④不要过分放纵自己的私欲去追求感官的享乐。应说明的是,老子的"节欲"观并没有脱离人民群众的民生视角。他所说的"五色令人目盲;五音令人耳聋;五味令人口爽;驰骋畋猎,令人心发狂;难得之货,令人行妨"⑤,是建立在对人类生理发展的客观规律的认识上的,是人的生理自然之欲。

---

① 陈鼓应:《老子今注今译》,北京:商务印书馆,2003年,第132页。
② 陈鼓应:《老子今注今译》,北京:商务印书馆,2003年,第135页。
③ 王弼注、楼宇烈校释:《老子道德经注》,北京:中华书局,2011年,第176页。
④ 陈鼓应:《老子今注今译》,北京:商务印书馆,2003年,第176页。
⑤ 陈鼓应:《老子今注今译》,北京:商务印书馆,2003年,第177页。

不论王侯,还是百姓,如整日沉溺其中,必会导致"益生"("益生"是指对个人发展极其有害的一种习惯和行为)。过分纵情,将加速个人生命的提前终结。所以,老子大力呼吁"俭,故能广"。①

再次是慎刑薄赋的民生观。"德刑相辅"从来是统治阶级治理国家的主流"工具理性"话语。老子提倡"慎刑"。老子认为,刑罚的主要作用是约束人们的行为,而不是限制人们的行为。刑罚的使用应该尽量做到公正合理,不能有任何偏差。老子认为,只有这样的"刑罚"才是真正有利于百姓的法治,否则就是专制。基于此种看法,老子还提出了"无为而治"的执政理念,并借此来反对统治阶级的苛捐杂税。老子指出:"无为而无不为。取天下常以无事,及其有事,不足以取天下。"②他认为,百姓之苦往往超出统治者的想象,而国家的赋税又往往名目繁多。他一再强调,即使不能让老百姓获得即时的实惠,执政者也不能广征赋税,而是要推行"无为"之治,减轻百姓的负担。

最后是正义治国的价值民生观。在中国古代,"正义"概念的歧义性并没有泯灭思想家探索"良好正义社会"的美好追求。老子提倡公平正义,指出"以正治国"③是建立一个秩序良好的"道治"社会的必然要求。在这样的社会里,"民各甘其食,美其服,安其俗,乐其业"④。而"公正"则是民生要求的首要的价值支撑。离开了正义的导向,统治者的政策无疑是执行财富的"不公平"分配的

---

① 陈鼓应:《老子今注今译》,北京:商务印书馆,2003年,第179页。
② 陈鼓应:《老子今注今译》,北京:商务印书馆,2003年,第184页。
③ 陈鼓应:《老子今注今译》,北京:商务印书馆,2003年,第188页。
④ 陈鼓应:《老子今注今译》,北京:商务印书馆,2003年,第190页。

必然结果。故此老子提出了自己的"天道正义民生观"。老子指出:"天之道,其犹张弓欤?高者抑之,下者举之,有余者损之,不足者补之。"①这是说"天道"好比弓弦,如果想把弓调好,就应该把装高的弦弄低,把装低的弦提高,把多余的弦去掉,把不足的弦补上。只有这样,"天道"才是公正的,否则,统治者就会以"天道"之名行"剥削"和"压迫"之实。道家民生思想自老子之后,经由后世的庄子和很多其他思想家的发挥,已呈多姿多彩的态势,道家所阐发的自然正义民生思想亦为今天的许多学者所承继。

二、儒家的民生思想

儒家创始人孔子曾提出统治者要"节用而爱人,使民以时"②和以"民之所利而利之"③的民生思想,④这一思想被孟子所承继,发展为"民为贵,社稷次之,君为轻"⑤的"民贵君轻"的民生政治思想,鲜明展现了中国古代民生思想的本质所在。儒家的民生思想基本上属于自上而下的"权威主导型"民生观,尽管这种民生思想体现了统治阶级对自身政治统治的强化和对人民权利的极大约

---

① 陈鼓应:《老子今注今译》,北京:商务印书馆,2003年,第155页。
② 朱熹:《四书集注》,长沙:岳麓书社,1987年,第223页。
③ 朱熹:《四书集注》,长沙:岳麓书社,1987年,第285页。
④ 此两处文献中所提到的"民",很明显指的是"普通的劳动人民"。"使民以时"是说统治者要在农闲时使用民力,避免影响农业生产。以"民之所利而利之"是说统治者要利民、富民、保民、爱民,要体察和顺应民心的向背。这些思想主要体现了儒家的农业民生思想和经济民生思想,是先秦儒家关注民生的生动体现。有些学者认为:儒家只有"有教无类"的教育民主思想和"以民为本"的民本思想,很少有关注社会底层人民生产和生活的民生思想。这种说法是不准确的。
⑤ 朱熹:《四书集注》,长沙:岳麓书社,1987年,第252页。

束,但"桀纣之失天下也,失其民也。失其民者,失其心也。得天下有道:得其民,斯得天下矣。得其民有道:得其心,斯得民矣"①。很明显,这些"重民"思想客观上起到了利民、裕民的作用,对解决集权统治所带来的弊端,减少老百姓对政治的负面话语评价不无裨益。儒家民生思想的主要特征表现在以下几个方面:

其一,政治民生思想:强化政治道德关怀。儒家一般认为,百姓是君主和政权的基石,离开百姓的拥戴,任何强固的政权和高高在上的君主都将丧失原有的地位。孟子以"性善论"为基础,提倡"仁政"学说,指出实施仁政对于统治者的意义就是"保民而王,莫之能御也"②。孟子深刻认识到人民的拥护对于统治者的重要意义。他精辟地概括道:"诸侯之宝三:土地、人民、政事。宝珠玉者,殃必及身。"③儒家对民生高度关注,视民生为社会问题的重大内容。著名学者钟金雁指出:"儒家治国理政以民为本,以民为本,其实就是以民生为重。"④孔孟把"民生"和"国计"相提并论,视"民生"问题为国家政治的中心。孔子民生思想的基本内容就是解决和改善百姓的生活,即"修己以安人""修己以安百姓"。⑤ 孟子则强调"暴政"对民生的破坏作用。孟子指出,暴政就是鱼肉百姓,无视百姓生死,那种"庖有肥肉,厩有肥马,民有饥色,野有饿莩"的局

---

① 朱熹:《四书集注》,长沙:岳麓书社,1987年,第402页。
② 朱熹:《四书集注》,长沙:岳麓书社,1987年,第401页。
③ 朱熹:《四书集注》,长沙:岳麓书社,1987年,第423页。
④ 钟金雁:《儒家民生思想探析——以孔孟为中心》,《孔学研究(第十五辑)——云南孔子学术研究会第十五次暨海峡两岸第八次孔子学术研讨会论文集》,2008年11月24日,第99页。
⑤ 阎韬、马智强译注:《论语全译》,南京:江苏古籍出版社,1998年,第122页。

面尽量不要重现,因为那是"率兽而食人也"。① 孟子以其卓越的战略家的眼光看到了"民生"之于国家的恒久价值和深远意义,他指出:国家长治久安的根本除了关注民生别无他途,"保民而王,莫之能御也"②。不仅如此,儒家还充分认识到了国家政治的基础作用。儒家指出:"是故得乎丘民而为天子。"③儒家特别重视并关照大多数人的基本权益。孟子强调,对待百姓,应该采取"所欲,与之聚之;所恶,勿施尔也"④的民生策略。由是观之,"民生为重"是儒家的基本执政理念,也是儒家政治民生思想的主导性价值。

其二,经济民生思想:惠民的制度理念。儒家希望通过正当的经济制度设计来改善百姓的生计,以实现"惠民、利民、富民"的目的。其"惠民富民"的经济制度设计和经济政策走向主要集中在生产领域。儒家主张通过土地制度的设计和施行,来保障百姓正常的生产活动,从而保障民生。孟子特别注重农业生产,强调国家制度要首先保障百姓拥有基本的生产资料,并提出了"恒产论"这一民生主张——"无恒产而有恒心者,惟士为能。若民,则无恒产,因无恒心。苟无恒心,放辟邪侈,无不为已。……是故明君制民之产,必使仰足以事父母,俯足以畜妻子,乐岁终身饱,凶年免于死亡。"⑤此处的"制民之产",是保证民众最基本的生产和生活条件。孟子还提出了通过减轻刑罚而发展生产的主张。他说:"省刑罚,

---

① 杨伯峻、杨逢彬注译:《孟子》,长沙:岳麓书社,2000年,第5页。
② 杨伯峻、杨逢彬注译:《孟子》,长沙:岳麓书社,2000年,第5页。
③ 杨伯峻、杨逢彬注译:《孟子》,长沙:岳麓书社,2000年,第12页。
④ 杨伯峻、杨逢彬注译:《孟子》,长沙:岳麓书社,2000年,第14页。
⑤ 杨伯峻、杨逢彬注译:《孟子》,长沙:岳麓书社,2000年,第23页。

薄税敛,深耕易耨,壮者以暇日修其孝悌忠信。"①儒家还主张通过专门规划保障小农经济利益的小土地制度,来达到保障民生的目的。"五亩之宅,树之以桑,五十者可以衣帛矣;鸡豚狗彘之畜,无失其时,七十者可以食肉矣;百亩之田,勿夺其时,数口之家可以无饥矣;谨庠序之教,申之以孝悌之义,颁白者不负戴于道路矣。七十者衣帛食肉,黎民不饥不寒,然而不王者,未之有也。"②

其三,社会民生思想:对弱势群体的民生体恤。孔子曾指出:节省百姓的劳役,减轻百姓的赋税,百姓就会富裕;加强对百姓的教育,使其远离犯罪与疾病,他们就长寿了,充分彰显对民生疾苦的体恤。保护弱者,同情弱者始终没有超出"治者"和"被治者"的双重博弈逻辑。儒家秉承中华民族"恤弱抑强"的民生逻辑,特别重视对弱势群体的民生关怀,并且把能否做好对社会弱势群体的生活保障作为衡量民生好坏的基本尺度。儒家特别重视改善老幼的生活状态和生活水平,追求"老者安之,朋友信之,少者怀之"③的民生理想。孟子对鳏寡孤独、老弱病残给予了极大关照。在孟子看来,"老而无妻曰鳏,老而无夫曰寡,老而无子曰独,幼而无父曰孤。此四者,天下之穷民而无告者。文王发政施仁,必先斯四者"④。由此可知,孟子要达到的民生福祉的最高境界是"老吾老,以及人之老;幼吾幼,以及人之幼"的"仁政"局面。当然,孟子的这一想法尽管代表了春秋时代广大百姓的心声,但其空想色彩也是

---

① 朱熹:《四书集注》,长沙:岳麓书社,1987年,第297页。
② 杨伯峻、杨逢彬注译:《孟子》,长沙:岳麓书社,2000年,第17—18页。
③ 阎韬、马智强译注:《论语全译》,南京:江苏古籍出版社,1998年,第36页。
④ 杨伯峻、杨逢彬注译:《孟子》,长沙:岳麓书社,2000年,第26页。

不容忽视的。儒家重视老弱妇孺的社会民生思想不仅树立了提高民生质量的基本的价值目标,而且也有利于统治者民生政策的制定、贯彻和调整。

三、墨家的民生思想

墨家学说的民生价值主要表现在经济方面,但同时也涉及了道德、文化和军事领域。具体讲,墨家的民生思想主要表现在以下几个方面。

1.以人性之"爱"为核心的民生伦理思想。墨子以"兼爱"学说表达他对民生疾苦的认识。在他看来,人民是社会生活灾难的主要承担者,因而人民是最需要感情呵护的。对于如何体察民众的疾苦,墨子提出要遵循"爱"的道德理念,指出,只有"兼相爱"才能做到爱而无私、爱而无痕。墨子强调:"今人独知爱其身,不爱人之身,是以不惮举其身以贼人之身。是故,诸侯不相爱则必野战,家主不相爱则必相篡,人与人不相爱则必相贼,君臣不相爱则不惠忠,父子不相爱则不慈孝,兄弟不相爱则不和调。天下之人皆不相爱,强必执弱,富必侮贫,贵必敖贱,诈必欺愚。凡天下祸篡怨恨,其所以起者,以不相爱生也,是以仁者非之。"[①]由此看来,墨子的"兼爱"思想是一种具有普世价值的"博爱"民生学说。基于此,墨

---

① 许嘉璐:《诸子集成》,墨家卷五《墨子·兼爱》,广州:广东教育出版社,2010年,第44页。

子提出了他的"民生平等"思想,指出:"人无幼长贵贱,皆天之臣。"①墨子认为人生来平等,这是上苍赋予人的一种不可被剥夺的权利,统治者和平民间应该是平等的关系。墨子的"兼爱"思想保证了社会最底层民众的一些权利,比如生存权和选举权等。"兼爱"是跨越等级封锁线的开始,是平等意识的萌芽。若"兼爱"得以盛行,尊卑贵贱的等级秩序就有可能被打破。"兼爱"思想体现了一种大爱无疆的精神,倡导人人都有平等的权利,这是政治民生思想的最基本体现。

2.以"交相利"为理念的经济民生思想。经济民生思想是墨家思想中最有价值的内容之一。针对社会动荡给人的心灵带来的巨大创伤,墨子深刻理解劳动人民的生息和苦楚,理解社会下层的庶民对于社会稳定、有序生产的强烈渴求,因而也就更关心国家和劳动者的社会经济生活。在这种背景下,墨子的"交相利"思想自然代表了社会最底层劳动人民的意志,体现了浓厚的经济民生特色。应说明的是,墨子的"交相利"的经济理念不仅体现在交换领域,而且贯穿于生产、分配、消费等诸多领域。

3.以"非攻"为目的的战争民生思想。一方面,我们应该看到墨子"非攻"策略是对政治稳定的一种保证形式;另一方面,我们也应该看到墨子"非攻"理论的逻辑起点仍然是社会最底层的劳动人民。中国古代社会"兴,百姓苦;亡,百姓苦"的"福苦"转换逻辑,使得劳苦大众始终是社会不稳定的最大受害者。墨子对此深有感

---

① 许嘉璐:《诸子集成》,墨家卷六《墨子·法仪》,广州:广东教育出版社,2010年,第46页。

触。墨子指出:"春则废民耕稼树艺,秋则废民获敛。今唯毋废一时,则百姓饥寒冻馁而死者,不可胜数。今尝计军上,竹箭羽旄幄幕,甲盾拨劫,往而靡毙腑冷不反者,不可胜数;又与矛戟戈剑乘车,其列住碎折靡毙而不反者,不可胜数;与其牛马肥而往,瘠而反,往死亡而不反者,不可胜数;与其涂道之修远,粮食辍绝而不继,百姓死者,不可胜数也;与其居处之不安,食饭之不时,饥饱之不节,百姓之道疾病而死者,不可胜数;丧师多不可胜数,丧师尽不可胜计。"①针对战争给人民带来的沉重灾难,墨子一再强调要保障民生就必须减少战争。据记载,墨子曾经游说各诸侯国,并要求他们停止相互之间的战争。《公输》有云,墨子"起于鲁,行十日十夜而至于郢,见公输盘"②。墨子此去的主要目的就是游说楚王停止攻打宋国。在墨子的极力劝说下,楚王只好"善哉!吾请无攻宋"③。墨子阻止了这次战争,避免了很多无辜百姓的伤亡。由此不难看出,墨子之所以不辞劳苦奔走于战乱频仍的春秋年代,完全是为了劳苦大众的根本利益。另据记载,墨子出生于手工世家,具有较高的机械制造才能,谙熟当时各种兵器、机械和工程建筑的制造技术。然而他研习兵器主要不是为了攻城略地,而是为了打消别人进攻的想法。墨子的这种高屋建瓴的民生哲学,鲜明地体现了他"非攻"式的战争民生思想。

---

① 许嘉璐:《诸子集成》,墨家卷七《墨子·非攻中》,广州:广东教育出版社,2010年,第48页。
② 许嘉璐:《诸子集成》,墨家卷八《墨子·公输》,广州:广东教育出版社,2010年,第55页。
③ 许嘉璐:《诸子集成》,墨家卷八《墨子·公输》,广州:广东教育出版社,2010年,第56页。

4.以"立法为公"为基础的法治民生思想。墨子是中国第一个主张依法治国的思想家。在《墨子·法仪》中,墨子将工匠依规矩画方圆推而广之,批评当时的执政者"今大者治天下,其次治大国,而无法度,此不若百工,辩也"①。他主张:"天下从事者,不可以无法仪。无法仪而其事能成者无有也。虽至士之为将相者,皆有法。"②在其看来,依法治国就要限制统治者的权力,赏罚不能仅看君主的心情,而应以民众的利益为基本的价值原则。墨子认为,只有保障了民众最基本权利的法才是"仁法"。他指出:"天下之为父母者众,而仁者寡,若皆法其父母,此法不仁也。法不仁,不可以为法。当皆法其学,奚若?天下之为学者众,而仁者寡,若皆法其学,此法不仁也。法不仁,不可以为法。当皆法其君,奚若?天下为君者众,而仁者寡,若皆法其君,此法不仁也。法不仁,不可以为法。故父母、学、君三者,莫可以为治法。"③

5.以"节用"为导向的社会民生理论。会用则生,节用则存。墨子指出君王铺张奢侈的生活开销多来自从劳苦大众那里收缴的苛捐杂税,统治者的铺张浪费就是对劳动人民的横征暴敛。为此,墨子呼吁:"诸加费不加于民利者,圣王弗为";"古者明王圣人,所以王天下,正诸侯者,彼其爱民谨忠,利民谨厚,忠信相连,又示之

---

① 许嘉璐:《诸子集成》,墨家卷六《墨子·法仪》,广州:广东教育出版社,2010年,第47页。
② 许嘉璐:《诸子集成》,墨家卷六《墨子·法仪》,广州:广东教育出版社,2010年,第47页。
③ 许嘉璐:《诸子集成》,墨家卷六《墨子·法仪》,广州:广东教育出版社,2010年,第46页。

以利。"①墨子主张勤俭节约,主张扩大生产,主张节葬,反对奢侈享乐的生活。

四、法家的民生思想

法家民生思想中最具特色的当属商鞅的法治民生理论。正如毛泽东所说:"商鞅之法,良法也。今试一披吾国四千余年之纪载,而求其利国福民伟大之政治家,商鞅不首屈一指乎?鞅当孝公之世,中原鼎沸,战事正殷,举国疲劳,不堪言状。于是而欲战胜诸国,统一中原,不綦难哉?于是而变法之令出,其法惩奸宄以保人民之权利,务耕织以增进国民之富力,尚军功以树国威,孥贫怠以绝消耗。此诚我国从来未有之大政策,民何惮而不信?"②商鞅变法的历史贡献主要表现在:"废井田、开阡陌",实行郡县制度;以农业为"本业";统一度量衡。商鞅变法使得当时的秦国出现了"家给人足"的繁荣景象,全国百姓以私下斗殴为耻,以为国家立下战功为荣。由于采取了一系列富国强兵的措施,秦国成为诸侯国中最强大的国家。商鞅变法取得如此的成功,应该说与他所奉行的"为民"的民生理念不无关系。

第一,以"为民、治民、立民"为核心的民生法制观。商鞅非常重视如何管理好或约束好普通民众。他说:"天地设而民生之,当

---

① 许嘉璐:《诸子集成》,墨家卷九《墨子·节用》中第二十一,广州:广东教育出版社,2010年,第48页。
② 毛泽东:《商鞅徙木立信论》,中共中央文献研究室、中共湖南省委《毛泽东早期文稿》编辑组编:《毛泽东早期文稿(1912.6—1920.11)》,长沙:湖南出版社,1990年,第1—2页。

此之时也,民知其母而不知其父,其道亲亲而爱私。亲亲则别,爱私则险,民众而以别险为务,则民乱。当此时也,民务胜而力征。务胜则争,力征则讼,讼而无正,则莫得其性也。故贤者立中正,设无私,而民曰仁。当此时也,亲亲废,上贤立矣。凡仁者以爱为务,而贤者以相出为道。民众而无制,久而相出为道,则有乱。"①由此出发,商鞅认为,要管理好民众,就必须为民众提供良好的法律秩序,必须让百姓建立自己的事业。他说:"法令者,民之命也,为治之本也,所以备民也。"②为此,他反对"民道弊而所重易也"③,主张通过一系列的经济政策、重农政策、货币政策等民生措施来发展生产、改善生活,来提高人民的福祉。这些都鲜明地体现了商鞅以"为民、治民、立民"为核心的法制民生思想。

第二,以"好利"为民生准则的"民性论"。商鞅认为,人是好利的,人性好利本性主要表现在生存欲望和生存需要上。他指出:"民之性,饥而求食,劳而求快,苦而索乐,辱则求荣,此民之情也。"④由于人的生存需要,人在利弊的权衡中,自然取利去弊。他还认为,人好利的本性,并不是后天形成的,而是与生俱来的,"民,生则计利,死则虑名"⑤。人的一生,是追逐名利的一生,而且好利的本性又是不可改变的,"民之欲富贵也,共阖棺而后止"⑥。由于人的一生都是在计较名利,追逐权势,因而礼义法度对于人的行为

---

① 石磊译注:《商君书》,北京:中华书局,2009年,第25页。
② 石磊译注:《商君书》,北京:中华书局,2009年,第38页。
③ 石磊译注:《商君书》,北京:中华书局,2009年,第26页。
④ 石磊译注:《商君书》,北京:中华书局,2009年,第49页。
⑤ 石磊译注:《商君书》,北京:中华书局,2009年,第50页。
⑥ 石磊译注:《商君书》,北京:中华书局,2009年,第78页。

不起任何约束作用。他举例说,做贼抢窃,上触犯国法,下失臣民的礼义,名声可耻,生命危险,然而他还敢干,为的是什么?求"利也"。又如,古代有些士人,过着"衣不暖肤,食不满肠"的生活,常在"苦其意志,劳其四肢",甚至"伤其五脏"的状态中生存,然而他却胸怀广阔,怡然自得。为的是什么呢?求"名也"。因而他说:"民之求利,失礼之法,求名,失性之常。"①因此,商鞅认为,礼义法度约束限制不了人的好利本性,也改变不了这种与生俱来的天性。商鞅强调,人们好利的目的主要是富贵,在政治上谋求爵禄,在经济上索取田宅。商鞅认为,人们有这样的欲望并非坏事,君主可以因势利导,充分利用人们好利的本性,用田宅和爵禄来争取民众,君"操名利之柄"以致功,国家通过行田宅、赏军功,来鼓励民众勤于农事,勇于攻战。这样,民众通过务农、参战,就会获得一定的政治和经济利益,民众好利的本性得到某种程度的满足,而国家也达到了富国强兵的目的。因而,按照商鞅的思想逻辑,民众有好利的本性,恰恰是合理的,是富国强兵的根本动力。在战国诸子中,商鞅是第一个从人性"好利"的角度来论述经济民生的思想家。虽然把人性归结为"天性",是一种非科学的认识,但他的"民性说"客观上起到了富国安民的目的。商鞅变法之所以成功,与他的为民众谋现实利益的经济民生思维是分不开的。

民生问题在中国历史的发展中具有特别重要的意义。这不仅是由于"民"的力量的伟大对"治者"和"被治者"提出了基于同质

---

① 石磊译注:《商君书》,北京:中华书局,2009年,第48页。

逻辑的挑战,更是由于"生"的活动向全体人类展示了生理存在的恒久价值。民生现象不仅仅是吃饭穿衣等简单的生活现象,在广泛的社会视域里,民生现象涵括了鲜明的政治、经济、法律和文化等综合意义。民生关怀既是人类对自身生命价值的关注,也昭示着"政治作为"对历史和现实的深刻反思。作为中华民族的精神引领者,诸子民生思想较为贴切地诠释了中国历史的变迁特点,也在特定的意义上,为当今中国预设了民族复兴的路径特色。

(原载《史学集刊》2011年第3期)

试论近代爱国人士对中国共产党民生思想的影响

——以梁漱溟、辜鸿铭、张竞生、晏阳初为例

"天生民而后立君",民生问题始终是中国历史上爱国思想家所关注的最大社会问题。近代以来,中华民族的一批爱国人士身体力行,践行着关注民生、体察民情、体恤民心的民生理想,形成有关民生问题的价值分析、理念论证和理论创造。近代爱国人士的民生精神和思想不仅感动着普通的劳苦大众,而且深深影响着在民主革命烽火中成长壮大的中国共产党。中国共产党对于近代爱国人士民生思想中的合理成分进行了继承,对其不足成分进行了补充,对其历史的局限性进行了客观的分析。本文仅选取具有代表性的梁漱溟、辜鸿铭、张竞生和晏阳初的民生思想作为论述的主要内容。

作为近代著名的爱国人士,梁漱溟的民生思想对中国共产党

民生思想的形成和发展起了最为重要的推动作用。他的乡村建设理论、地方自治理论、合作社理论、发展科学技术的理论都被以毛泽东为代表的中国共产党人所吸收和利用,并发展成为新民主主义时期我党各项工作的重要民生指导思想。梁漱溟对中国社会的主要理论贡献是,他较早地提出了发展农业、关注农村、关心农民的乡村建设理论。梁漱溟一生都在关注着中国革命的前途和命运,他不仅关注民国时期国民党所采取的一系列方针和政策,而且密切关注中国共产党在革命和战争时期所执行的土改方针和农村政策。他的《乡村建设实验》一书曾经被毛泽东、周恩来、朱德、刘少奇等人反复阅读过。中国共产党在革命和建设时期始终坚持的"以农为本"的民生思想在一定程度上受到了梁漱溟乡村建设思想的影响。晚年的梁漱溟始终没有忘记发展农业。他在和毛泽东的争论中仍然坚持自己的观点。对于梁漱溟的意见,毛泽东于1953年9月17日在中南海怀仁堂给予了回应,并提出了通过"施仁政"发展农业的民生思想。梁漱溟的这种关注农村、发展农业的民生思想后来被邓小平吸收,促成了农村家庭联产承包责任制的推行,最终造福了中国农民。另外,梁漱溟的地方自治的民生理论和合作社民生理论也对中国共产党的民生思想产生了一定的影响。比如梁漱溟的"专制为中国腐败的根源,救国必须从基层政治入手"的思想就对毛泽东的村民自治的政治思想产生了一定的影响。中华人民共和国成立后推行的"村民自治制度"应该说在一定程度上借鉴了梁漱溟地方自治理论的某些元素。不仅如此,梁漱溟还积极提倡发展近代的科学技术。梁漱溟指出,中国有两样东西最缺乏,一是缺乏农村团体的组织性,二是缺乏科学技术。在中国近代,能够看到科学技术作用的人不多,梁漱溟算是一个。梁漱溟关于发展科学技术的理论对新中国成立后中国共产党的民生思想产生了巨大影响。邓小平的"科学技术是第一生产力"的思想应该说在一定程度上是受到了梁漱溟发展科学技术思想的影响。

与梁漱溟不同,"国学大师"辜鸿铭则从中西文化变迁的角度来阐发自己的民生思想和民生学说。与梁氏相比较,辜氏的学说更具理论性和抽象性。早在中国共产党成立之前,辜鸿铭就曾应当时的教育总长蔡元培的邀请,到北京大学讲课,此时的毛泽东曾聆听过大师的演讲,对于辜鸿铭思想的博大精深,毛泽东深感佩服。辜鸿铭的政治民生思想、文化民生思想和教育民生思想都曾深刻地影响着中国共产党民生思想的形成和发展。在辜鸿铭的民生思想中,最值得一提的是他的政治民生思想。辜鸿铭曾经说过:"在一个公正无私的观察者看来,中国今日的弊端实在不是'误治',而更多的是'无治'。我所谓的'误治',是指任意的没有限制的滥用权力,公然背信弃义,残酷无情、专横无理地践踏人民的利益和感情,乃至于腐败。……所谓'无治',就是完全忽视官员自身、地方利益和人民的福利。"[①]在此基础上,他提出了"现在中国一切罪恶的根源在于官员的贪污腐化"的民生关怀思想。应该说,这一思想不仅在近代史上闪耀着关注民生的伟大光芒,而且也直接影响着中国共产党直至今天的所有政治决策和政治理念。不仅如此,辜鸿铭还提出了"注重对西方文化劣根性研究"的文化民生思想,强调对资本主义文化劣根性的批判和对西方人文主义精神的

---

① 黄兴涛编译:《辜鸿铭文集》,海口:海南出版社,1996年,第134页。

继承。这些认识,在今天看来也具有十分重要的参考价值。在教育领域,辜鸿铭的"开放教育论"也具有强烈的民生体恤意识。他强调,只有"兼收并蓄,汲取精华",实现"灵魂的教育",才能在中国实行彻底的改革,才能建立一个新中国,建立一个不只是为中国人而存在而且为文明和全人类而存在的新中国。辜鸿铭提出:没有良好的教育,就没有崇高的品质;没有崇高的品质,人民的勤劳力量就被用于铺张浪费。他们所关心的就不再是生活的情趣和环境的温馨,而是感官的刺激和欲望的满足,是获得舒适、奢华和炫耀的手段;他们可能有健康的身体,但是缺乏美好的灵魂;他们可能过上奢华的生活,但这种生活"像死亡之地的苹果一样表面好看,里面则充满苦涩与腐烂的气味"[①]。联系当今的中国现实,我们发现,辜鸿铭的教育民生思想不仅具有超前的预见性,而且具有独特的历史契合性,他的民生教育学说不仅影响着爱国人士张竞生的民生思考,而且对中国共产党教育民生思想的形成和发展产生了一定的影响。

当梁漱溟大力推行乡村建设运动,辜鸿铭出国留学研修西方的民生学说和民生理论的时候,有一位爱国人士却从审美的艺术角度研究了近代中国的社会问题,并提出了一系列发展医疗、卫生、基层教育,以及提高人口素质的民生思想,他就是被誉为近代民生"实践家"的张竞生。从1924年起,张竞生就多次写信给毛泽东阐述他的民生主张。他认为,中国要图存振兴和改善民生,必须有一个组织有力的政府,因为好政府是解决国计民生的主体,好的

[①] 参见汪堂家编译《乱世奇文:鸿铭化外文录》,上海:上海人民出版社,1988年,第44页。

政府也是有美德的政府。应该说,张竞生的民生思想具有宝贵的美学价值,他是在社会领域贯彻美育的先行探索者。尽管张竞生的民生思想带有西方资产阶级思想的痕迹,而且也不大切合旧中国经济落后的实际,但他那种体察民众现实生活的精神,时至今日仍不乏积极意义。

在中国近代民生事业发展史上,有一位爱国人士不能不提,他就是被誉为"平民教育之父"的晏阳初先生。晏阳初对中国民生事业的贡献肇因于他所特有的"农村情结"。正如晏阳初所说:"中国大部分的文盲不是在都市而是在农村,中国是以农立国,中国的大多数人是农民,农村是85%以上人民的着落地,要想普及中国的平民教育,应当到农村里去。"[1]晏阳初的民生思想同其他爱国人士的民生思想一样,都体现了仁人志士对中国前途和命运的民生体恤和民生关怀,因而深得中国共产党的认同和理解。在新中国成立之后,晏阳初的民生学说曾对中国共产党某些民生政策和民生策略的制定产生了一定的影响,并适时地推动了中国共产党民生事业的发展。晏阳初民生思想中最为闪光的部分当是他的民族民生意识。他曾经指出:"中国今日的生死问题,不是别的,是民族衰老,民族堕落,民族涣散,根本是'人'的问题。"[2]我们无法全面理解晏氏在此处所指的"人"的真实意蕴,但有一点是非常明晰的,那就是,晏阳初已经开始把他对民众疾苦的关心上升到"民族民生"的领域。民族的民生问题在任何时候都不是一个知识人所单独能

---

[1] 宋恩荣:《晏阳初全集》第1卷,长沙:湖南教育出版社,1989年,第245—246页。
[2] 《农民运动的使命》,参见晏阳初、赛珍珠《告语人民》,桂林:广西师范大学出版社,2003年,第188页。

够理解和全面解决的,晏氏在此提出的民族民生问题,实际上已经具备政治关怀的民生意识了。除此之外,晏氏的"生态"民生学说也蕴含着民生关注的伟大力量。在晏阳初看来,无论是梁漱溟、辜鸿铭还是张竞生,他们的最终目的都是通过乡村建设来达至以下三种和谐,即人与自然、人与人、人与社会的共生与和谐。

应该说,晏阳初所关注的民"穷"问题,其肇始的基础是政治权力在社会整体资源有限性的逻辑下,因资源分配的不公性所导致的不均衡问题;晏阳初所关注的民"愚"问题,是在教育资源有限性的前提下,由教育的不公正决策导致的知识资源的不均等问题;晏阳初所关注的民"弱"问题,是在全球眼光的映射下,由中国大一统政治权力运作导致的人力资源的对比性问题;晏阳初所关注的民"私"问题,是在社会道德资源偏好性的规约下,由自然资源的稀缺性导致的人性的自然本真问题。可以说,正是城乡资源的多元化分配差异,导致了上述四大问题的产生。正如晏阳初所说:"农村不清明,四万万人将永不见天日,中国的政治将永远是一个黑暗的政治。"[①]值得一提的是,晏阳初基于人与自然、人与人、人与社会共生和谐的"生态"民生学说,不仅被许多西方学者所广泛认同和研究,而且也被周恩来所重视,并对新中国的生态环境立法产生了影响。

(原载《社会科学战线》2013年第2期)

[①] 郑大华:《民国时期的乡村建设运动》,北京:社会科学文献出版社,2000年,第47页。

毛泽东民生思想及其当代价值[1]

国计民生,是社会最为关切的问题。解决好广大人民群众最关心、最直接、最现实的民生问题,是中国共产党的一项重要任务和历史使命。在党带领广大群众争取民族独立和人民解放的伟大实践中,毛泽东不仅十分关注人民的民生状态,重视广大群众民生问题的解决,还努力将马克思主义民生思想与中国特殊的国情相结合,凝练和总结出一系列具有中国特色的民生思想,实际解决了当时关乎广大群众生存和发展的根本性民生问题。今天,深入研究和思考毛泽东民生思想,对于更好地认识新时代毛泽东民生思想的历史地位,贯彻习近平总书记关于民生问题的重要思想等具有重要价值。

---

[1] 本文系2016年度国家社科基金一般项目"习近平总书记民生思想研究"(项目编号:16BKS052)的阶段性成果。

一、核心逻辑:坚持"以人民为中心"的发展理念

毛泽东民生思想始终坚持着历史唯物主义的基本观点,以"人"为一切理论的逻辑出发点,进而延伸至各个领域中具有阶级意义的"人民",形成了坚持"以人民为中心"的发展理念这一核心逻辑。毛泽东先后据此提出了一系列"以人民为中心"的实践命题,即在《关心群众生活,注意工作方法》一文中提出"真正的铜墙铁壁是什么",在《延安文艺座谈会上的讲话》一文中提出"为什么人的问题,是一个根本的问题,原则的问题",在张思德烈士的追悼会上提出了"为人民服务"的伟大命题,在中共七大上作的《论联合政府》的报告中论述了"全心全意为人民服务"的思想,等等。这是以毛泽东为核心的党的第一代中央领导集体执政理国的根本思考逻辑。可以说,这时毛泽东对民生的定义有着更为深刻和具体的意义,它与以往的民本思想中"民"的含义侧重于臣民和子民相对立的思想大不相同,是以"人民是历史的创造者"为出发点,以"实现民族独立和人民解放"为目的,侧重于实现广大人民群众自身解放的历史实践活动,此时的人民就成为革命和建设活动的发展中心。在这里,民族的独立和人民的解放是毛泽东最为关心的民生问题。毛泽东既指明了历史发展的动力,即根本上依靠广大人民群众;也明确了推进历史向前的方式,即通过最广大人民群众的实践来实现;更明确了历史发展的未来方向,即实现最广大人民群众自身的解放,最终达到自由而全面的发展。

在领导广大人民群众争取民族独立和人民解放的革命战争条

件下,毛泽东就十分关切群众利益,将改善人民群众生活和争取战争的胜利紧密结合起来,先后纠正了许多不关心人民群众实际生活、单纯进行军事战争的错误观点。早在井冈山革命根据地时期,毛泽东就严明党和红军的政治纪律,先后制定了"三大纪律,八项注意",实际上明确了战争条件下党和群众应有的无产阶级关系。随着土地革命战争的深入和农村革命根据地的发展,毛泽东在总结原有土地革命经验的基础上,进一步明确了党和政府与群众的关系问题,提出了加强根据地的经济建设和改善人民群众生活的主张。毛泽东在1934年召开的第二次全国工农兵代表大会上的讲话中,明确了进行革命战争和群众生活的问题,强调"革命战争是群众的战争,只有动员群众才能进行战争,只有依靠群众才能进行战争"的思想,并进一步提出"如果我们单单动员人民进行战争,一点别的工作也不做,能不能达到战胜敌人的目的"①的问题请大家思考。随着抗日战争的深入和解放战争的展开,毛泽东进一步提出了"人民战争""全心全意为人民服务"等重要思想。在这里,毛泽东实际上就已经明确了"以人民为中心"的发展理念,指明了发展经济、改善民生、维护人民群众利益在夺取战争胜利中的根本地位。可以说,新民主主义革命胜利的根本原因,正是保障和实现了最广大人民群众的根本利益。在此基础上,中国共产党带领全国人民进行艰苦卓绝的反帝反封建的斗争,才最终消灭了剥削和压迫,建立了人民当家作主的新中国。

中华人民共和国成立后,毛泽东与党中央及时调整了工作中

---

① 《毛泽东选集》(第1卷),北京:人民出版社,1991年,第136页。

心,在已解决人民群众生存问题的基础上进一步解放和发展生产力,集中力量发展社会生产,不断改善人民生活水平,努力加强社会的经济建设,以提高生产力水平为中心来构建起发展民生的保障体系。当面对百废待兴的国家实情及党内滋生骄傲情绪的危险时,毛泽东重申艰苦奋斗、全心全意为人民服务的思想。毛泽东清醒地看到,随着社会主义改造的初步完成,我国社会的主要矛盾已经是人民对于经济文化迅速发展的需要同当前经济文化不能满足人民需要的状况之间的矛盾。据此,毛泽东提出以生产力发展来衡量实践优良,强调"用束缚还是解放生产力作为衡量一切政党的政策及其实践好坏的标准"[①],将发展生产力作为全党全中国人民的重要任务,认为这是实现国家工业化,逐步满足人民日益增长的物质文化需要的根本保障。毛泽东还先后提出了正确处理人民内部矛盾、论十大关系等重要思想,强调"必须把安排人民生活、安排公社积累和安排国家需要这三个方面的工作,同时统筹兼顾"[②],在发展工业、农业和轻工业的同时满足人民的物质文化生活需要,将以"人民为中心"的发展理念注入了经济建设的内涵之中,实际形成了加强发展民生经济、提高国家整体财富、满足人民群众的物质文化需要的民生思想理论。毛泽东的民生思想既是解放人民的革命实践成果,又是中国共产党领导中国人民进行社会主义改造和建设事业的重要思想总结。在这里,毛泽东的民生思想兼顾了人民当前利益与长远利益,既有量的积累又有质的扩展,体现了民生建设目标的与时俱进。

---

① 《毛泽东选集》(第3卷),北京:人民出版社,1991年,第1079页。
② 《建国以来毛泽东文稿》(第八册),北京:中央文献出版社,1994年,第73页。

坚持毛泽东"以人民为中心"的发展理念,对新时代中国特色社会主义事业建设具有重要意义。正如习近平总书记在党的十九大报告中指出,"为什么人的问题,是检验一个政党、一个政权性质的试金石",这表明了中国共产党人的初心和使命。而在新的时代站位中,要坚持以"人"为本的历史唯物主义核心价值理念,将民生主体由中国人民扩展到世界人民,形成具有世界视野的时代民生观。正如习近平总书记指出的,"中国梦既是中国人民追求幸福的梦,也同各国人民追求幸福的梦想相通。国家好、民族好,大家才会好。世界好,中国才会好"[①]。只有将中国人民的民生福祉与世界和谐共生紧密结合,不断深化和拓展马克思主义的世界历史观,才能真正让中国梦不仅造福中国人民,而且造福世界人民。

二、实践方向:不断推进马克思主义民生思想与中国实际的结合

马克思主义关于全世界无产阶级和全人类彻底解放的学说及其关于解决民生问题的思考,是毛泽东民生思想形成的重要理论基础。马克思主义民生思想虽然未对民生问题予以单列篇章、进行系统阐释,但民生问题是马克思主义的重要出发点和落脚点。可以说,关注民生是马克思主义理论的研究起点并贯穿于马克思、恩格斯探讨人类社会发展规律的始终。马克思、恩格斯早期的经典著作《英国状况·十八世纪》《关于林木盗窃法的辩论》等,就是

---

① 《习近平谈治国理政》,北京:外文出版社,2014年,第64页。

从不同维度和视角透析和折射了西方无产阶级和人民群众的生活状态。马克思以政治经济学的视角深刻揭示和批判了资本主义关于民生问题制度上的缺陷,在科学社会主义理论建构中提出了实现民生解放不可缺失的两个方面:一方面,在于生产力的充分发展,社会财富极大丰富,人在现实生活中不为物所困,精神上不为物所累;另一方面,在于必须推翻那些使人成为被侮辱、被奴役、被遗弃和被蔑视的东西的一切制度,建立一种更高级的、以每个人的全面而自由的发展为基本原则的社会形式。因此,马克思主义民生思想是关切现实的个人的生存、生产和生活的理论,历史唯物主义科学地揭示和解决了民生问题。马克思主义民生思想作为毛泽东民生思想的重要理论来源,尽管指出无产阶级革命的目的和出发点,但是如何根据不断变化的国情和民情,制定出符合本国实际的有利于解决民生问题的方针和政策,马克思主义经典作家并没有给出具体的答案。因此,时代要求中国共产党应根据中国革命和建设的实际,不断将马克思主义民生思想中国化。

毛泽东在马克思主义指导下,依据我国的国情,创造性地发展了马克思主义民生思想。对于这一问题,毛泽东是有清楚的认识的。毛泽东早就指出,认清国情是认清一切革命问题的基本根据。马克思主义要在中国的大地上生根发芽,一个重要条件就是与中国实际相结合,需要符合中国的国情。在旧中国,帝国主义、封建主义、官僚资本主义"三座大山"的重压,不仅使中国人民的自由和民主权利丧失殆尽,就连起码的生存也成问题。农村的生活经历让毛泽东感受到了穷苦民众所承受的痛苦剥削,也看到了资本主义与反动统治者对人民合理诉求的血腥镇压。毛泽东对中国现实有着深切的体悟,对人民的疾苦有着感同身受的同情,他正是在这样一种社会背景下走上领导无产阶级政党和中国革命的伟大道路,为了使中华民族得到解放、实现人民独立和幸福,吹响了社会主义革命的号角。他把无产阶级的人生目标精辟地概括为"为人民服务",在革命实践中找到了中国革命的根本问题——农民问题,将马克思主义理论与中国革命实践相结合,开辟了以独立自主为特点的中国特色的革命道路,领导中国各族人民战胜无数的艰难险阻,克服一切困难,最终赢得了新民主主义革命的胜利,实现了中华民族的独立、中国人民的解放。

中华人民共和国成立后,在中国百废待兴的社会现实情况下,毛泽东民生思想在中国建设实践中进一步形成和发展了起来。面对西方资本主义思潮入侵和社会主义阵营的前途探索,毛泽东将马克思主义与当时中国的实情结合,开辟出一条属于中国的马克思主义发展道路。社会主义改造完成后,中国的现实国情是"一个社会主义的大国,但又是一个经济落后的穷国"[①],数亿人民群众的生存问题和发展问题是摆在毛泽东和党中央面前最大的民生问题。毛泽东与党中央先后制定了一系列中国特色社会主义治理方针,从根本上解决了中国人民民生上最大的问题——温饱问题。在工业化过程中,结合中国民情,提出优先发展重工业的"大仁政"思想、在"综合平衡"原则下正确处理好"建设"与"吃饭"问题等关系的思想。经过几十年的建设与发展,新时代中国的主要矛盾已经发生了变化,温饱问题已经得到了有效解决,人民群众对公共文

---

① 《毛泽东文集》(第7卷),北京:人民出版社,1999年,第240页。

化领域的需求大大提高。在这里,社会发展应以经济发展为基础,但经济发展只是满足人的各种需要和人的全面发展的手段。毛泽东并没有被"一元发展观"的时代潮流所裹挟,而是开拓了一条中国特色的民生道路,这也体现了毛泽东民生思想的社会发展道路:只有物质、文化、政治诸方面的共同发展才能最大限度地满足人民的实际需求。这一论断具有先进性,把西方奉行的单一经济增长模式变为包括了物质文化、精神文化、民主政治三个维度的发展模式。

  毛泽东在新民主主义革命和社会主义建设实践探索中形成的宝贵的民生思想,其中的根本点就在于坚持把马克思主义民生理论与中国革命和建设的实际相结合,实现马克思主义的中国化。尽管民生的内容和表现形式在不同历史阶段表现不同,但解决民生问题的基本观点、立场和方法是一致的,就是要"坚持和运用好毛泽东思想活的灵魂",坚持马克思主义同中国实际相结合的实践方式,这应成为我们思考和解决"中国问题"的根本方向。我们要紧紧抓住中国长期处于社会主义初级阶段的最大国情,始终高举中国特色社会主义伟大旗帜,走中国特色社会主义道路,坚持中国特色社会主义理论路线方针,积极描绘新时代中国民生体系的伟大蓝图,谱写中国梦的美好乐章,在党的坚强领导下不断走向中华民族伟大复兴的明天。

三、文化基因:弘扬中华民族优秀文化,满足群众精神需求

思想文化是一定社会的政治和经济在观念上的反映,毛泽东民生思想的形成与发展自然离不开当时社会的实践和文化传统。中华文明源远流长的历史长河中绝不缺少体现民意、民情、民生的文化传承,《尚书·泰誓》中有"天视自我民视,天听自我民听",其中将民意与天意联系在一起,把民意比作天意以告诫后人"民生安天下安"。从孟子的"民为贵"思想到唐代柳宗元提出"吏为民役"的观点,再到清代的黄宗羲认为"天下为主,君为客"①,以及近代的孙中山对民生的理解,都是对民生思想的丰富和完善。中国的传统文化常常将民生与国家相联系,民生问题是历代君王统治者们所关心的问题。但由于历史的局限性,历代思想家和各时期的帝王将相的民生思想,本质上都是为了维护统治阶级的统治地位,而中国真正的民生思想恰恰汇聚在历史的长河之中,在时间的流逝中也呼唤着新思想的诞生。

正是在中华优秀传统文化的滋养中,符合时代需要和满足人民需求的毛泽东民生思想产生了。可以说,中国传统文化中的民生思想,为毛泽东的民生思想提供了丰富的思想文化资源。虽然,毛泽东的民生概念同历史上的民本、民生思想有着本质的区别,但文化的传承与酝酿使毛泽东民生思想更加让人感到亲切和实在。

---

① 出自《明夷待访录·原君》黄宗羲:"古者以天下为主,君为客;凡君之所毕世而经营者,为天下也。"

所以说,毛泽东民生思想虽源于马克思主义民生思想,却是在优秀的中国传统文化土壤中植根生长的。正如毛泽东在党的六届六中全会上强调的,"马克思主义必须通过民族形式才能实现","洋八股必须废止,空洞抽象的调头必须少唱,教条主义必须休息,而代之以新鲜活泼的、为中国老百姓所喜闻乐见的中国作风与中国气派"[①]。在这里,一是实际指明了中华优秀传统文化与马克思主义在中国具体化的重要关系,强调了中华文化对马克思主义中国化的重要影响和意义,而广大群众也正是从中国文化大众化的盛宴中感受到了政治教化的作用,从而焕发出巨大的精神力量;二是强调了这种文化必须是中国老百姓喜闻乐见的文化,是广大人民群众实践的文化,是为广大人民群众所熟知的中华优秀传统文化,这就将广大劳动人民放在了第一位,因为人民群众是历史的创造者,自然也是文化的创造者和实践者。

在马克思主义指导下建立起来的中国的先进文化,是人民群众团结一致赢得中国革命胜利、推动新中国建设、应对时代机遇与挑战的重要精神保证。在这里,共产党人不但要为中国人民的政治革命和经济建设而奋斗,还要从文化上进行革命,建立起为人民服务的先进文化。对于文艺创作的走向和文化建设的方向问题,毛泽东在1942年5月《在延安文艺座谈会上的讲话》中强调了坚持人民群众创造历史的唯物史观,坚持人民群众在文化领域的主导地位。在《新民主主义论》中,毛泽东则进一步指出,"新民主主义的文化是大众的,因而即是民主的。它应为全民族中百分之九

[①]《建党以来重要文献选编》(第15册),北京:中央文献出版社,2011年,第651页。

十以上的工农劳苦民众服务,并逐渐成为他们的文化"①。对于文化创作的动力问题,则强调了历史人物在推动历史文化发展中起到的关键作用。毛泽东曾指出:"革命的文艺,应当根据实际生活创造出各种各样的人物来,帮助群众推动历史的前进。"②事实上这也说明了人民群众的意愿可以成为历史的转折,而文化大众化的政治意义就在于提高人民群众的整体政治水平、文化素养和思想觉悟。对于文化方针问题,毛泽东指出要正确处理古今中外文化关系,实行"古为今用,洋为中用"的原则和促进文化繁荣的"百花齐放,百家争鸣"方针,③创造性地构建起了具有中国特色的社会主义文化理论体系。这一思想体系是毛泽东民生思想的代表性成果,主要表现为确立了人民群众在文化领域的主导地位,同时也说明了人民群众是文化大众化的服务对象和创作源泉。

毛泽东民生思想对于年轻的新中国来说是强力的营养剂,不仅增强了广大人民群众的凝聚力,提高了人民建设社会主义国家的奋斗热情,也为当代中国特色社会主义建设提供了智力支持。现代化思潮的汹涌流入是新中国遇到的第一股寒流,而毛泽东民生思想用中华民族的文化唤醒了这个国家的血脉。正如20世纪50—60年代是西方发展观占据主导地位的年代,这种广为人知的发展观是以西方经济学和社会进化论为基础,在新的政治经济格局下寻求发展空间,为后发国家寻求发展模式的发展观。但从历史实践发展成就来看,我们日益走近国际舞台的中央,我们比历史

---

① 《毛泽东选集》(第2卷),北京:人民出版社,1991年,第708页。
② 《毛泽东选集》(第3卷),北京:人民出版社,1991年,第861页。
③ 《毛泽东选集》(第2卷),北京:人民出版社,1991年,第663页。

上任何时期都更有信心、有能力去实现中华民族伟大复兴的目标。这些成果的取得,是坚持中国道路、中国理论、中国制度、中国文化的成功,标志着新时代马克思主义的信仰和中华文化的蓬勃生机。在新的时代条件下,我们要不断坚定"四个自信",坚定马克思主义的信仰,弘扬和发展中国特色社会主义文化,使之成为推动中国特色社会主义发展的重要力量源泉。

四、制度保障:加强民主政治制度建设,保障人民民主权利

马克思、恩格斯指出,无产阶级能够而且必须解放自己,解决的途径就是进行社会主义革命,使无产阶级上升为统治阶级,争得民主,并在无产阶级夺取了国家政权、上升为统治阶级以后,迅速增加生产力的总量,努力改善人民生活。历史唯物主义认为,人类的第一个历史活动就是生产满足自身生存的资料,即人自身吃喝等的生活必需品,但随着实践的发展,这些成果的取得和活动的继续,最终还是需要依靠民主制度来进行保障。从近代中国的发展历史看,实现国家独立、民族解放,继而加强民主政治制度建设、保障人民民主权利,是发展经济、改善民生的重要政治基础,而反过来看,重视经济建设、夯实民生发展、满足人民生活需求则又为民主政治的发展奠定了坚实的物质基础。可以说,国家独立、民族解放是改善民生问题的政治前提,社会主义制度的确立是解决民生问题的制度保证。毛泽东通过土地革命时期领导创建苏维埃工农民主政权,抗日战争时期制定新民主主义政治纲领,解放战争时期

提出人民民主专政理论等,在新中国成立以后指导建立了人民民主专政的基本政治制度,以及创设与国体相适应的政体形式和政党体制,独创了一条在本质上不同于欧美、形式上又有别于苏联的具有浓厚中国特色的民主政治之路,形成了关于加强民主政治制度建设、保障人民民主权利的民生思想。

在社会主义民主制度下,其根本一点就是要保证人民群众当家作主的政治地位。毛泽东强调,"人民,只有人民,才是创造世界历史的动力"[①],人民群众是社会财富的创造者,是国家真正的主人。可以说,"人民在国家政治生活中当家作主"是毛泽东民生思想中的基本态度,以此为基本原则,在新中国建立起了社会主义的国家制度,确立了民主的社会治理方式,主要表现有三个方面。第一,毛泽东从解决人的生存和发展问题出发,在政策体制上改变了民生问题的矛盾性,切实地将解决措施落实到困难问题上去,对我国众多实体产业建设和社会结构进行了整合,对管理制度进行了改革与创新,在学习教育、社会保障、医疗卫生等人民群众关心的社会建设方面提供了科学性、普及性的公共服务,制定了城镇职工全方位的保障制度和农村的"五保"政策等,给人民群众提供了社会保障性质的公共服务与公共设施,奠定了新中国的民生体系设施的基础。第二,用民主的思想落实劳动者管理国家的根本权利。毛泽东认为,人民群众当家作主的民主政权必须保障劳动者管理国家和社会的根本权利,强调"劳动者管理国家、管理军队、管理各种企业、管理文化教育的权利……是社会主义制度下劳动者最大

[①] 《毛泽东选集》(第3卷),北京:人民出版社,1991年,第1031页。

的权利,最根本的权利。没有这种权利,劳动者的工作权、休息权、受教育权等等权利,就没有保证"①。在新中国成立初期的民主政治建设中,即对国营、公营工厂进行了民主改革,选举工人代表参加工厂的民主管理,使基层国有企业的民主管理制度建立起来。毛泽东还提出了工人参与管理的"两参一改三结合"的具体构想。第三,用民主的理念保障人民群众行使监督的基本权利。毛泽东指导建立的人民代表大会制的政体形式,以及中国共产党同民主党派"长期共存,互相监督"的政党体制,其初衷都是要让国家的公共权力置于人民群众的监督之下。毛泽东还主张加强党内民主制度建设,扩大党内民主,实施党内监督,并要求党报党刊广开言路,敢于揭露官僚主义和违法乱纪行为,把舆论监督视为民主监督的一个重要形式。

当面对新中国成立后党领导全国人民进行社会主义革命与建设的困难与挑战时,毛泽东对保持党的纯洁性和先进性倾注了大量心血,从理论上和实践上进行了卓有成效的探索。为防止国家机关和执政党由社会公仆变为社会主人,马克思曾经提出"领导者必须是人们的公仆"②,时刻对公职人员进行检查和监督,对不称职人员可以随时撤换或罢免;列宁则提出了著名的"公仆理论"。毛泽东根据中国国情、党情和世情的变化,在党的纪律作风问题上提出:共产党员的先进性就在于它没有自己的特殊利益,人民的利益始终是第一位的,必须从思想源头上防止党自身腐败堕落、蜕化变质,不断强调用民主的作风制定正确的路线、方针和政策,坚持民

---

① 《毛泽东文集》(第8卷),北京:人民出版社,1999年,第129页。
② 《马克思恩格斯选集》(第2卷),北京:人民出版社,1995年,第376页。

主集中制原则,以及走群众路线等。这就在实际上确立了我们党"全心全意地为人民服务,一刻也不脱离群众;一切从人民的利益出发""从群众中来,到群众中去"①的工作路线,形成了以群众路线为党的工作方法、思考方法、领导方法,以实现广大人民群众根本利益的幸福福祉为目标的民生理论的体系模式。

毛泽东对民主政治建设的探索,无疑也是新时代的中国共产党人需要时刻借鉴的。加强民主政治制度建设,正是我们党和人民在民生建设上不断取得进展的缘由。当代共产党人要始终坚持全心全意为人民服务这一根本宗旨,在民生建设中要坚持共建、共享原则,成果来自人民,服务于人民;代表广大人民群众的根本利益,坚持无产阶级革命的初衷和使命,满足广大人民群众的需求;不断推动自我革命,坚持走群众路线,增强执政本领,净化不良空气;坚定共产主义远大理想和中国特色社会主义共同理想,不忘初心,始终把人民利益摆在至高无上的地位,坚定政治信仰。

总的来说,在中国特色社会主义进入新时代的历史背景下,研究和思考毛泽东民生思想与当代中国民生建设的关系,是加强中国特色社会主义民生建设中一个不可回避而又特别重要的课题。可以说,我们党在民生建设上取得的理论和实践的巨大成就,与毛泽东民生思想的形成与发展是密不可分的。毛泽东民生思想不仅丰富了马克思主义民生理论,为马克思主义民生理论注入了新的活力,也开辟了一条中国特色的民生建设道路,为解决我国民生问题提供了基本方法和指导方针。毛泽东民生思想与中国特色社会

---

① 《毛泽东选集》(第3卷),北京:人民出版社,1991年,第1094页。

主义民生理论是一脉相承的,为我国民生体系建设提供了持续不断的理论支撑。因而,结合新时代中国特色社会主义条件,把握时代发展的脉搏,不断深化研究和思考毛泽东民生思想,对于学习和贯彻习近平总书记关于民生问题的重要思想具有重要价值。

[原载于《湘潭大学学报(哲学社会科学版)》2019年第5期]

新中国成立初期周恩来的民生思想

新中国成立之时,由于在旧中国遭到严重破坏的国民经济不可能立即恢复,再加上当时其他一些因素的影响,我国人民的生活面临着许多严峻的困难。作为中国共产党主要领导人之一、中央人民政府政务院总理的周恩来,在领导和组织全国人民恢复国民经济的过程中,对我国的民生问题进行了一系列论述,形成了他在新中国成立初期关于民生问题的思想。了解新中国成立初期周恩来的民生思想,对于进一步认识他为国家和人民做出的卓越贡献,进一步认识中国共产党执政初期的历史,都有一定的必要。

一

新中国成立之初,周恩来在解决我国民生迫切需要解决的问题的过程中,对这些问题做了相关论述,形成了他在这些问题上的思想。

67

1.关于恢复生产

发展生产,始终是解决民生问题的根本途径。新中国成立之前,1949年3月召开的党的七届二中全会就指出:在已经获得解放、建立了人民政权的区域,党的中心任务是"动员一切力量恢复和发展生产事业"[①]。周恩来在新中国成立之初就指出:我们新中国的基本任务是生产,"当前生产任务的重心是恢复而不是发展"。他的这个论断,既体现了党的七届二中全会的精神,又符合新中国成立之初的实际情况,也就是说要把重心放在恢复生产上,因为恢复了才能发展。对于恢复生产的问题,他指出:"农业的恢复是一切部门恢复的基础"[②],"在城市,其重点在恢复工业生产,而不应该在商业上,宁可多注意手工业"[③]。周恩来之所以重视农业、工业包括手工业的恢复,其出发点就是尽可能满足人民生活的需要。农业、工业恢复了,商业的恢复才有产品基础。

2.关于开源节流

开源节流是人们过日子的办法,特别是过紧日子时的办法,对于国家来说也是这样。周恩来说:"源开得越多,源与流的比重就

[①]《毛泽东选集》(第4卷),北京:人民出版社,1991年,第1429页。
[②]《周恩来选集》下卷,北京:人民出版社,1984年,第4—5页。
[③] 中共中央文献研究室:《周恩来传》(三),北京:中央文献出版社,2008年,第877页。

会好起来。"①关于开源,他指出:我们开源主要是针对来自农村的负担、城市的负担、国家企业的收入和借债。对于农村负担,他说:老解放区过去的负担很重,从抗日战争以来12年没有得到喘息的机会,但现在仍然不能减轻。因为战争还在进行,新解放区税收工作还没有就绪。对于城市负担,他说:城市中的负担是工商业的税收,但不能提得很高,因为城市工商业的税收很多还是要转嫁到农民身上的。②关于节流,他分析了当时国家的各种开支在整个预算中所占的比例,并指出:"我们的开支是节约的,生活水平是低的。"③他还要求党和国家的工作人员保持和发扬艰苦奋斗的革命传统。

3.关于稳定物价

在新中国成立前,新解放的大中城市中就掀起过两次物价上涨风。新中国成立之后半个月,即1949年10中旬,掀起了第三次物价上涨风。这次物价上涨来势猛、幅度大,持续了一个半月之久。1950年春节前后,又掀起了第四次物价上涨风。这两次物价上涨波及全国,给国家的经济恢复和人民生活造成了极大的困难。周恩来分析了物价上涨的原因,他指出,物价上涨是旧中国反动势力的统治遗留下来的一个后果。周恩来还指出,物价上涨的另一

---

① 中共中央文献研究室:《周恩来年谱(1949—1976)》上卷,北京:中央文献出版社,1997年,第13页。
② 《周恩来选集》下卷,北京:人民出版社,1984年,第5—6页。
③ 《周恩来选集》下卷,北京:人民出版社,1984年,第6—7页。

个原因,是政府不得不增发货币。他说:由于还有一些地区尚待解放,还要建立海军、空军,"这样,军费在财政支出上仍要占很大比重"①。由于对国民党军政人员采取包下来的政策,我们的军队人数和公教人员数,1949年底已达670万,1950年会达到900万。再加上"我们所解放的地区扩大了,在这些新地区内一开始又不可能收入得很多","因为开支很大,票子发得很多,物价当然会上涨"②。面对物价上涨的状况,政务院及所属的相关部门采取了许多措施来稳定物价。1950年3月3日,政务院颁布了由陈云起草的《关于统一国家财政经济工作的决定》,统一全国财政收支,统一全国物资调度,统一全国现金管理。《决定》的贯彻执行,很快就使全国财政收支接近平衡,物价日趋稳定。

4.关于救灾和救济失业

由于旧中国水利长期失修,1949年全国被淹耕地达1.2亿亩以上,减产粮食220亿斤,灾民4000万人。1950年6月,淮河大决口,淹没耕地3100万亩,灾民995万人。旧中国的失业人数本来就很庞大,新中国经济改组过程中一部分不适应社会需要的企业倒闭,使失业人数进一步增加。1949年,全国失业总人数已达117万。对于救灾,周恩来指出:"救灾的根本出路在于生产,除政府采取必要的救济措施外","要根据各地条件,找出灾民生产办法","帮助灾区逐村逐户订出生产自救的计划","灾区的各级人民政府及人

---

① 《周恩来选集》下卷,北京:人民出版社,1984年,第3页。
② 《周恩来选集》下卷,北京:人民出版社,1984年,第877页。

民团体要把生产救灾作为工作的中心"。① 对于失业工人,"应以以工代赈为主,而以生产自救、转业训练、还乡生产、发给救济金等为补助办法"②。对于失业知识分子,"除尽可能介绍职业外,应本以工代赈的精神,分配他们参加各种社会服务工作",暂时无法分配工作的,应"组织学习并发给失业救济金"③。在政务院和各级政府的努力下,灾区人民的生活得到改善,失业工人和知识分子也陆续得到妥善安置。

二

民生问题是与整个国家的经济状况联系在一起的,为了改善国家当时的经济状况,周恩来提出要正确处理各种经济关系,使整个国民经济走上健康发展的轨道,这也是解决民生问题的需要。

1.关于城乡关系

周恩来认为,城乡关系是一种非常重要的关系,而城乡关系中最重要的就是工业和农业的关系。他指出:"城市领导乡村,工业领导农业,资本主义社会就是如此,社会主义社会更是如此。"城市

---

① 中共中央文献研究室,中央档案馆:《建国以来周恩来文稿》第1册,北京:中央文献出版社,2008年,第700—702页。
② 中共中央文献研究室,中央档案馆:《建国以来周恩来文稿》第2册,北京:中央文献出版社,2008年,第511页。
③ 中共中央文献研究室,中央档案馆:《建国以来周恩来文稿》第3册,北京:中央文献出版社,2008年,第98页。

71

对农产品的需要刺激农业生产,城市对农村的供应保证和促进农业生产。他说:我们强调城市领导乡村、工业领导农业,绝不是忽视农业的作用。"如果没有广大农业的发展,工业发展是不可能的。"但现在"应该把主要力量放在城市,恢复与发展工业以促进农业的恢复和发展"①。周恩来的这些论述,实际上已经提出了以农业为基础、以工业为主导的思想。

2.关于内外关系

所谓"内外关系",就是国内建设和国外援助、对外贸易的关系。周恩来指出:我们的国家"是以国内力量为主,即自力更生为主"。他说:美国封锁我们,给我们带来了很大的困难,我们要接受这些困难,而且这些困难也逼着我们多想些办法,建设好我们的国家。我们不能依靠帝国主义,但可以在有利的条件下做买卖。"我们需要的物资大部分可以自己解决,一部分可以从朋友那里解决。"②周恩来的这些论述,实际上已经提出了自力更生为主、争取外援为辅的思想。他还说:我们想把国民党时期的入超扭转为出超,这种想法是好的,"但我们当前的目标是出入口平衡。现在我们入口的东西是我们所需要的,出口的东西如鸡蛋、猪肉,是人家所需要的,这种互通有无是互利的"③。

---

① 《周恩来选集》下卷,北京:人民出版社,1984年,第8—9页。
② 《周恩来选集》下卷,北京:人民出版社,1984年,第10—11页。
③ 《周恩来选集》下卷,北京:人民出版社,1984年,第28页。

3.关于工商关系

所谓"工商关系",就是工业和商业的关系。周恩来指出:"工业和商业比较,当然是以工业为主",在商业占多数的城市"也要以发展工业为主"。他说:发展工业,主要是发展国营工业。对于私人资本,要"提倡、鼓励和帮助它发展工业生产"[①]。对于发展商业,他指出:目前最需要发展农村中的供销合作社和城市中的消费合作社,保护小生产者和消费者少受或免受中间剥削。[②] 他还要求把各种工业和商业逐步纳入中央和地方的计划,以免发生过剩与不足,扰乱市场和物价。[③]

4.关于公私关系

所谓"公私关系",就是公营经济和私营经济的关系,主要是国营经济和私营经济的关系。周恩来指出:"在公私关系上应该确定以公为主。"国营经济是社会主义性质的经济,应该是起领导作用的经济成分,它的领导能够保证中国走向社会主义。"要使国营经济的比重不断地增加,这样才能保证它的领导作用的发挥。因此,政府把百分之二十三点九的预算支出用在国营经济上。"同时,由于私营经济"对国家的经济发展是有很大帮助的",因此,当有利于

---

① 《周恩来选集》下卷,北京:人民出版社,1984年,第11页。
② 《周恩来选集》下卷,北京:人民出版社,1984年,第45页。
③ 《周恩来选集》下卷,北京:人民出版社,1984年,第83页。

国计民生的私营企业遇到困难时,政府应该给以帮助,但是"要引导它不走旧资本主义的道路,而走新民主主义的道路"①。

5.关于劳资关系

所谓"劳资关系",就是私营企业中工人和资本家的关系。周恩来指出:在劳资关系问题上,"我们要采取保护劳动的政策,对于资方也要给予适当的利润"。他说:对于私人资本,只许可有合法的利润,不允许有非法的利润;只能有合理的利润,不能有过分的利润。对于私营企业中的工人问题,周恩来指出:工人的生活水准应该同中国的现有情况相适应。今天的主要问题,是先做到不失业、不饥饿。"我们必须在发展生产的基础上保护劳动和限制资本。"②周恩来的这些话是针对当时的情况讲的,指出了工人的生活只能随着生产的发展而逐步提高。

6.关于上下关系

这里所说的"上下关系",是指中央和地方的关系,当然在原则上也适用于地方上下级的关系。周恩来说:在上下级关系问题上,"要既利于国家统一,又利于因地制宜"。也就是说,不允许各自为政,但上级也不能统得过死。他指出:"要在中央的统一领导下发挥地方的积极性,广大人民发挥了积极的创造性,才有利于提高他

---

① 《周恩来选集》下卷,北京:人民出版社,1984年,第11—12页。
② 《周恩来选集》下卷,北京:人民出版社,1984年,第12—13页。

们的物质生活水平和文化生活水平,也才有利于克服官僚主义。"①周恩来的这些话,既是针对原来各解放区有很大独立性、容易产生分散主义的情况讲的,又指出了在中央与地方关系问题上应采取正确的方针。

由于中央在采取措施解决民生突出问题的同时正确处理了各种经济关系,经过全党全国人民的努力,到1950年春夏之交,我国的经济形势开始好转,人民的生活状况也有了相当的改善。

三

在全国的经济形势开始好转后,周恩来根据当时召开的党的七届三中全会精神,对我国民生的相关问题又做了新的论述,以从根本上解决当时的民生问题。

1950年6月6日至9日,中国共产党在北京召开七届三中全会,这是新中国成立后召开的第一次中央全会。这次会议确定党和国家的中心任务是用三年左右的时间实现财政状况的根本好转,并指出实现这个任务需要三个条件:一是完成新解放区的土地改革,以利于早日恢复农村生产;二是调整工商业,以促进整个社会经济的恢复和发展;三是大量削减国家机构所需经费。这次会议后,周恩来结合党的七届三中全会精神的贯彻实施情况,论述了我国的民生问题。

---

① 《周恩来选集》下卷,北京:人民出版社,1984年,第13页。

1.关于土地改革

土地改革工作是由刘少奇负责的,周恩来作为中央主要领导人之一和政务院总理当然也有责任。1950年3月,他在一次会议上说:土地改革"对于中国的社会经济是有着决定意义的关键。没有农村四万万人口的解放,生产力就无法提高",因为新解放区情况相当复杂,"所以,我们的政策须要慎重"。① 6月,中央人民政府公布了《中华人民共和国土地改革法》。8月,政务院公布了周恩来主持起草的《关于划分农村阶级成分的决定》,《决定》对中国农村各阶级、阶层的划分做了明确而具体的规定。9月30日,周恩来在政协第一届全国委员会庆祝新中国成立一周年大会上的报告中说:"实施土地改革,这就是保障约占中国人口百分之八十的农民的基本生存权利",这就是"解放被封建生产关系所束缚的农业生产力,并从而为中国的迅速工业化准备条件"。他还指出:"土地改革的最重要准备是干部的准备,因此必须集中主要的力量来训练干部和巩固农民协会。"②这样,才能保证土地改革的顺利完成。

2.关于调整工商业

周恩来指出:调整工商业,主要是使资本主义工商业克服产销的盲目性和加强产销的计划性。他说:我们已经有了强大的国营

---

① 中共中央文献研究室:《周恩来传》(三),北京:中央文献出版社,2008年,第886页。
②《周恩来选集》下卷,北京:人民出版社,1984年,第41—42页。

经济,并开始发展了合作社经济,私营经济是处在国营经济的领导之下,其中还包含着为社会主义经济服务的国家资本主义经济。有了这些条件,中国的经济就会"一步一步地避免过去的无政府状态,而带有更大的计划性"①。周恩来关于调整工商业的这些论述,指明了调整工商业就是调整公私关系、调整产销关系和调整劳资关系。他之所以强调计划性,是因为在当时的条件下,我国的市场经济体制还不可能形成,整个国民经济的运行还只能由政府计划调节。

3.关于增产节约

政务院及其所属机关从成立之时起,就注意节减办公经费,党的七届三中全会提出大量节减经费之后,当然更是这样。

1951年10月5日,中共中央政治局扩大会议决定采取精兵简政、增产节约等措施,以支持抗美援朝、保家卫国的战争。10月23日,毛泽东在政协全国委员会一届三次会议上的开幕词中说:"我们需要增加生产,厉行节约,以支持中国人民志愿军。这是中国人民今天的中心任务,因此也就是我们这次会议的中心任务。"②11月1日,周恩来在这次会议的总结发言中说:"我们这次会议响应毛主席的号召,把增产节约运动作为我们会议的重要任务之一。"他要求所有机关、团体、企业和部队"在编制上、工作上、人事上、作风上都要检查,能精简节约的都要精简节约,不必要的财政开支一

---

① 《周恩来选集》下卷,北京:人民出版社,1984年,第44页。
② 《毛泽东文集》(第6卷),北京:人民出版社,1999年,第184页。

定要减少,一切物资器材要查清。这样,才能把国家的人力、物力和财力用到最适当、最需要的地方。"① 此后,周恩来还指出:"增产节约是积极的建设性的运动,不是消极的",它"为我们的建设工作准备条件,开辟顺利的道路"。② 开展增产节约运动,促进了国家各项建设事业的发展,也有利于人民生活的改善。

4.关于发展生产

进行土地改革和调整工商业,开展增产节约运动,目的是发展生产,实现国家财政经济状况的根本好转。面对千头万绪的经济工作,周恩来提出要把经济建设的重点放在铁路和水利上。他指出:修建铁路,把铁路网连接起来,才能扩大城乡交流和内外交流,才能使工业恢复和发展,并且改善人民的生活。③ 对于兴修水利,他指出:治水是为了用水,要从现在的蓄泄并重,转变为以蓄为主;从现在的防洪防汛,减少灾害,转变为保持水土,发展水利。④ 对于发展农村生产,周恩来指出:在土地改革完成后,要提倡增产,允许农民发家致富,"爱国主义与发家致富并不矛盾"。⑤ 对于发展城市生产,周恩来指出:土地改革后,农村生产发展了,购买力提高了,就需要更多的轻工业品。因此,"发展工业生产,首先是轻工业生

---

① 中共中央文献研究室:《周恩来传》(三),北京:中央文献出版社,2008年,第957页。
② 中共中央文献研究室:《周恩来传》(三),北京:中央文献出版社,2008年,第958页。
③ 中共中央文献研究室:《周恩来传》(三),北京:中央文献出版社,2008年,第950—951页。
④ 中共中央文献研究室:《周恩来传》(三),北京:中央文献出版社,2008年,第952页。
⑤ 中共中央文献研究室:《周恩来传》(三),北京:中央文献出版社,2008年,第953页。

产"。"重工业固然要搞,轻工业在今天还要多些才行",这样"才能适应农村的需要,才能更快地积累资本,建设城市"。① 周恩来关于发展工业首先是发展轻工业的主张,是在1951年3月提出的。但到了1952年8月,他又提出今后的经济建设"中心环节是重工业",这是因为"人民经济的恢复工作已胜利完成",把主要力量放在重工业上才能"改造中国经济面貌和国防面貌"。② 可见,他是根据经济形势的变化来认识工业发展的重点的。周恩来关于发展生产的这些论述,不但根据形势发展的要求,阐明了解决民生问题的根本措施,而且在实际上提出了正确处理农、轻、重关系的思想。

经过全党全国人民的努力,到1952年底,我国主要工农业产品的产量都超过了历史上的最高水平,其他各项事业也得到相当的发展,国家的财政经济状况实现了根本好转。新中国成立之初面临的重大民生问题已从根本上得到解决,人民的生活水平得到了明显的提高。所有这些,都同这一时期周恩来的民生思想对党和国家工作的指导作用分不开。

[原载《东北师大学报(哲学社会科学版)》2015年第1期]

---

① 中共中央文献研究室:《周恩来传》(三),北京:中央文献出版社,2008年,第954—955页。
② 中共中央文献研究室:《周恩来年谱(1949—1976)》上卷,北京:中央文献出版社,1997年,第255页。

江泽民人权思想的理论价值和实践意义

江泽民作为党中央第三代领导集体的核心,一直重视着人权,关注着人权。特别是近年来,在科学总结我国新时期人权建设实践经验的基础上,他坚持以马列主义、毛泽东人权思想和邓小平人权理论为指导,领导全党在努力推进改革开放和社会主义现代化建设的伟大事业中,高度重视人权建设,发表了许多重要论述,而且在一些重大理论和现实问题上有了新的突破,丰富和发展了马克思主义人权理论,为我们全面建设小康社会,推动中国人权事业健康发展提供了宝贵的经验。

一、江泽民人权思想对马克思主义人权理论的发展

江泽民在坚持马克思主义人权理论的基础上,辩证地提出"人权既是普遍的又是特殊的""没有主权也就失去了人权"等观点,赋予马克思主义人权观以鲜明的时代特征,从而将马克思主义人权

理论推向一个崭新的发展阶段。

(一)关于人权与主权的关系,以及国际社会对待人权问题的正确态度

江泽民人权思想在国际人权斗争中不断丰富发展。长期以来,针对西方一些国家提出的"人权高于主权,人权无国界"的观点,江泽民在继承毛泽东和邓小平主权原则的基础上形成了国家主权是人权的基础和保障的人权思想,有力地驳斥了西方国家这种谬论。可以说,早在1940年毛泽东就指出:"中国缺少的东西固然很多,但是主要的就是少了两件东西:一件是独立,一件是民主。这两件东西少了一件,中国的事情就办不好。……现在我们全国人民所要的东西,主要的是独立和民主。"[1]为此,在新民主主义革命时期,以毛泽东为代表的中国共产党人把反对帝国主义争取独立、反对封建主义争取民主的运动结合起来,并取得了胜利,使民族取得独立,人民成为国家主人。邓小平也曾多次指出:"国权比人权重要得多"[2],"人们支持人权,但不要忘记还有一个国权;谈到人格,但不要忘记还有一个国格"[3],如果中国不尊重自己,中国就站不住,国格没有了,关系太大了,阐明了国格与国权、人格与人权的关系。在此基础上,江泽民明确指出:"如果失去了国家主权、民

---

[1]《毛泽东选集》(第2卷),北京:人民出版社,1972年,第731页。
[2]《邓小平文选》(第3卷),北京:人民出版社,1992年,第331、345页。
[3]《江泽民在美中协会等六团体举行的午餐会上的讲话》,《人民日报》1997年10月30日。

族独立和国家尊严,也就失去了人民民主,并且从根本上失去了人权。"①他指出,不排除人权具有国际保护的一面,但人权的国际保护是以主权国家的相互合作和承担国际义务为基础和原则的,并不排斥和否定国家主权。西方某些国家利用人权问题向别国施压,极力鼓吹"人权高于主权""人权无国界"等谬论,加紧筹划国际人权干预机制,其实质就是为干涉别国内政制造理论根据。这严重违反了国际法,因为他们既违反了《联合国宪章》的条文本身,又违反了他们的精神实质。

因此,我们在讨论人权与主权的关系时,不能不考虑到当今国际政治的现实,即大国与小国,强国与弱国,发达国家与发展中国家事实上是处于不平等地位的。有力量借人权问题对另一国国内事务进行干涉的只有大国强国和发达国家;小国、弱国和发展中国家不仅没有可能去干涉比它强大的国家的人权事务,甚至对于后者的非法干涉都无法抗拒。因此,江泽民同志旗帜鲜明地指出,我们反对任何借人权问题干涉别国内政的行为。

(二)提出人权既是普遍的又是特殊的,同时强调人权的普遍性原则要与中国的具体实际相结合

江泽民同志对马克思主义人权的普遍性与特殊性原理的创新发展,既来源于中国特色社会主义实践,又直接生成于当今国际国内人权斗争的严峻挑战。江泽民对此强调"西方敌对势力打着'民

---

① 《江泽民文选》(第1卷),北京:人民出版社,2006年,第123页。

主'、'自由'、'人权'的旗号,向我发动进攻,通过各种渠道,对我进行渗透,反对我们的社会主义制度。我们要认真对付,坚决还击"①。邓小平曾在谈普选时指出:"我们有十亿人口,人民的文化素质也不够,普遍实行直接选举的条件不成熟。"②他还指出:"中国属于第三世界国家,需要有稳定的政治环境来摆脱贫困,没有稳定的环境,什么事也搞不成……。而不切实际地搬用西方所谓民主制度,只会导致中国的社会动乱与灾难。"③可以说人权的普遍性与特殊性问题,既是基本的人权理论问题,也是目前争论最大的热点问题。虽然马克思主义人权观,以及毛泽东、邓小平人权理论中都蕴含这一思想,但他们都没有做过科学阐述。而江泽民在建设社会主义的伟大实践中,在国际国内人权事业的挑战中,创造性地做了最新阐述,指出人权既是普遍的又是特殊的,丰富了马克思主义人权理论。他指出,人权的普遍性不是抽象的,而是通过人的特殊性表现出来的。在我们社会主义国家,人权首先和主要反映的,是工人阶级、农民和其他劳动群众的利益,这是社会主义民主的本质要求,是我国人权的基本特点,也是党和政府看待和保障人权的最基本的出发点。同时还指出,人权的普遍性原则要与中国的具体实际相结合。1999年,江泽民在会见联合国秘书长安南时指出:"世界应该是一个丰富多彩的世界。中国尊重国际人权文书中关于人权的普遍性原则,但同时认为,由于各国社会制度、文化、历史

---

① 江泽民:《在全国对外宣传工作会议上的讲话》,1990年11月2日,中国人权网, https://www.humanrights.cn/html/2014/1_0827/1728_2.html。
② 《邓小平文选》(第3卷),北京:人民出版社,1992年,第331、345页。
③ 《邓小平文选》(第3卷),北京:人民出版社,1992年,第331、345页。

传统和经济发展程度不同,保护人权的具体措施和民主的表现形式应有所不同","人权问题具有普遍性的意义,从世界上存在众多国家这个现实出发,人权的实现要依靠各个国家的努力才行,因此从根本上讲,人权是一个国家主权范围内的问题"。① 江泽民还多次强调指出,由于历史背景、社会制度、文化传统、经济发展水平不同,各国在实现人权的普遍性原则时,从内容到形式,从方法到步骤,都有各自特点。如果离开这个特殊性,如果不与各国的具体情况结合,要求不同国家、不同民族套用统一人权模式,沿用统一人权办法,采取同等人权步骤,甚至实行霸道的方式强行推行某种人权,都是行不通的。因此只有从各个国家的实际情况出发,才能使人权的普遍性原则得到真正实现,才有各国自己的人权特色。

  这些论述告诉我们,马克思主义人权普遍性与特殊性原理的重要意义,并不在于它论述了人权的普遍性和特殊性的原理,更重要的是阐明了人权的普遍性原则必须与各国的具体实际相结合。这是马克思主义人权普遍性与特殊性相统一原理的基本原则和活的灵魂,是马克思主义人权理论中国化的根本特征,尤其是江泽民提出人权的普遍性原则与中国具体实际相结合是对马克思主义人权理论的独创发展。

(三)关于中国人权事业发展的必然道路

  随着中国社会的发展,随着中国人权保障优先项目的推进,中

---

① 《江泽民在美中协会等六团体举行的午餐会上的讲话》,《人民日报》1997年10月30日。

国人权事业的发展必将不断走向完善。

首先,在权利和义务的关系上,更加强调权利。江泽民指出:"公民在行使自由和权利的时候,不得损害国家的、社会的、集体的利益和其他公民合法的自由和权利。"①

其次,在人权保障问题上,进一步强调法律的重要作用。江泽民指出:"中国不断完善民主与法制建设,保障人民的公民权利和政治权利。"②可见,他对只重视公民权利和政治权利,而忽视经济、社会、文化权利的思想倾向是持反对态度的。江泽民认为理想的社会主义应该是一个尊重人,关心人,一切以人为目的,全面发展人的自由,以法治保障人的尊严的社会。特别值得指出的是,在新的历史条件下,江泽民提出了"党执政的目的就是领导和支持人民掌握管理国家的权力"的最新论断。

最后,以江泽民为核心的第三代领导集体,积极发展和扩大公民权利和政治权利。江泽民在党的十六大报告中指出,"发展社会主义民主政治,建设社会主义政治文明,是全面建设小康社会的重要目标",同时强调要坚持和"健全民主制度,丰富民主形式,扩大公民有序的政治参与",保障人民依法行使民主权利。这标志着我们党对社会主义民主政治与人权关系的认识达到了一个新的水平,为中国人权事业的发展提供了全新的角度。

---

① 《江泽民在全国宣传部长会议上的讲话》,《人民日报》1989 年 07 月 20 日。
② 《江泽民会见法国国防部长的讲话》,《人民日报》1997 年 04 月 08 日。

二、江泽民人权思想对我国人权事业发展的指导意义

江泽民作为党的第三代领导核心,在不同的场合,从哲学角度发表体现社会发展规律和符合我国国情的精辟论述,在继承毛泽东和邓小平人权思想的基础上,形成颇具特色又富有哲学思辨力的人权观思想,为我国人权事业乃至世界人权事业的发展做出巨大贡献。

(一)江泽民人权思想,为我们正确处理普遍性和特殊性的关系,建设具有中国特色的人权思想指明了方向

江泽民对马克思主义人权普遍性与特殊性原理的创新发展,对形成具有中国特色社会主义人权思想做出了伟大贡献。

首先,中国的最高利益就是稳定,没有稳定就谈不上人权。要保障人民享有充分的人权,一个至关重要的前提条件就是要保持社会的稳定。发展是实现人权的关键,而在当前的中国,压倒一切的是稳定。"古今中外,没有任何一个国家是在混乱当中把经济建设搞上去的,唯有稳定才能搞好经济建设。"①江泽民在党的十五大报告中指出:"我国正处于并将长期处于社会主义初级阶段,现在达到的小康还是低水平的、不全面的、发展很不平衡的小康,人民日益增长的物质文化需要同落后的社会生产之间的矛盾仍然是我

---

① 《江泽民论有中国特色社会主义》,北京:中央文献出版社,2002年,第210页。

国社会的主要矛盾。巩固和提高目前达到的小康水平,还需要进行长时期的艰苦奋斗。""没有社会的稳定,就不可能有经济的发展;没有经济的发展就没有社会的进步;没有全社会的进步就不可能实现人类真正掌握自己的命运,民主、自由、人权都将成为一句空话。"江泽民非常重视发展与稳定的关系,他强调,在一个国家里,实现民主、自由、人权的根本途径是社会的进步、稳定和经济发展。因此说,只有稳定才能保障人民权利的实现,只有国家的充分发展,才能实现充分的人权。

其次,坚持对话,不搞对抗。江泽民反对以人权为借口干涉别国内政。他指出,对待人权问题应进行平等对话而不应搞对抗。江泽民同志在党的十五大报告中进一步指出:"对彼此间的分歧,要坚持对话,不搞对抗,从双方长远利益以及世界和平与发展的大局出发,妥善加以解决,反对动辄进行制裁或以制裁相威胁。"可以说,平等对话、加强人权领域的国际合作是正确解决人权问题分歧的有效途径。1997年10月30日,在会见一位西方政要时,江泽民强调指出:"我们愿意同其他国家加强交流与合作,共同促进世界人权事业。"[①]中国尊重国际社会关于人权的普遍性原则,同时认为,世界是丰富多彩的,各国历史传统、经济发展水平、政治社会制度不同,不可能都遵循一个模式。我们主张各国在平等和相互尊重的基础上开展人权对话与合作,以减少分歧,扩大共识。为此,中国政府积极开展人权领域的国际合作,同包括美国在内的许多国家进行了双边或多边的人权对话与合作。近年来,中国已加入

[①] 《江泽民在访问美国时的讲话》,《人民日报》1997年10月31日。

17项国际人权公约,并先后签署了《经济、社会和文化权利国际公约》和《公民权利和政治权利国际公约》;同时也得到了广大发展中国家的理解和支持,连续11次挫败美国的反华提案。由此可见,发展中国家只有坚持平等对话,互相尊重,加强合作,才能击退西方国家的人权攻势,才能充分有效地参与国际人权活动,才能捍卫真正的人权。

(二)江泽民人权思想为我国正确处理人权问题提供了指导方针

首先,江泽民人权思想促进我国人权制度建设和民主法制建设的不断完善。社会主义人权建设是我国社会主义民主法制建设的重要组成部分,是民主法制建设完善的重要标志。而江泽民人权思想的形成与发展对我国人权建设的制度化和法制化起到了重要的促进作用。一方面,江泽民人权思想更加具体地体现了社会主义人权原则。江泽民指出:"要继续加强社会主义民主和法制建设,切实保障人民群众依法管理国家事务、经济事务和社会事务的权利"[1],"维护宪法和法律的尊严,坚持法律面前人人平等,任何人、任何组织都没有超越法律的特权"[2]。另一方面,江泽民民主法制思想,为我国人权事业发展和完善指明了方向。1997年江泽民在党的十五大报告中第一次把"尊重和保障人权"作为社会主义民

---

[1] 《江泽民在全国政协新年茶话会上的讲话》,《人民日报》1995年01月02日。
[2] 《江泽民在中国共产党第15次全国代表大会上的报告》,《人民日报》1997年09月12日。

主法制建设的一个重要任务和目标,提出"共产党执政就是领导和支持人民掌握管理国家的权力,实行民主选举、民主决策、民主管理和民主监督,保证人民依法享有广泛的权利和自由,尊重和保障人权"。"发展民主必须同健全法制紧密结合,实行依法治国。"同时在党的十六大报告中进一步指出,"发展社会主义民主政治,建设社会主义政治文明,是全面建设小康社会的重要目标",同时强调要坚持和健全民主制度,丰富民主形式,扩大公民有序的政治参与,保障人民依法行使民主权。江泽民的这一科学论述标志着我们党对社会主义民主政治与人权和法制的关系的认识达到了一个新的水平,为中国人权理论事业的发展提供了全新的视角。

其次,江泽民的人权思想为我国正确处理国际人权问题提供科学的理论指导,使我国逐步掌握了在国际斗争中的主动权。在联合国千年首脑会议上,江泽民精辟地指出:"回首百年,沧桑巨变。在这新世纪和新千年之交的历史时刻,国际社会有必要重新审视这两项原则。一方面,充分实现和享受人权是全人类追求的共同理想。促进和保护人权是各国政府的神圣职责。任何国家都有义务遵照国际人权文书,并结合本国国情和有关法律,促进和保护本国人民的人权与基本自由。另一方面,各国主权平等和相互尊重主权、互不干涉内政等原则仍然是现代国际关系的基本准则。国家不分大小、贫富和强弱,一律平等。维护本国的主权和安全,是每个国家政府和人民的神圣权利。各国人民有权自主选择符合本国国情的社会制度和发展道路,创造自己的生活。"在建党80周年大会上的讲话中,江泽民说:"世界是丰富多彩的。……应尊重各国的历史文化、社会制度和发展模式,承认世界多样性的现实。

世界各种文明和社会制度,应长期存在,在竞争比较中取长补短,在求同存异中共同发展。"江泽民的这些重要论述,极其深刻地揭示人类文明发展的客观规律,强调人权领域内的对话与合作必须在尊重国家主权的基础上开展,反对一切形式的霸权主义和强权政治,为保护和促进人权事业的发展提供了科学的理论武器。

在江泽民人权思想的指导下,我国积极参加国际人权领域的活动,参加联合国人权委员会的工作,参与有关国际人权公约的起草和制定,反对人权领域的西方中心论,推动了反映社会主义观点和发展中国家利益的人权文书出台,签署了17个国际人权公约,反对国际人权领域的霸权主义和强权政治,促进了国际人权运动的健康发展。

[原载《内蒙古民族大学学报(社会科学版)》2006年第3期]

一
二

习近平民生理念形成的理论与实践根源探析

习近平总书记关于保障和改善民生的一系列论述,是党的十八大以来,以习近平同志为核心的党中央在社会建设中探索如何保障和改善民生、增进民生福祉的思想理论创新,是中国共产党民生建设经验和集体民生智慧的结晶,是马克思主义民生思想中国化的最新理论成果,是确保党和国家民生建设事业发展的强大思想武器、根本遵循和行动指南。群众利益无小事,民生问题大于天。研究习近平民生理念形成的理论与实践根源,对于我们深化"以人民为中心"的发展理念,把增进民生福祉作为发展的根本目的,将发展成果更多更公平惠及全体人民,推进中国特色社会主义民生建设事业的健康发展具有重要的理论意义和实践价值。

一、马克思主义经典作家的人民思想是习近平民生理念的理论源泉

(一)马克思主义群众史观是习近平人民主体地位思想的理论来源

马克思主义群众史观的核心观点是人民群众是历史的创造者。古往今来,很多人都在探索社会发展的原初动力,那么推动社会发展的原初动力到底是什么？历史是谁创造的？对这些问题的认识程度,直接关系到对待人民群众的态度,也是历史观的一个基本问题。在马克思看来,解决民生问题是一切生产和生活得以进行的基本前提,他指出:"人们为了能够'创造历史',必须能够生活。但是为了生活,首先就需要吃喝住穿以及其他一些东西。因此第一个历史活动就是生产满足这些需要的资料,即生产物质生活本身。"①因此,历史正是由创造物质资料的人民群众创造的。恩格斯在卢梭《论人类不平等的起源和基础》的基础上研究了"家庭、私有制和国家的起源""意识形态的起源""阶级对立的起源",而且关注到民生问题产生的原初条件领域,他指出:"历来为繁芜丛杂的意识形态所掩盖着的一个简单事实:人们首先必须吃、喝、住、穿,然后才能从事政治、科学、艺术、宗教等等;所以,直接的物质的生活资料的生产,从而一个民族或一个时代的一定的经济发展阶

---

① 《马克思恩格斯文集》(第 1 卷),北京:人民出版社,2009 年,第 531 页。

段,便构成基础,人们的国家设施、法的观点、艺术以至宗教观念,就是从这个基础上发展起来的,因而,也必须由这个基础来解释。"①这种把"衣食住行"作为一切经济基础和上层建筑变迁根本动力的"民生本体论"思想,肯定了人民群众的作用,认识到人民群众的活动是推动社会发展的原初动力。

马克思在《神圣家族》中明确指出:"历史活动是群众的活动,随着历史活动的深入,必将是群众队伍的扩大。"②人民群众通过实践活动,不仅创造了物质财富,也创造了物质文明。没有人民群众的物质创造,人们便无法开展其他活动,便没有人类社会的生存和延续,更没有社会历史的进步。因此,人民作为历史的创造者,更应是民生关注的第一对象。在马克思看来,人民群众不仅是物质财富和精神财富的创造者,而且是推动社会形态由低级向高级飞跃的决定性力量。精神财富的创造是以一定的物质财富和实践活动为前提的,任何精神产品都是实践经验的概括和总结。思想家、艺术家等对精神财富的创造有重要的贡献,但这种创造的最终动因和认识源泉是人民群众的实践。

生产关系的根本变革、社会形态的更替都是通过人民群众推翻阻碍社会发展的统治阶级来实现的,是人民群众斗争的结果。早在1919年,毛泽东就在《湘江评论》发表文章指出:"什么力量最强?民众联合的力量最强。什么不要怕?天不要怕,鬼不要怕,死

---

① 《马克思恩格斯文集》(第3卷),北京:人民出版社,2009年,第601页。
② 《马克思恩格斯文集》(第1卷),北京:人民出版社,2009年,第287页。

人不要怕,官僚不要怕,军阀不要怕,资本家不要怕。"①可见,毛泽东敬畏人民的思想有着深刻历史渊源,是中国共产党和人民军队能够走向最终胜利的重要思想保证。对于人民的巨大力量,古代帝王将相把它比喻为"洪水猛兽",而毛泽东则把它比喻为"汪洋大海",强调"人民,只有人民,才是创造世界历史的动力"②。以邓小平同志为核心的党的第二代中央领导集体继承了马克思主义群众史观和毛泽东群众路线思想,进一步指出:"群众是我们力量的源泉,群众路线和群众观点是我们的传家宝。"③以上这些思想构成了马克思主义的人民观、人民立场,奠定了马克思主义政党群众路线的理论基础,成为马克思主义政党制定纲领、路线政策的重要思想基础。习近平总书记正是在对马克思主义群众史观的继承发展和创新基础上,提出要始终坚持人民主体地位,保证人民当家作主,强调"人民是历史的创造者,群众是真正的英雄。人民群众是我们力量的源泉"④。

(二)马克思主义人民立场是习近平民生理念的理论品格

习近平总书记在纪念马克思诞辰200周年大会上的讲话中指出:"马克思主义是人民的理论,第一次创立了人民实现自身解放

---

① 中共中央文献研究室、中共湖南省委《毛泽东早期文稿》编辑组:《毛泽东早期文稿》,长沙:湖南人民出版社,2008年,第270页。
② 《毛泽东选集》(第3卷),北京:人民出版社,1991年,第1031页。
③ 《邓小平文选》(第2卷),北京:人民出版社,1994年,第368页。
④ 《习近平谈治国理政》,北京:外文出版社,2014年,第5页。

的思想体系。"①马克思主义博大精深,但归根到底就是一句话:为人民求解放。马克思主义是第一次站在人民立场探求自由解放的道路,是为了改变人民历史命运而创立的,是在人民求解放的实践中形成的。人民立场是马克思主义的根本立场,站在人民立场上思考问题,探求解决社会问题的办法是马克思主义政党的鲜明特点。古今中外,应该说,民生问题是所有的执政者都不能回避的问题,即使在中国古代的封建社会,开明的封建统治者也不能对涉及人民生活的基本问题熟视无睹,也会提出并实施一些救济性的举措。当今时代,在不少国家的执政者中,也有重视民生问题的,包括一些资本主义国家和资产阶级政党的领导人,在竞选中,常常拿民生问题作为攻击对手的借口,同时把增加就业、提高工资、完善社会保障、解决医疗保障问题、改善住房问题等作为竞选中的口号、政策,进行大肆宣扬,以求竞选成功,有的甚至在成功执政后,也做过一些改善民生的事情。但是剖析所有资本主义国家竞选者和执政者的这些主张、政策的实质,我们清楚地看到,所有未信仰马克思主义的政党、执政者,他们关注民生、大讲改善民生的本质都是站在自己的立场上,为了防止民生问题演变为社会动乱,危及自身的统治,或者是为了上台执政、巩固自己的执政地位而提出的应付性、临时性政策。②而习近平提出的关于保障和改善民生的一系列政策措施,特别是渗透于其中的民生理念,恰恰与这些"应付

---

① 习近平:《在纪念马克思诞辰 200 周年大会上的讲话》,《人民日报》2018 年 05 月 05 日。
② 参见于慧颖《习近平关于民生论述的本质特征及其现实意义》,《马克思主义研究》2018 年第 11 期。

性、临时性"的民生主张有着本质不同,习近平民生理念体现的是人民立场。习近平是站在全体人民的立场,以为中国人民谋幸福、为不断实现中国人民更美好的生活为出发点和目的提出的民生主张。这样的立场决定了中国共产党解决民生问题的本质,其与古今中外统治者把解决民生当作施舍、恩赐,把重视民生当作获取选票的工具,把改善民生当作巩固自身统治的条件等有本质不同。习近平的民生理念是马克思主义政党一切为了人民,以人民幸福作为自己奋斗目标的立场的体现,而这样的马克思主义人民立场正是习近平民生理念的理论品格。

(三)马克思主义全心全意为人民服务的思想,是习近平提出当代中国民生任务的源泉

民生问题是一个历史范畴,是社会运行中经常出现、没有终点的一个问题。即使在中国特色社会主义条件下,也不能说民生问题什么时候已经完全、完美得到解决。在 19 世纪 80 年代,我们的民生问题是集中力量解决人民温饱。目前,这个问题早已解决,但这并不等于民生问题已得到彻底解决。今天,在中国经济建设取得巨大成就、人民生活水平极大提高的情况下,仍然存在一些需要重视的民生问题。如何准确地找到这些问题?习近平总书记在庆祝中国共产党成立 95 周年大会上的讲话中指出:"人民立场是中国共产党的根本政治立场,是马克思主义政党区别于其他政党的

显著标志。"①"全党同志要把人民放在心中最高位置,坚持全心全意为人民服务的根本宗旨。"②正是在这样的思路之下,我党提出了新形势下保障和改善民生的一系列重要任务。习近平总书记强调指出:"我们要顺应人民群众对美好生活的向往,坚持以人民为中心的发展思想,以保障和改善民生为重点,发展各项社会事业,加大收入分配调节力度,打赢脱贫攻坚战,保证人民平等参与、平等发展权利,使改革发展成果更多更公平惠及全体人民,朝着实现全体人民共同富裕的目标稳步迈进。"③可以说,正是在全心全意为人民服务、努力为中国人民谋幸福这样的马克思主义理论指导下,形成了新时代保障和改善民生的基本内容,并成为习近平重要的民生理念。可以说,不坚持全心全意为人民服务的宗旨,不践行为人民谋幸福的理念,就不可能发现新的时代条件下民生问题的短板,不可能落实保障和改善民生的基本任务。

二、社会主义革命和建设事业的成功经验是习近平民生理念形成的实践根据

"观念的东西不外是移入人的头脑并在人的头脑中改造过的物质的东西而已"④,习近平民生理念的形成同样离不开物质性的实践活动。国际共产主义运动史上,社会主义革命和建设事业的

---

① 《十八大以来重要文献选编》(下),北京:中央文献出版社,2018年,第352页。
② 《十八大以来重要文献选编》(下),北京:中央文献出版社,2018年,第352页。
③ 《十八大以来重要文献选编》(下),北京:中央文献出版社,2018年,第352页。
④ 《马克思恩格斯文集》(第5卷),北京:人民出版社,2009年,第22页。

成功经验,为习近平一系列民生理念的形成提供了丰富的实践根据。

(一)国际共产主义运动的成功经验为习近平民生理念的形成提供借鉴

自1847年全世界第一个国际无产阶级的政党——共产主义者同盟成立起,国际共产主义运动已经走过了171年的辉煌历程,在这段轰轰烈烈的历史进程中,《共产主义者同盟章程》的制定、《共产党宣言》的发表、巴黎公社的出现、共产国际的建立、十月革命的胜利、中国革命的成功、亚非拉民族解放运动的胜利、新时代中国特色社会主义事业的伟大胜利都展示出国际共产主义运动辉煌的历程。其中,《共产主义者同盟章程》关于生活方式和活动必须符合同盟目的的规定彰显了对社会底层民众的体恤和关怀,是国际共产主义运动史上第一条民生政策;《共产党宣言》提出的"全世界无产者,联合起来"①的口号是一条关注工人阶级民生状况的伟大宣言;巴黎工人运动的胜利就是共产主义同盟民生政策的胜利,这极大地鼓舞了欧洲民生运动的发展;共产国际的建立把均衡配置生产资料和生活资料的民生政策推向俄国,吹响了社会主义革命的民生号角;十月革命的炮声不仅把马克思主义民生意识送到了中国,而且宣示了各国共产党民生理念的科学性和普适性;20世纪亚非拉民族解放运动的胜利更加展现了各国共产党民生政策的强

---

① 《马克思恩格斯文集》(第2卷),北京:人民出版社,2009年,第66页。

大生命力和远大发展前途；十月革命后，经过20年左右的社会主义建设，工业化和农业集体化取得胜利，使苏联一跃成为工业化水平最高、综合国力最强大的欧洲国家，根本上改变了十月革命前俄国人民贫困、落后的生活状况，苏联社会主义的成就对全世界被压迫民族和人民产生了极大吸引力，世界各地的民族解放运动蓬勃发展，对资本主义世界构成严峻挑战。

国际共运的这个基本特点、基本事实，为习近平形成关于民生就是政治，而且是最重要的政治，决不能把民生问题当成小事，而一定要高度重视这些民生理念提供历史借鉴。中国共产党领导革命、建设、改革的近百年实践，本质上就是为中国人民求解放、谋幸福。习近平总书记说："中国共产党人的初心和使命，就是为中国人民谋幸福，为中华民族谋复兴。"①近百年来，无论环境、任务的改变有多大，中国共产党坚持全心全意为人民服务的宗旨没有改变，党在各个时期的路线、方针、政策各不相同，但渗透于不同时期、体现在整个历程中的灵魂只有一个，就是为中国最广大人民群众谋利益。

(二)中国新民主主义革命的胜利为习近平民生理念发展提供了宝贵的民生经验

作为国际共产主义运动的重要组成部分，中国新民主主义革命时期的经验，对中国共产党领袖们的民生思想产生了积极的影

---

① 《中国共产党第十九次全国代表大会文件汇编》，北京：人民出版社，2017年，第1页。

响。中国第一次国内革命战争时期建立的几十个革命根据地都建立起了党领导的苏维埃政权,党在之后的革命实践中坚持革命与民生并重,其中,中央根据地的苏维埃政权实行一系列的民生政策,包括井冈山时期提出的发展工商业的思想、1947年颁布的"三大纪律八项注意"的纪律规定、长征时期提出的民族民生政策、延安时期提出的发展大生产政策及抗日根据地减租减息政策,解放战争时期实行的土地改革政策等,都把马克思主义的民本情怀现实化为具体的民生政策,从而赢得了广大人民群众的支持和拥护,也为新民主主义革命的最后胜利奠定了坚实的民生基础。中国共产党在极为艰苦的革命战争年代下能够生存下来、能够发展起来并夺取革命的胜利,靠的是什么?靠的是人民的衷心拥护。在战争年代既没有现代意义上的法律权利,也没有执政条件下可以调动人财物的权力,那么我们为什么能一步一步取得成功呢?最根本的就是我们党始终坚持全心全意为人民服务的宗旨,始终坚持为人民谋幸福。有了广大人民群众的坚定支持就有了取得胜利的伟大靠山,一定意义上,中国革命的胜利就是人民战争的胜利,就是群众路线的胜利,是全心全意为人民服务宗旨的胜利。中国新民主主义革命胜利的根本经验就是中国共产党在坚持全心全意为人民服务的宗旨之下制定和推行了科学合理的民生政策。这个历史经验,是习近平民生理念中特别强调在各方面的改革中,在推进社会经济发展的各项举措中,必须高度重视民生政策的制定、调整和改进,以科学合理、实实在在的民生改革确保全心全意为人民服务宗旨实现的历史根据。

(三)社会主义建设的辉煌成就为习近平民生理念的发展奠定了坚实的实践基础

1949年新中国的成立对于大多数饱受三座大山压迫的中国人民来说是一件欢天喜地的大事,但这只是万里长征走完了第一步,中国共产党在"赶考"过程中面临诸多民生问题,比如工业基础十分薄弱,国家一穷二白,文化、教育、卫生事业十分落后等。新中国成立初期,面对一穷二白、百废待兴的局面,中国共产党坚持全心全意为人民服务的宗旨,制定了一系列举措,包括:废除封建土地制度,让土地为广大农民群众所有;在城市,一方面解决民生基本问题,一方面建立从根本上保障民生的社会主义经济制度;与此同时,大力发展教育事业,扫除文盲,推广爱国卫生运动,建立起基本的公共卫生服务体系,保障民生。至20世纪70年代末,中国人口净增4亿以上,中国的人均寿命由新中国成立之初的不到40岁增加到60岁以上,全体人民生活水平、生命质量空前提高,等等。中国共产党对这些问题的有效处理不仅发展了马克思主义的民本民生思想,而且为改革开放以来伟大成就的取得积累了坚实的经济基础和成功的民生经验。也可以这样说,中国之所以在一穷二白的基础上建立起初步的社会主义工业体系和国民经济体系,之所以能够很快稳定新生的社会主义政权,之所以能够快速平定土匪的叛乱,都与中国共产党坚持全心全意为人民服务宗旨下的民生政策有关。应该说,中国社会主义革命和建设事业的成功经验是习近平民生理念形成的依据。习近平强调民生问题是执政党必须解决好的重要问题,民生的内容不是单一的,而是全方位的,甚至是随着社会发展不断扩展的,执政党必须根据新的时代特点对民生的新需求作出回应,使保障和改善民生的内容不断得到完善。

(四)社会主义改革开放的巨大成功为习近平民生理念的发展积累了坚实的物质基础

中国改革开放40年取得的成就是有目共睹的,通过改革,中国建立了社会主义市场经济体制、成功解决了14亿人口的吃饭穿衣问题、小康社会已经基本实现、基础设施建设稳步推进、国际贸易持续增长、GDP增速世界第一、"海洋强国"的目标正逐步实现、工业化进程井然有序、生态环境治理扎实推进、人口再生产问题得以解决,中国已经成为世界第二大经济体,已经对全球经济产生了实质性的影响。所有这些成就的取得除了得益于中国共产党的坚强领导和社会主义道路的正确支撑,在很大程度上与中国共产党一贯坚持的全心全意为人民服务的群众路线有关。中国共产党无论是搞革命还是搞建设、无论是搞改革还是搞国际共产主义运动都始终围绕为中国人民谋幸福这一根本宗旨。有了人民群众的理解和支持,中国经济就插上了腾飞的翅膀;有了人民群众的参与和拥护,中国就能把资本主义社会无法完美展示的市场经济体制的优越性发挥到极致。改革开放40年的成功经验证明,资本主义国家之所以没有取得像中国这样持续高速增长的辉煌成绩,就是因为他们没有把人民的利益放在一切工作的首位,过分注重资本的增值潜力和货币投机性;而中国之所以创造了几十年高速增长的经济神话,就是因为我们始终坚持人民性标准,始终把人民群众的物质和精神需求作为中国共产党一切行动的根本指针,这是习近平民生理念的许多重要观点的深刻历史根源。比如,习近平总书记强调:"要通过社会体制改革创新,充分调动各方面的积极性,最大限度增强社会发展活力,充分发挥人民群众首创精神,使全社会创造能量充分释放、创业活力蓬勃开展。"①解决民生问题不仅仅是要保障弱势群体的基本生活,实际上,民生问题是关系经济社会发展动力、关系全社会创造活力的问题。要把民生的有效保障和不断改善与促进经济发展、社会全面进步统一起来,而不要对立起来,仅仅当作负担来对待。这些思想都深深植根于中国改革开放40年的成功经验之中。

三、对社会主义革命和建设失误教训的总结是习近平民生理念形成的重要思想基础

成功的经验固然可贵,但挫折和教训更为深刻。在国际共产主义运动和中国社会主义革命和建设的历程中,不注重民生问题的解决所导致的教训是令人深思和发人觉醒的。这些挫折曾经表现在欧洲共产主义运动的一些方面,也体现在苏联解体的整个过程中,在中国社会主义革命和建设的实践中也曾出现。虽然这些挫折和磨难没有动摇中国共产党全心全意为人民服务的宗旨,没有动摇中国共产党为人民谋幸福的坚定信念,但毕竟造成了负面

---

① 《习近平关于社会主义社会建设论述摘编》,北京:中央文献出版社,2017年,第119页。

的实际后果,并产生了不可挽回的民生损失。应该说,国际共产主义运动和中国社会主义革命和建设事业的曲折过程对于习近平民生理念的形成产生了重大影响。

(一)国际共产主义运动的挫折强化了中国共产党为民执政的理念

在国际共产主义运动史上既出现过巴黎公社因忽视"民众力量"而导致的阶段性失败,也出现过大喊马克思主义口号而不关心人民生活的修正主义问题;既出现过过度进行军备竞赛而忽视民生艰难局面的问题,也出现过过度重视重工业而忽视民众基本生活消费的问题;既出现过高度集中的指令性计划经济,也出现过私有化、市场化改革给人民群众带来灾难性后果的问题。所有这些问题的出现都印证着民生问题的本源属性和社会决定性。比如,苏联的解体不仅导致了东欧国家纷纷脱离国际共产主义的阵营,而且导致俄罗斯经济发展的长期低迷和民众贫困局面的持续。事实上,早在1956年,毛泽东就已经预见到90年代俄罗斯的未来,他指出,苏联共产主义事业受到的挫折是"苏联的办法把农民挖得很苦"[1]导致的,"他们这样来积累资金,使农民的生产积极性受到极大的损害。你要母鸡多生蛋,又不给它米吃,又要马儿跑得好,又要马儿不吃草。世界上哪有这样的道理!"[2]苏联解体的原因是多方面的,但马克思主义根本指导地位的丧失、共产主义理想信念的

---

[1]《毛泽东文集》(第7卷),北京:人民出版社,1999年,第29页。
[2]《毛泽东文集》(第7卷),北京:人民出版社,1999年,第30页。

丧失、广大党员干部人民公仆意识的丧失等是重要的因素。苏联解体、东欧剧变对中国社会主义现代化建设产生了深远的影响,为中国共产党为民执政意识的强化提供了反面素材,对中国民生事业的改革和完善产生了深刻作用。习近平民生理念强调民生就是民心,民心就是最大的政治,强调解决民生问题,不仅关系到人民的生活问题,也关系到整个社会、国家长治久安的问题,更关系到社会主义制度生死存亡的问题。

(二)中国民主革命的曲折经历启示中国共产党保障和改善民生是立身之本和执政之要

民主革命初期,尽管中国共产党一直坚持为共产主义而奋斗的最高纲领和推翻三座大山取得新民主主义革命胜利的最低纲领,但早期的中国共产党党内曾经出现种种错误的路线和政策,如教条主义、宗派主义、本本主义、山头主义、形式主义和官僚主义,这些政策引发了诸多民生问题,比如:苏区出现的抢夺百姓粮食的问题、军事斗争中出现的"成分论"问题、延安时期一些干部的官僚主义作风问题、精兵简政不够导致的边区人民负担过重问题等。所有这些问题的出现都是中国共产党缺乏民生工作经验的表现,这些问题给中国共产党人的启迪是:民生关怀永远是立身之本和执政之要,即使是在革命战争年代,还不是执政者的情况下,也要尽可能地关注与保障民生,也要把人民群众的利益作为党的头等大事,须臾不可放松。习近平民生理念把解决民生问题当成践行党的全心全意为人民服务的宗旨,强调"以人民为中心的发展思想",强调要使广大人民群众在改革发展中有获得感、幸福感,强调改革的措施、发展的举措不能只追求经济效益和发展速度,不能只见物不见人,而是要让促进改革与发展的各项举措,都有益于人民群众基本民生的保障和改善,都能使人民的幸福感、获得感不断增强。这些理念从一定程度上讲是我党对中国新民主主义革命时期曲折教训进行科学总结后形成的。

(三)社会主义建设实践的艰难历程深化了中国共产党对社会主义建设规律的认识

社会主义是前无古人的事业,在中国这样经济落后的大国,如何建设社会主义,中国共产党经过了艰难探索,取得过辉煌成就,特别是今天成功开辟出了中国特色社会主义道路。但在新中国成立初期,因为没有经验,中国共产党对社会主义建设规律认识不够,中国社会主义建设事业遭遇诸多曲折。如农业合作化后期一些地方的过渡太急太快导致的生产力发展受到损失的问题;"大跃进"时期为跑步进入共产主义提出的"高指标",出现的"浮夸风""全民大炼钢铁""人有多大胆地有多大产"等导致生产力破坏和人民群众生活困难等问题;简单认为公有化程度越高就越是社会主义,从而盲目追求"一大二公"、"穷过渡"、"割资本主义尾巴"、消灭所有的个体工商业等问题;"文化大革命"时期在指导思想上出现的"左"的错误,出现的忽视生产建设,甚至"宁要社会主义的草、不要资本主义的苗",导致国民经济建设受到损失,人民生活的不少必需品短缺等问题。虽然原因众多,但与主观上对社会主义建设规律、社会主义根本任务认识不清,在关系人民切身利益问题上的一些政策不到位等都有关系。

　　这些民生教训对习近平民生理念的形成产生了重要影响。习近平民生理念中特别强调,"必须始终把人民利益摆在至高无上的地位,让改革发展成果更多更公平惠及全体人民,朝着实现全体人民共同富裕不断迈进"①。民生问题是中国特色社会主义全局中的一个重要问题,要把民生问题放在党和国家工作大局之中。在对中国特色社会主义事业大局整体规律的把握中,处理民生问题,解决民生问题,这样才能避免民生问题与大局脱离,避免在对大局的把握中出现离开规律、忽视民生等问题。

(四)改革开放伟大实践是习近平民生论述、民生理念形成的重要实践根据

　　中国共产党从努力探索到成功开辟中国特色社会主义道路,经历了改革开放的40年,40年的进步历程是中国的综合国力和经济实力日新月异、大幅提高的历程,也是全体人民物质生活水平不断提高、民生问题不断改善的过程。农村改革本身就是以解决当时急迫的广大农民温饱问题为切入点的,随后的一系列农村改革政策,实际上都是围绕不断提高农民群众生活水平、改善农民群众生活条件、增进农民福祉而展开的。紧紧围绕改善民生进行农村改革,是中国农村改革成功的基本经验。城市改革也是这样,国有

---

① 《中国共产党第十九次全国代表大会文件汇编》,北京:人民出版社,2017年,第36页。

企业改革,允许和鼓励个体经营、私营经济,其出发点在于我们所有改革的内容、方向都是围绕改善人民生活,解决当时实践中存在的民生问题而进行的。比如,解决城市一些人口的就业问题,满足城市居民生活必需的服务业的发展问题等。相反,教育、文化、医疗卫生方面某些不尽如人意的现象,收入差距过大的现象,一些单位出现的国有资产流失的现象,都是改革实践偏离了服务于人民群众的结果。40年改革开放使中国的综合国力、经济实力、国防实力、科技实力极大提高,在此基础上,广大人民群众物质生活水平极大提高,社会主义制度的优越性和生产力得到充分发展这个事实有力地告诉世人,注重保障和改善民生,围绕人民利益、人民幸福进行改革,既是改革成功的根本经验,也是中国共产党实现党的领导的根本性经验,这个经验是习近平一系列民生论述、民生理念形成的重要实践根据。习近平民生理念深刻总结了中国改革开放40年的基本经验,这些理念强调要坚持"以人民为中心"的发展;强调要实行绿色发展、可持续性发展;强调要把满足人民全面的物质、文化、环境和公平正义要求作为保障和改善民生的内容;强调保障和改善民生是个动态过程,不能一蹴而就,需要随着经济社会发展进步,不断解决新的问题、新的要求等。这些理念都深深植根于中国改革开放40年的历史经验中,是对这些经验的科学总结和提炼。

综上几点,不难看到,无论是从马克思主义关于人民群众的理论看,还是从国际共产主义运动的实践看;无论是从中国革命、建设实践的历程看,还是从国际共运中苏联等国社会主义实践的历史看;无论是从国内外的经验看,还是从教训看,这些理论与实践都对习近平总书记提出的一系列保障和改善民生的论述产生了深刻的影响,成为习近平民生理念的历史与现实、理论和实践的源泉。这些理论与实践促成了习近平民生理念的确立,使习近平总书记充分认识到民生问题对马克思主义执政党的极端重要性,从而能够科学分析不同环境条件下民生的具体内容、广大群众的具体民生诉求;促成了习近平总书记关于正确解决新的历史条件下民生问题的正确思路、对策与方式的形成,使习近平总书记能准确找到当代社会民生保障与改善的正确道路,提出一系列科学合理、实事求是的民生解决之道。

(原载《当代世界与社会主义》2019年第2期)

习近平民生重要论述的主要特点论析

习近平在领导全党全国人民推进党和国家事业发展中,坚守中国共产党人为人民谋幸福,为民族谋复兴的初心,坚持一切为了人民、人民至上的立场,为不断促进新时代民生问题的解决与改善,提出了一系列举措,形成了关于新时代民生问题的重要论述。这些论述作为习近平新时代中国特色社会主义思想的重要组成部分,体现出以下鲜明的特点:

一、服从服务于中国特色社会主义事业这个大局

习近平总书记关于民生的重要论述是基于当代中国民生方面存在的实际问题而提出的解决这些问题的科学思路。当代中国所有问题的解决,都必须在中国特色社会主义事业这个大局下考虑。

习近平指出:"在整个发展过程中,都要注重民生、保障民生、改善民生"①,"更好解决我国社会出现的各种问题,更好实现各项事业全面发展,更好发展中国特色社会主义事业,更好推动人的全面发展、社会全面进步"②。习近平关于民生的论述,十分鲜明地体现了这个特点,即新时代民生问题,必须在中国特色社会主义这个大环境下进行科学认识;民生问题的解决,必须服从服务于中国特色社会主义事业这个大局。

其一,习近平提出保障和改善民生的各方面内容,要求解决的民生问题,都是新时代中国特色社会主义事业的重要任务,是全面建成社会主义现代化强国,实现中华民族伟大复兴的题中应有之义。党的十八大以来,习近平在关于民生的一系列论述中,明确提出"抓民生也是抓发展"③,"检验我们一切工作的成效,最终都要看人民是否真正得到了实惠,人民生活是否真正得到了改善"④。习近平强调要推进经济高质量发展,以满足人民不断增长的物质生活新需要,包括高度重视提高中低收入人群生活水平的问题,领导推动人类历史上力度空前的脱贫攻坚——九年之间实现了全国九千多万人的脱贫。他强调的民生不仅是提高人民的物质生活水平;还包括办人民满意的教育、医疗、文化生活;还包括营造良好的

---

① 《习近平关于社会主义社会建设论述摘编》,北京:中央文献出版社,2017年,第12页。
② 《习近平关于社会主义社会建设论述摘编》,北京:中央文献出版社,2017年,第21页。
③ 《习近平关于社会主义社会建设论述摘编》,北京:中央文献出版社,2017年,第10页。
④ 《习近平关于社会主义社会建设论述摘编》,北京:中央文献出版社,2017年,第3页。

居住环境,要"望得见山,看得见水、记得住乡愁"①;等等。所有这些,实际上是新时代推进中国特色社会主义伟大事业必须解决的问题。习近平民生论述中强调要解决这些问题,就是强调民生实质是中国特色社会主义伟大事业必须实现的任务,推动民生问题的解决实际上是要推进新时代中国特色社会主义事业全面的健康发展。

其二,提出解决民生各方面问题的思路与推进中国特色社会主义事业这个大局是紧密相连的。习近平强调:"我们有信心在改革发展稳定之间,以及稳增长、调结构、惠民生、促改革之间找到平衡点,使中国经济行稳致远。"②四十年来,我们的改革开放、社会主义经济建设成就巨大,我国综合国力、人民物质生活水平得到极大提高,但仍有一些群体,经济收入不高,甚至还在贫困线上挣扎,我们还存在着教育、医疗保健、公共文化服务等方面的短板,劳动就业这些关系人民生活水平的问题也不同程度地存在。如何解决这些问题,习近平在关于民生的论述中指出:"全面建成小康社会突出的短板主要在民生领域,发展不全面的问题很大程度上也表现在不同社会群体民生保障方面。"③他说:"必须多谋民生之利、多解民生之忧,在发展中补齐民生短板、促进社会公平正义。"④发展中的问题只能通过发展解决。因此,习近平在民生论述中强调,解决

---

① 《十八大以来重要文献选编》(上),北京:中央文献出版社,2014年,第603页。
② 《习近平关于社会主义社会建设论述摘编》,北京:中央文献出版社,2017年,第7—8页。
③ 《习近平关于社会主义社会建设论述摘编》,北京:中央文献出版社,2017年,第10页。
④ 《习近平扶贫论述摘编》,北京:中央文献出版社,2018年,第22页。

关系人民就业、收入分配的问题,提高教育、医疗卫生水平,从根本上说,必须放在中国特色社会主义事业整体布局中谋划,必须通过全面推动中国特色社会主义"五位一体"总体布局的发展来解决;必须从整体上提升国家综合国力,整体上推动"五位一体"总体布局的全面发展,为解决现在民生各个方面的问题创造前提。在这个前提下,使全体人民不断增强获得感、幸福感、安全感,这才能从根本上解决新时代的民生问题。正是从这个意义上,习近平指出,没有中国特色社会主义事业的发展,中国民生问题就没有基础、没有保障。因此,解决民生问题,必须放在中国特色社会主义事业这个大局中来谋划,必须通过推进中国特色社会主义伟大事业,从根本上为民生问题提供保障。

其三,民生问题与中国特色社会主义主要矛盾紧密相连、相辅相成。当代中国社会各方面民生问题,诸如部分群体收入较低,甚至贫困的问题,以及关系群众切身利益的教育问题、医疗问题、就业问题、养老保障问题等的存在,从根源上说,是中国特色社会主义新时代主要矛盾的具体表现。党的十九大报告指出:中国特色社会主义进入新时代,我国社会主要矛盾已经转化为人民日益增长的美好生活需要和不平衡、不充分的发展之间的矛盾。因此,习近平指出:"我们要学会运用辩证法,善于'弹钢琴',处理好局部和全局、当前和长远、重点和非重点的关系,在权衡利弊中趋利避害、作出最为有利的战略抉择。"[①]解决民生问题,不能就事论事,不能只从一个个具体的民生问题考虑,而要从中国特色社会主义事业

[①] 《习近平关于社会主义经济建设论述摘编》,北京:中央文献出版社,2017年,第36页。

全局、战略上考虑,在努力推进中国社会主要矛盾解决这个大局中解决民生问题。习近平指出:"让人民过上好日子,是我们一切工作的出发点和落脚点。"①推进中国特色社会主义事业,必须坚定抓住主要矛盾,必须下大力气解决我国发展中的不平衡、不充分问题,把发展中存在的短板找准确,努力通过发展解决短板——包括部分地区、部分群体收入水平偏低问题,部分困难群众各方面基本保障问题,广大群众医疗、教育、公共卫生服务、公共文化服务问题等。解决好这些短板,实际上就是解决了民生基本问题。因此,习近平在关于民生的重要论述中,十分鲜明地展现这样一个客观逻辑:当代中国民生问题,实际上是中国特色社会主义发展不平衡、不充分造成的,解决这样的问题,必须在推进中国特色社会主义伟大事业的进程中,紧紧抓住社会主要矛盾,努力解决社会主要矛盾,在这样的前提下,随着中国特色社会主义主要矛盾的不断解决,我国发展不平衡、不充分问题的不断解决,民生各方面的问题也就必然会随之解决。

基于以上的论述,习近平强调:民生问题,不是孤立的问题,必须放在中国特色社会主义这个大局中去认识、去谋划,解决民生问题,必须着眼于推进中国特色社会主义事业的发展,必须使民生问题的解决服从服务于中国特色社会主义事业发展,服务于中华民族伟大复兴。

---

① 《习近平扶贫论述摘编》,北京:中央文献出版社,2018年,第24页。

二、鲜明体现"人民至上、以人民为中心"的理念

"人民至上、以人民为中心"是习近平新时代中国特色社会主义思想的灵魂,是中国共产党全部工作的出发点和归宿。习近平的民生系列论述鲜明地体现了这个特点,无论是指出实际生活中存在的民生问题,提出党员干部看待民生问题的正确立场、态度,还是提出解决民生问题的思路、方略、政策措施,都贯穿着"人民至上、以人民为中心"这个先进理念。

其一,"人民至上、以人民为中心",要求各级党委政府把民生放在全局工作中的重要位置,高度重视民生,努力保障和不断改善民生。习近平总书记提出:"要始终把人民利益摆在至高无上的地位,加快推进民生领域体制机制改革,尽力而为、量力而行,着力提高保障和改善民生水平。"[1]党的十一届三中全会以来,我们坚持以经济建设为中心,中国特色社会主义事业取得巨大成就,我国综合国力、人民生活水平极大提高。与此同时,仍然存在一些需要高度重视的问题,如不同地区、不同行业、不同群体的收入差距,有的甚至较大,大量的低收入者、贫困人口的物质生活水平不高,涉及解决物质生活水平的劳动就业、养老保障问题等。如何看待这些问题,如何认识这些问题与促进发展的关系,实践中仍存在一些问题。各级党员干部、党委和政府,都十分重视发展问题,都明确发展是执政兴国的第一要务。但有的党员干部对此作了片面理解,

---

[1]《习近平谈治国理政》(第三卷),北京:外文出版社,2020年,第343页。

认为发展就是把 GDP 搞上去,就是单纯提高地区经济总量,于是有的地方,虽然经济总量不断增长,人均 GDP、人均收入乃至财政收入水平也较高,但这些地方存在的部分群众生活困难,特别是贫困人口收入低、基本生活保障问题被忽视,无人问津。针对这些问题,习近平强调各级党委政府要明确,我们重视发展、加快发展,目的是要使全体人民不断过上好日子,因而,不能只重视 GDP 的总量、人均 GDP 的数量,而是要把 GDP 的增长与全体人民物质生活水平的提高联系起来、统一起来,要使 GDP 的提高成为低收入人群生活水平提高的保障。习近平提出:"我们必须牢固树立这样一个观念,就是不能要带血的生产总值。"①各级干部要正确认识、对待民生问题,他强调,民生问题是最大的政治,民生问题关系民心向背,各级党委、政府,以及党员干部要把民生保障、民生不断改善摆在全部工作的重要地位,把促进民生改善当作发展的目标,通过坚定不移促进发展,不断提高民生水平。

其二,"人民至上、以人民为中心",要求实现高质量发展。习近平指出:"高质量发展,就是能够很好满足人民日益增长的美好生活需要的发展。"②因此,要以高质量发展满足人民对美好生活的更高要求。改革开放初期,党的工作重心转移到经济建设上来,就当时的经济发展水平、人民生活的实际状况而言,全党全国人民坚持以经济建设为中心,解决广大群众吃穿住行等物质生活的基本需求问题,吃饱穿暖,成为二十世纪八十年代许多地方促发展最直

---

① 《习近平关于社会主义社会建设论述摘编》,北京:中央文献出版社,2017 年,第 143 页。

② 《习近平谈治国理政》(第三卷),北京:外文出版社,2020 年,第 238 页。

接的目标追求。经过这四十多年的发展,从总体上说,这个问题已经解决,中国人民的吃饱穿暖已经不是问题,但这不等于民生问题彻底解决了。在这样的条件下,民生问题不仅表现在少数低收入群体的基本生活保障问题仍有存在;更重要的表现为,在吃饱穿暖条件下,住的问题要解决好,吃穿要讲质量,要吃得放心,要呼吸好的空气,要饮用水安全,还要有安全感。党的十八大之后,习近平多次就食品安全问题作出批示、提出要求,指出解决民生问题,一定要努力保证人民吃得安全、吃得放心,要求抓好食品、药品安全这个民生工程、民心工程。习近平说:"以前我们要解决'有没有'的问题,现在则要解决'好不好'的问题。"①"把保障和改善民生作为长期任务来抓,一件事情接着一件事情办、一年接着一年干,锲而不舍向前走。"②强调民生是一个动态过程,要适应人民群众对生活品质的新要求,不断提高民生保障的水平、档次,不仅要保障人民群众吃饱穿暖,还要保障人民吃好、穿好,不断改善住房条件,不断改善居住环境,以不断提高的民生保障水平,使人民有更多的幸福感、获得感、安全感。

其三,"人民至上、以人民为中心"要求坚持全面发展。习近平指出:"我们要着力提升发展质量和效益,更好满足人民多方面日益增长的需要,更好促进人的全面发展、全体人民共同富裕。"③人民生活、人民利益、人民幸福是一个历史概念,也是一个全方位概念。在新时代条件下,为人民谋幸福、谋利益,也是一个全方位目

---

① 《习近平谈治国理政》(第三卷),北京:外文出版社,2020年,第133页。
② 《习近平关于社会主义社会建设论述摘编》,北京:中央文献出版社,2017年,第5页。
③ 《习近平谈治国理政》(第三卷),北京:外文出版社,2020年,第133页。

标;解决民生问题,使人民有更多获得感、幸福感,也是一个包含全面内容的概念。党的十八大之前,有的地方"发展"上的片面认识表现为,把发展仅仅看成经济发展,客观上使得作为人民生活重要内容,作为民生重要内容的教育、文化、医疗卫生等的发展被忽视、轻视,进而出现了人均收入有很大提高,但一些群众子女入学、看病、治病等仍很困难的情况;同时,社会治理、精神文明建设、道德建设在一些地方也被轻视、忽视,进而出现了道德水平滑坡,诚信、文明素质下降,社会风气不好,乃至出现一些诸如卖淫、嫖娼、吸毒、贩毒、拐卖妇女儿童、经济诈骗等社会丑恶现象。解决这些问题需要全面推进中国特色社会主义经济、政治、文化、社会、生态文明这"五位一体"总体布局建设,对这"五位一体"总体布局建设任务,要全面推进,而不能搞单打一,不能搞"一俊遮百丑",不能只抓物质文明这一条而忽视社会主义民主法制、精神文明、社会和谐、国家治理、生态文明的建设。要"完善共建共治共享的社会治理制度,扎实推动共同富裕,不断增强人民群众获得感、幸福感、安全感,促进人的全面发展和社会全面进步"[①]。习近平在关于民生问题的重要论述中指出,民生方面存在的问题,是"五位一体"总任务中的短板,是"五位一体"总体布局在一些地方统筹不好的结果。解决民生问题,必须补齐这些短板,习近平强调:"我们必须牢牢把握中国特色社会主义事业总体布局,正确处理发展中的重大关系,

---

[①]《中国共产党第十九届中央委员会第五次全体会议文件汇编》,北京:人民出版社,2020年,第15页。

不断增强发展整体性。"①这就要求党员干部明确我们发展的内容是全方位的,推动中国发展不能只在 GDP 上做文章,而应该高度重视关系人民切身利益、幸福生活的教育、医疗、就业、养老、文化消费等问题,还要高度重视全社会思想道德、精神文明、良好社会风尚培育问题。习近平强调:"我们将坚持在发展中保障和改善民生,不断满足人民日益增长的美好生活需要,不断促进社会公平正义,使人民获得感、幸福感、安全感更加完善、更有保障、更可持续。"②强调要高度重视教育、医疗、卫生、公共文化服务等民生问题,要坚持政府主导,努力解决这些问题;强调要重视思想道德建设、社会主义精神文明建设和全社会良好风尚的建设,而不能认为处理好这些问题不直接产生经济效益就忽视轻视。这都是坚持"以人民为中心",实现全面发展的具体化,是习近平在解决民生问题中奉行"人民至上、以人民为中心"理念的生动表现。

其四,"人民至上、以人民为中心",必须坚持可持续发展。习近平指出:"要从群众反映最强烈最突出最紧迫的问题着手,增强民生工作针对性、实效性、可持续性。"③可持续发展才能解决民生保障、民生改善不断提出的新要求。众所周知,过去四十多年,中国实现了世所罕见的快速发展。在这快速发展的实践中,有的地方确实存在着"萝卜快了不洗泥"的问题,出现过不符合科学发展规律的现象,一些地方为了追求快速发展而忽视环境保护,轻视资

---

① 《习近平关于社会主义经济建设论述摘编》,北京:中央文献出版社,2017 年,第23 页。
② 《习近平扶贫论述摘编》,北京:中央文献出版社,2018 年,第24 页。
③ 《习近平谈治国理政》(第二卷),北京:外文出版社,2017 年,第363 页。

源节约,导致环境受到破坏,空气质量、水质量、土壤质量都受到空前损害,有些珍贵的地下、地上资源面临枯竭,这就使我们面临后续发展困难的问题。这些问题的存在,不仅使这些地方群众当前生活质量受到影响,包括干净的水、安全的食品、新鲜洁净的空气等基本民生需求难以保障,而且影响到今后民生基本问题的解决。习近平指出:民生问题的解决是一个动态过程,随着发展水平不断提高,当前的民生问题解决了,又会出现新的民生需求,出现更高水平上的民生问题。习近平强调:不仅要实现当前条件下的民生保障目标,而且要不断推进民生水平的提高,强调根本上解决民生问题,必须坚持可持续发展,这些解决民生问题的思路、理念,正是"人民至上、以人民为中心"发展理念在解决民生问题上的科学运用、生动体现。

其五,坚持"人民至上、以人民为中心",必须坚持走共同富裕道路。习近平指出:"消除贫困、改善民生、实现共同富裕,是社会主义的本质要求,是我们党的重要使命。"[1]邓小平也曾强调,如果我们发展起来后是少数人暴富、多数人受穷,导致两极分化,那就不是中国特色社会主义。党的十八大后,以习近平同志为核心的党中央采取空前措施,进行前所未有的"脱贫攻坚"大会战,习近平指出:"我们要以更大的力度、更实的措施保障和改善民生,加强和创新社会治理,坚决打赢脱贫攻坚战"[2],"作出更有效的制度安排,使全体人民朝着共同富裕方向稳步前进,绝不能出现'富者累巨

---

[1]《习近平扶贫论述摘编》,北京:中央文献出版社,2018年,第3页。
[2]《习近平扶贫论述摘编》,北京:中央文献出版社,2018年,第27页。

万,而贫者食糟糠'的现象"①。保障和改善民生,一方面要通过一系列民生政策进行社会托底,通过做好就业、弱势群体保障、养老、医疗等民生措施,改善困难群众生活。另一方面,必须通过完成脱贫攻坚任务,帮助困难群众从根本上摆脱贫困,走上致富道路,使这部分群众告别贫困生活,提高生活水平,不断获得美好生活。习近平强调:要"深入开展脱贫攻坚,保证全体人民在共建共享发展中有更多的获得感,不断促进人的全面发展、全体人民共同富裕"②。在这里,解决民生问题,既是贯彻"以人民为中心",实现共享发展理念的必然要求,也是实现人民至上,让全体人民过上幸福美好生活,实现共同富裕的前提任务。这充分彰显了习近平民生论述贯穿的"人民至上、以人民为中心"的先进理念和本质特征。

三、着眼于从全面、长远、根本上解决民生问题

习近平解决当代中国民生问题的基点、根本方略是从全面、长远、根本上解决民生问题。

第一,在有针对性提出解决当前民生问题具体措施办法的同时,着力于为长远解决民生问题提出先进理念与科学思路,提供科学理论指导。习近平指出:"保障和改善民生是一项长期工作,没有终点站,只有连续不断的新起点,要采取针对性更强、覆盖面更大、作用更直接、效果更明显的举措,实实在在帮群众解难题、为群

---

① 《习近平关于社会主义经济建设论述摘编》,北京:中央文献出版社,2017年,第25页。
② 《习近平扶贫论述摘编》,北京:中央文献出版社,2018年,第22页。

众增福祉、让群众享公平。"①党的十八大以来,习近平关于民生问题的论述,有不少是针对当前存在的民生具体问题提出的。诸如一些困难群众的基本生活保障问题,部分困难群体的就业养老问题,关系广大群众利益的教育、医疗服务问题,等等。习近平都正视现实存在的问题,有针对性地提出解决的措施办法,他说:"政府投入要重点用于基本医疗卫生服务,不断完善制度、扩展服务、提高质量,让广大人民群众享有公平可及、系统连续的预防、治疗、康复、健康促进等健康服务。"②但在解决这些眼下突出的民生问题时,习近平总是立足于长远、从总的战略上提出长远解决民生问题的科学理念、战略举措。一是他多次强调民生问题不是小事,对此要有高度的重视,民生问题关系民心向背,不可等闲视之。二是民生问题不是偶尔出现的具体问题,而是执政党长期面临的基础性问题,我们一定要清楚,"以民为本、以人为本是党的执政理念,不断改善民生是发展的根本目的"③。面对人民群众对美好生活的新期待,我们必须加强各个方面的建设。旧的问题解决了,新情况下又会产生新的民生问题,因此要有长期思想准备,要把正确面对与科学解决民生问题当作执政条件下的长期任务。他强调:"中国共产党在中国执政就是要为民造福,而只有做到为民造福,我们党的执政基础才能坚如磐石。"④解决民生问题,既要对当前民生具体问题提出科学对策,又要有战略眼光,对长远应对民生问题有正确立

---

① 《习近平谈治国理政》(第二卷),北京:外文出版社,2017年,第362页。
② 《习近平关于社会主义社会建设论述摘编》,北京:中央文献出版社,2017年,第102—103页。
③ 《习近平关于社会主义社会建设论述摘编》,北京:中央文献出版社,2017年,第6页。
④ 《习近平扶贫论述摘编》,北京:中央文献出版社,2018年,第14页。

场、先进理念。

在以上基础上,习近平的民生论述,不仅为解决当前民生问题对症下药,提出了针对性强、可操作的应对措施,而且为党和政府长远应对民生问题,提出了许多先进的理念,形成了马克思主义执政党应对民生问题的科学指导思想。

第二,对民生问题的解决,强调要总体考虑,全面解决。习近平指出:"在整个发展过程中,都要注重民生、保障民生、改善民生"①,"做好普惠性、基础性、兜底性民生建设,全面提高公共服务共建能力和共享水平,满足老百姓多样化的民生需求,织就密实的民生保障网"②。当代中国民生问题,表现是多方面的,既有低收入者整体生活水平低的基本生活保障问题,也有较高收入者面对的教育困难、医疗卫生服务方面的问题,还有特定人群的就业、劳动保障方面问题。要"把增进民生福祉、促进人的全面发展、朝着共同富裕方向稳步前进作为经济发展的出发点和落脚点"③。习近平在关于民生问题的论述中,强调各级党委、政府解决民生问题要从整体上考虑,要立足于全方位解决问题。一是对本地区本单位存在的民生问题不能搞"打地鼠",什么问题暴露出来,成为突出的问题,就采取救火方式,集中精力解决这一个问题,而置其他问题于不顾。习近平说解决民生问题,不能做按下葫芦浮起瓢的事,不能

---

① 《习近平关于社会主义社会建设论述摘编》,北京:中央文献出版社,2017年,第12页。
② 《习近平关于社会主义社会建设论述摘编》,北京:中央文献出版社,2017年,第12页。
③ 《习近平关于社会主义社会建设论述摘编》,北京:中央文献出版社,2017年,第12页。

顾此失彼,而是要本着对人民负责,增强人民幸福感、获得感、安全感的工作原则,对凡是有利于民生问题解决的方案,都高度重视。二是解决关系群众生活水平、生活质量的民生问题,不只是某一个单位、某一个机构的任务,而是各级党委政府及全社会共同的任务。习近平强调,解决民生问题,各个方面要共同努力,要齐心协力,他说:"生态环境是关系党的使命宗旨的重大政治问题,也是关系民生的重大社会问题。"①比如对人民群众基本生活极为重要的环境质量问题,就不仅需要相关部门的严格执法,而且需要所有企业、广大群众的严格守法,还需要全社会的广泛监督,才能改善环境、建成美丽中国,保障我国人民的生活环境,使民生问题得到真正解决。只有全社会各个方面一起发力,整体的民生问题才能不断解决,才能创造长期保障和改善民生的坚实基础。

　　第三,强调解决民生问题,既要治标,又要治本。民生问题是一个历史性现象,不可能因为一项措施得到一劳永逸的解决,也不能设想在社会主义初级阶段的某个时期全部解决。基于此,习近平的民生论述,表现为既解决当前突出的问题,又为长期解决不断出现的民生问题提出先进理念、科学方略。一是强调民生问题和中国特色社会主义其他方面问题一样,要在实践中总结经验,把新中国成立以来的好经验,改革开放以来解决民生问题的好经验总结出来,提炼出规律性的东西,结合新的情况,形成相对稳定的统一政策,这些政策要体现我们的经验,要吸纳人类文明优秀成果,包括借鉴西方发达国家解决这些问题的有益办法,要有稳定性、普

---

① 《十九大以来重要文献选编》(上),北京:中央文献出版社,2019年,第448页。

适性、连贯性。习近平说,"保障和改善民生是一项长期工作,没有终点站,只有连续不断的新起点"①,只有坚持民生改善的长期性,才能使解决民生问题不仅是解决个别的、偶然出现的突出问题,而且能够为反复出现、在更广范围内存在的民生问题提供根本的规范性解决办法。二是把民生问题的解决纳入现代国家治理的范畴之中,从国家治理制度层面,为解决民生问题提供保障。党的十八大以来,习近平高度重视国家治理体系和治理能力现代化建设,习近平总书记关于民生的论述中,强调民生问题要有治标措施,也要有治本之策,要在总结经验的基础上,把好的措施、好的政策上升为制度,他说:"要深化社会保障制度改革,使之具有可持续性。"②他还说,在国家治理体系建设中,要形成关于解决民生问题的制度体系,要通过这些好的制度,乃至法律,确保各方面各时期出现的民生问题得到及时、有效、科学的解决,而不会因部门、地方负责人的改变而改变,不会因某些岗位人员看法、注意力、重视程度的改变而改变。要以科学、规范、完善的制度和法制,保证当前民生问题的科学合理解决,也要保证今后新情况下、新出现的民生问题得到科学有效的解决。

---

① 《习近平关于社会主义社会建设论述摘编》,北京:中央文献出版社,2017,第5页。
② 《习近平关于社会主义社会建设论述摘编》,北京:中央文献出版社,2017,第84页。

习近平关于民生论述的本质特征及其现实意义

民生问题是古今中外执政者都不能回避的问题,应对这一问题的理念、方略,不仅关系民生福祉,而且体现执政者的性质、国家政权的性质及其与民众关系的本质,关系到执政者的地位、前途与命运。党的十八大以后,为解决当代中国的民生问题,习近平发表了关于新形势下保障和改善民生的一系列重要论述,这些论述形成了先进的民生理念,成为习近平新时代中国特色社会主义思想的重要内容,对这一重要论述的主要内容、基本特征、重大意义进行概括和分析,不仅有益于当代中国民生问题的更好解决,而且有益于对21世纪马克思主义科学理论的学习、阐释、创新与发展。

一、习近平关于保障和改善民生论述的主要内容

古今中外,人们一般把民生问题仅理解为关系群众物质生活质量的问题,所谓改善民生,也都只在"吃喝住穿"等物质生活方面

做文章。习近平关于民生问题的重要论述科学回答了当代中国涉及人民群众多方面生活和基本权益的内容,包括政治、经济、文化、社会、生态文明多方面的民生理念。

(一)关于保障和改善政治民生的论述

政治民生,即关系人民群众的民主权利问题。按照马克思主义的国家理论,在社会主义制度下,作为国家和社会生活的主人,广大人民群众应以多种直接或间接方式参与对国家及社会生活的管理、监督,这既是社会主义民主制度的要求,也是人民群众在政治上的民生权益。习近平提出了保障和改善政治民生的先进的理念及内容要求。

一是人民当家作主不仅是社会主义民主的本质,更是人民对美好生活向往和自身利益实现的要求。习近平指出:"保证和支持人民当家作主不是一句口号、不是一句空话,必须落实到国家政治生活和社会生活之中,保证人民依法有效行使管理国家事务、管理经济和文化事业、管理社会事务的权力。……人民当家作主必须具体地、现实地体现到中国共产党执政和国家治理上来,具体地、现实地体现到中国共产党和国家机关各个方面、各个层级的工作上来,具体地、现实地体现到人民对自身利益的实现和发展上来。"[①]这不仅揭示了社会主义民主的本质,更是从国家制度层面提出了人民群众在社会主义制度下应该享有更多权利,从民生保障

---

① 《十八大以来重要文献选编》(中),北京:中央文献出版社,2016年,第72页。

制度的角度彰显国家应予以保障的政治民生内容,这就是人民在政治上的民生权益。二是要坚持和完善基层群众自治制度,实现和保障人民的民主权益。"发展基层民主,保障人民依法直接行使民主权利,切实防止出现人民形式上有权、实际上无权的现象。"[1]三是要健全各方面监管制度,保证人民在国家政治生活中当家作主的权利。习近平指出:"要坚持用制度管权管事管人,抓紧形成不想腐、不能腐、不敢腐的有效机制,让人民监督权力,让权力在阳光下运行。"[2]习近平强调,这不仅是反腐败和保证国家权力不被滥用的需要,更是实现人民当家作主,保障人民民主权利的必需。四是通过健全社会主义法治,让人民在每个司法案件中都感受到公平正义,从而实现人民政治民生权利。

(二)关于保障和改善经济民生的论述

第一,习近平明确指出了我们经济建设的目的,是要满足人民对美好生活的需要,要不断地改善民生、增进人民福祉,而不是为发展而发展。要实现经济发展和民生改善良性循环。作为其手段的经济与作为目的的民生理想应是协同发展、相辅相成,二者是辩证统一的关系,经济增长离不开人民的共同努力,民生建设离不开经济的快速增长。

第二,习近平提倡的新发展理念不仅是解决新形势下中国经济如何发展的根本,而且指明了在经济不断发展的背景下,保证最

---

[1]《十八大以来重要文献选编》(中),北京:中央文献出版社,2016年,第63页。
[2]《十八大以来重要文献选编》(中),北京:中央文献出版社,2016年,第58页。

广大人民群众不断享有更多的获得感、幸福感的正确之路。按照习近平提出的创新、协调、绿色、开放、共享这五大发展理念,经济增长主要是通过技术进步、科技创新、转变发展方式实现转型升级,从而提升发展质量和效益。这就不仅有益于劳动生产率的提高、广大人民群众劳动强度的减弱、整体劳动条件的改善、生活环境质量的提高,而且会使与人民生活质量密切相关的公共服务体系更加健全、基本公共服务均等化水平稳步提高,使人民群众享有更多更全面的发展成果,这就必然使我国经济发展方式的进步,经济实力的增强,更加有益于广大人民群众的民生改善。

第三,习近平提出的系统扶贫举措是其关于经济民生论述的重要内容。习近平强调,这是关系当代中国相当多人民生福祉的实现问题,是全面建成小康社会的必然要求,既提出了解决好"扶持谁"的问题,也提出了要解决好"谁来扶"的问题,更系统地提出解决好"怎么扶"的问题。

(三)关于保障和改善文化民生的论述

首先,明确社会主义文艺是人民的文艺,必须坚持"以人民为中心"的创作导向。"要把满足人民精神文化需求作为文艺和文艺工作的出发点和落脚点。"[①]提出了文艺的人民性问题,把文化建设从根本上定位在为人民服务,满足人民群众文化民生的需求上。其次,推进文化体制机制创新,加快构建将社会效益放在首位的文

---

① 《十八大以来重要文献选编》(中),北京:中央文献出版社,2016年,第127页。

化发展环境。习近平强调文化体制改革,不能削弱文化的公共服务功能,指出推动文化事业的繁荣发展,必须以完善公共文化服务体系为重点,以基层和农村为重点,深入实施文化惠民工程,丰富群众的精神文化生活;必须提高基本公共文化服务均等化水平,推动文化小康顺利实现,完善文化经济政策,形成社会效益和经济效益相统一的体制机制,从而有利于实现人民的文化民生需求。最后,提出在新时代使网络更好地为促进和保障文化民生发挥积极作用,要建设生态良好、符合人民利益的网络空间。这既要通过发展互联网来保障人民新的民生需求,又要使互联网成为实现更广泛民生需求的重要渠道、重要方式。"网民来自老百姓,老百姓上了网,民意也就上了网。"[1]要营造风清气正的网络环境,形成良好的网上舆论氛围,使互联网成为丰富人民网络文化生活、不断改善文化民生的新领域。

(四)关于保障和改善社会民生的论述

习近平多次指出,过去有饭吃、有学上、有房住是基本需求,随着经济社会的发展,人民对美好生活的需求日益多样化、多层次、多方面。建设中国特色社会主义社会文明,必须解决好社会民生问题。

第一,习近平提出"就业是最大的民生"[2]。就业作为最大的民生工程、民心工程、根基工程,牵动着千家万户的生活。如果就业

---

[1]《习近平谈治国理政》(第二卷),北京:外文出版社,2017年,第336页。
[2]《中国共产党第十九次全国代表大会文件汇编》,北京:人民出版社,2017年,第37页。

问题处理不好,就会造成严重的社会问题。因此必须统筹处理好经济社会发展和促进就业的关系,积极推进就业优先战略和积极就业政策,必须坚持就业第一,增强就业能力、拓宽就业渠道、扩大就业容量。

第二,优先发展教育事业,办好人民满意的教育。教育公平是社会公平的重要基础,也是社会民生的重要内容,要保证贫困家庭孩子受教育,更重要的是要阻断贫困代际传递,以教育公平促进社会公平正义,增强人民群众的获得感。推动城乡义务教育一体化发展,努力让每个孩子都能享有公平而有质量的教育。

第三,实施健康中国战略。随着我国社会主要矛盾的转化,健康问题正在成为人民对过上美好生活的一个基本要求,既是民生问题,也是重大的政治问题。习近平提出:"要完善国民健康政策,为人民群众提供全方位全周期健康服务。"[1]

第四,加强社会保障体系建设。习近平提出,要建立多层次社会保障体系。全面实施全民参保的养老保险制度改革,统筹城乡社会救助体系建设,推动老年人服务产业发展,要加强医疗保险和医疗救助,推进农村基本公共服务体系建设,推进健全残疾人权益保障制度,要加快推进以政府为主提供基本住房保障和以市场为主满足多层次需求的住房供应体系建设,切实推进住有所居的重大民生工程。要按照兜底线、织密网、建机制的要求,全面建成覆盖全民、城乡统筹、权责清晰、保障适度、可持续的多层次社会保障体系。

---

[1]《中国共产党第十九次全国代表大会文件汇编》,北京:人民出版社,2017年,第39页。

(五)关于保障和改善生态民生的论述

习近平提出"良好生态环境是最公平的公共产品,是最普惠的民生福祉"[1],要"让老百姓呼吸上新鲜的空气、喝上干净的水、吃上放心的食物"[2]。强调"确保广大人民群众'舌尖上的安全'"[3],"平安是老百姓解决温饱后的第一需求,是极重要的民生,也是最基本的发展环境。"[4]这些论述形成了习近平的生态民生理念。其一,良好的生态环境是可持续发展的根本基础,是基本的民生前提,是广大人民群众生活幸福的基本要素。习近平指出,人与自然是生命共同体,人类必须尊重自然、顺应自然、保护自然。如果人口与资源环境之间出了严重的偏差,还有谁能够安居乐业,和谐社会又从何谈起?其二,提出保障民生,必须处理好经济发展与生态环境保护的关系。习近平反复强调,经济发展不应是对资源和生态环境的竭泽而渔,生态环境保护也不应是舍弃经济发展的缘木求鱼,而要坚持在发展中保护、在保护中发展,实现经济社会发展与人口、资源、环境相协调。让良好生态环境成为提升民生福祉和经济社会持续健康发展的有力支撑。其三,针对前些年一些地方出现的环境质量问题,习近平明确要求,保障和改善民生,必须实施生态

---

[1] 《习近平关于社会主义生态文明建设论述摘编》,北京:中央文献出版社,2017年,第4页。
[2] 《习近平谈治国理政》(第二卷),北京:外文出版社,2017年,第210页。
[3] 《十八大以来重要文献选编》(上),北京:中央文献出版社,2014年,第673页。
[4] 《习近平关于社会主义社会建设论述摘编》,北京:中央文献出版社,2017年,第148页。

修复工程。其四,从系统、全面的角度研究生态民生工程。习近平在2013年3月就旗帜鲜明地提出了生态民生问题的"系统性和有机性"特征,指出保障和改善民生是一项系统工程。接着在2014年又强调"环境治理是一个系统工程,必须作为重大民生实事紧紧抓在手上"[1]。

二、习近平关于保障和改善民生论述的基本特征

习近平关于保障和改善民生的论述是习近平新时代中国特色社会主义思想的重要内容,是马克思主义民生理论的最新成果。作为新时代如何认识民生问题的重要性,以及如何解决好民生问题的科学理论,与整个习近平新时代中国特色社会主义思想一样,有着区别于其他理论、学说的本质特征。

(一)"以人民为中心"的发展理念是习近平关于民生论述的灵魂与主线

综观习近平关于民生论述的全部内容,鲜明地体现了习近平"以人民为中心"的发展理念这个灵魂。关于政治民生建设,强调人民当家作主;关于经济民生发展,强调解决人民对美好生活各方面的需求问题;关于文化民生发展,强调文化要满足人民健康的文化需求,要健全文化惠民政策;关于社会民生建设,强调要让人民

---

[1]《习近平关于社会主义生态文明建设论述摘编》,北京:中央文献出版社,2017年,第51页。

安居乐业,幼有所育、学有所教、老有所养、病有所医;关于生态文明的民生建设思想,强调要保证建设好人民居住的家园、美丽的环境。从所有这些论述中我们可以清楚地看到贯穿始终的一条主线,那就是"以人民为中心"的发展理念。

以这个灵魂和主线构建的民生理念来源于中国特色社会主义实践的需要。众所周知,在20世纪80年代初,当中国共产党带领人民开启建设中国特色社会主义伟大征程的初期,全党全国人民对于以经济建设为中心、发展是硬道理、发展是执政兴国的第一要务,有着深切的体悟与高度的共识。在这样的思想基础之上,从20世纪80年代开始至21世纪初的30多年里,我们紧紧扭住经济建设这个中心,坚持把发展作为执政兴国的第一要务,高速推进经济发展,连续30多年实现年均国内生产总值在9.5%以上的高速增长,中国成为全球第二大经济体、第一制造大国、第一贸易出口大国、对世界经济增长贡献第一大国。我国的综合国力、经济实力、科技实力、国防实力、人民物质生活水平都获得极大提高。近10年时间,从世界最大的发展中国家,成为今天人均国内生产总值已经达到中等以上国家的水平,我国经济发展的进步之快、成就之大,足以令当代中国人自豪。

但是,正如党的十九大所判断的那样,在我们的经济建设取得巨大成就的同时,整个中国特色社会主义事业发展中也存在"不充分不平衡"的问题,这成为中国特色社会主义新时代面临的主要矛盾。这种不平衡不充分,不仅体现在经济发展中某些产业及行业水平的现状、某些制造业的技术落后及创新能力差、地区之间及不同群体之间的收入差距较大,而且更多地表现在与经济实力、综合国力迅速提高的现实状况相比,我们的社会主义先进文化建设,即整个国家的文化软实力相对较弱,广大人民群众的幸福生活所必需的较高质量的公共教育、健康向上的文化生活内容、公共文化供给不足,较好的公益性的公共医疗卫生服务、完善的社会保障、人民所需的公共健康服务、美好家园建设、良好的生态环境、优质的空气、和谐的生活环境等,不仅与人民群众对美好生活的希望相比存在差距,而且与国家的经济实力、综合国力提高较快的状况不相适应。习近平总书记把这种现象称为"民生短板"。

习近平关于民生问题的全部论述是围绕解决民生短板形成的科学理论。他首先鲜明地提出当我们奋发努力集中力量推动发展时,必须弄清一个基本前提,就是:为什么要发展,发展的目的是什么。习近平明确指出,我们的全部努力,我们的整个发展只有一个目的,那就是:使人民生活得更幸福。他在党的十八大当选党中央总书记时即宣告:"人民对美好生活的向往,就是我们的奋斗目标。"[1]后来他多次讲,人民的幸福感、获得感、安全感是我们发展的目的。在这样的目标之下,习近平鲜明提出了"以人民为中心"的发展理念。这一理念强调,人民群众的幸福生活是我们的发展目标,增进民生福祉是发展的目的。这一理念告诉我们,我们不是为了发展而发展,不是只见物不见人,不能只注重 GDP,只看到经济增长率和人均收入增长数字;而应把满足人民对幸福生活的向往,促进人的全面发展作为发展的目标。于是党的十八大以后,中国共产党在推动发展问题上强调的是:发展要惠及全体人民,解决发

---

[1]《习近平谈治国理政》,北京:外文出版社,2014年,第4页。

展中的民生短板,要实现可持续发展,要实现全体人民共同富裕。习近平关于保障和改善民生的论述,正是为回应以上中国特色社会主义实践提出的时代诉求、强调"以人民为中心"的发展理念、解决民生短板问题而形成的理论体系。这个理论的全部内容,鲜明地体现了"以人民为中心"的发展理念这个灵魂。

(二)中国共产党的宗旨在执政条件下实现的正确路径

中国共产党作为马克思主义政党,建党97年来,从一开始就把"全心全意为人民服务"作为自己的宗旨。应该看到,党的"全心全意为人民服务"的宗旨,在不同历史时期、不同时代条件下,由于党所处的环境、面临的具体任务不同,因而党践行自己宗旨的具体内容也有所不同。在革命战争年代,我们党深知要为中国人民谋幸福,首先必须结束近代以来帝国主义、封建主义、官僚资本主义的反动统治,因而必须首先完成中国新民主主义革命的任务,全党必须为这个任务而奋斗,就是为中国人民谋幸福谋利益。新中国成立以后,党践行"全心全意为人民服务"的宗旨,我们党作为执政党有了更好的条件,因而党带领人民确立社会主义制度,为中国人民的长远根本利益奠定了制度基础,大规模开展社会主义建设,为从根本上改变国家一穷二白的落后面貌、为中国人民不断提高生活水平而努力,取得了历史性伟大进步,赢得了人民群众的衷心拥护。但由于种种原因,在社会主义建设实践中,我们发生了"文化大革命"这样的错误以及一些失误,这不仅影响到社会主义建设事业的发展,而且影响到人民生活水平的提高。总结这些经验和教训,习近平总书记明确提出:不断解决关系群众生活与切身利益的问题,不断为人民群众创造更幸福的生活而奋斗,是执政条件下我们党坚持全心全意为人民服务的宗旨,是践行这个宗旨的必然要求和正确路径。在执政条件下,党就要通过制定正确的路线、方针和政策,通过推出各种治国理政的措施,努力维护人民利益,不断解决涉及民生的诸多问题,使人民不断获得更幸福的美好生活。因此,习近平关于民生的重要论述实际上揭示了马克思主义政党在执政条件下全心全意为人民服务宗旨的实现路径。在这个理论的指导下,党践行为人民服务的宗旨,不只是党员干部个人要坚持共产党人的价值观、利益观,以人民群众的利益为最高利益,以为人民服务、保持同人民群众的密切联系,践行党的宗旨;而且更重要的是,要运用执政地位,要在自己履行职责的实践中,使党制定和执行代表人民利益的路线、方针和政策,不断解决人民群众的民生问题,不断推进民生改善,从而实现党"全心全意为人民服务"的宗旨。

(三)与形形色色的资产阶级政党或执政者的民生主张与政策有本质区别

众所周知,在当代世界,重视民生,提出一些民生主张,利用执政地位解决一些民生问题,推出一些改善民生的政策,这不是一个特殊现象。在一些资本主义国家,不少形形色色的资产阶级政党、政客、执政者都有过一些这样或那样的主张,甚至实施过一些这样或那样的社会经济政策,垄断资产阶级的代表特朗普,口口声声说要改善美国人民的生活,要让美国人民在"美国第一,美国优先"政策下更加幸福。事实如何呢?他们这些民生"主张""政策",以及为此表演的种种"民生秀",与习近平的民生理念相比,完全不可同日而语,其本性、结果都有着本质区别、天壤之别。

其一是建立在不同社会制度基础之上。资本主义国家的政党、政客、执政者,无论对民生问题说了多少好话、许下多少诺言,但他们的政治实践,他们赖以依托、生存的根基是资本主义私人占有制这样的社会经济制度,在这个基本经济制度不改变的社会条件下,广大人民群众相对贫困化,其与占有大部分社会财富的阶层间的差距越来越大是不可避免的。欧美各主要资本主义国家最富有的人群与占大多数的一般人群的收入、财富差距不断扩大是不争的事实。而习近平关于民生的论述是建立在坚持社会主义基本经济制度基础上的。习近平多次强调,要坚定不移坚持公有制的主体地位,坚定不移做强做大国有经济,并指出这是不断改善民生,保证人民群众的根本利益的经济基础。习近平提出的改善民生各方面的政策主张都是依托于公有制主体地位这个基本经济制度,都是以坚持这个制度为前提的。也正因为这个前提,中国特色社会主义制度下,我国民生建设各方面的任务能够不断惠及全体人民,不断使全体人民增加获得感、幸福感、安全感。而没有这个前提,在资本主义私人占有制、垄断资本家占有大量资本的前提下,资本主义各国——无论是发达国家还是发展中国家——政党、政客们高喊的改善民生都只能是画饼充饥,或者是蜻蜓点水,都没有也不可能从根本上惠及民生。

其二是时效极不相同。所有资产阶级政党、政客,都是在争夺权力的竞选期,或者在短暂的执政期间高喊及实行有限的民生主张。这是资本主义政治制度、政党轮回的规律所决定的,资本主义国家的所有政党政客都很清楚,自己不可能长期执政,因而其民生主张、民生政策是"短命的"。奥巴马的医保法案,还没有实施就被特朗普废除;欧洲许多国家的资本主义政客在财政困难的情况下,都竭力削减福利水平;有些政党推行的一些民生政策,也在通过选举确立执政地位后立即消失。综观资本主义制度下所有政党、政客的民生主张与政策等,短命、时效极为有限是基本特点;而习近平关于民生的论述,强调对人民群众有益的政策必须长期坚持,在我国社会主义制度下,没有也不可能出现将有益于人民幸福的政策朝令夕改,短期废除的现象。

其三是目的性。习近平关于民生的论述源于党的性质和宗旨,中国共产党没有自己的任何私利,党的存在、党的使命就是为中国人民谋利益、谋幸福,这种特征决定了党的民生主张、民生政策的目标就是服务于中国人民的幸福生活;而资产阶级所有政党、政客,包括执政者,他们的民生主张,推出的民生政策,都是为了"选票",为了获得更高的民意支持率,最终是为了自己上台执政,或者反过来把民生问题当由头、当工具用来打击对手,抹黑竞争者,以便从中获利赢得民心,使自己取而代之,我国台湾地区民进党的诸多"民生"表演,皆是服务于这一丑恶的目的。

其四是作用人群的有限性。在资本主义制度下,不同政党、政治集团实际上受着不同资本集团的掌控,实际上是某一个或某几个利益集团的政治代表,于是它的政策,包括民生政策,必然也只能反映和体现被自己代表的那个特殊群体的利益诉求,他们的民生政策即使惠及更多的公共服务,如教育、医疗、社保,也会不可避免地出现这样的状况:顾此失彼,厚此薄彼。在资本主义制度下,所有政党、政客的民生主张与政策,没有也绝不可能真正惠及全社会,特别是广大中下层群众;而习近平的民生理念,强调的是惠及全体人民。落实习近平关于保障和改善民生的理念,就是要考虑全体人民的整体利益,就是要考虑地区平衡及群体平衡,坚决反对厚此薄彼,以确保全体中国人民不断获得更多的民生改善。

(四)与中外种种民粹主义理念与主张截然不同

民粹主义最早产生于19世纪后半叶的俄国,一些俄国革命民主主义者以受苦最深的俄国农民利益代表者自居,形成了以下层人民利益为最高利益,受苦最深的人群代表着真理、代表着正义等民粹主义思想,这在军事封建统治的俄国,曾经起过积极的作用,后来由于其违背社会发展规律,而渐渐表现出落后性。马克思主义在本质上是为人民求解放谋幸福的科学理论,它与民粹主义的本质区别是:建立在对人类历史发展规律的科学认识与把握的基础之上,是反映历史发展规律,代表人民长远利益的理论,因而具有科学性。

当代世界,在资本主义制度陷入深刻的经济危机,整个社会深度危机,大量社会问题找不到解决办法的情况下,资本主义社会中处于中下层的大量群体,收入与生活水平长期停滞,失业半失业经常出现。对此,形形色色的政党、政治力量将此归咎于经济全球化、自由贸易体制、开放的市场,认为是因为一些发展中的新兴国家在自由贸易体制下依靠廉价的劳动力等后发优势获得出口优势、获取更多的制造业机会,使其劳动者有了更多的社会岗位、更好的收入。于是,打着捍卫中下层劳动者权益、保护本国产业、创造更多的就业岗位的旗号,反对自由贸易体制,反对经济的全球化——这就是近些年风行于欧美资本主义各国的民粹主义。这种民粹主义打着维护中下层群众利益的旗号,打着改善、保障民生的旗号,反全球化、反自由贸易体制,很明显是违背社会发展规律的,最终也必然会从根本上伤害这些国家普通劳动群众的利益。经济发展水平的提高,国际分工的出现,资本与资源的全球流动,经济全球化背景下平等开放的世界贸易是必然趋势,也是世界各国人民共同利益的需要。民粹主义以民生为借口反对经济全球化是违背历史规律的,是逆历史潮流的,因而它不是建立在科学基础上的,是不符合客观规律的,它必然行不通、没有生命力。习近平就保障和改善民生所提出的一系列民生主张,都是中国特色社会主义实践提出的要求,都是中国特色社会主义制度下经济发展、改善民生、社会全面进步规律的反映,也是符合经济全球化这一历史潮流的要求的,与当前欧美许多资本主义国家风行的民粹主义的反历史规律特征根本不同。贯彻落实习近平关于保障和改善民生的相关论述,不仅能够进一步改善民生,而且能够促进和推动可持续性发展。对于转变经济增长方式;对于全体人民在物质文化生活水平不断提高的同时,享受更高水平、更积极健康的文化生活;对于我国文化软实力、全体人民的文明水准、精神品位的提高;对于我们的社会和谐、国家的长治久安都同时有巨大的积极意义。实际上,贯彻落实习近平关于民生的论述,既可以促进民生改善,也可以促进中国特色社会主义事业整体不断进步,从而走向成功,因而它的科学性是种种民粹主义思潮不可比拟的。

三、习近平关于保障和改善民生论述的重大意义

(一)丰富和发展了马克思主义群众路线理论

在科学社会主义原理中,马克思主义经典作家阐述了马克思主义群众路线理论。根据唯物史观提出了人民群众创造历史、人民群众是历史真正主人的思想。列宁在创建第一个社会主义国家后,提出了在社会主义条件下,广大工人农民是国家的主人,社会主义国家管理必须依靠工农大众的思想。毛泽东系统阐述了中国共产党的群众路线理论,包括:群众是历史的创造者,是真正的英雄;党的宗旨是全心全意为人民服务;党员干部不能脱离人民,而要和人民群众保持紧密的血肉联系;党要代表人民整体的长远的根本利益;党员干部要做人民的勤务员,成为人民群众的公仆等。邓小平根据改革开放后社会主义实践的新情况明确提出,我们的路线、政策、举措要以人民意愿为根据,要以人民拥护不拥护、人民赞成不赞成、人民高兴不高兴、人民答应不答应作为判断是非的标准。

习近平提出:"坚持以人民为中心。人民是历史的创造者,是决定党和国家前途命运的根本力量。必须坚持人民主体地位,坚持立党为公、执政为民,践行全心全意为人民服务的根本宗旨,把党的群众路线贯彻到治国理政全部活动之中,把人民对美好生活

的向往作为奋斗目标,依靠人民创造历史伟业。"[1]习近平在这样的理念指导下提出的保障和改善民生的所有主张,包括五个方面的论述,与马克思主义群众路线、群众利益理论一脉相承,是马克思主义群众路线、群众利益理论中国化、时代化的最新成果,把马克思主义群众利益、群众路线理论发展到了新阶段。

首先,系统回答了马克思主义政党在长期执政条件下如何实践群众路线,如何保持自己和人民群众血肉联系的问题,这是国际共产主义运动必须解决的重大问题,苏联党和政府虽然也提出过一些关于群众路线的正确观点,但总体上没有很好地解决这个问题,苏共后期脱离群众,失去群众信任,是国际共运的深刻教训。新中国成立后,毛泽东高度重视党与群众的密切联系,为防止党脱离群众采取了一些措施,提出"从群众中来,到群众中去"的工作方法。习近平"以人民为中心"的发展理念、保障和改善民生的相关论述,总结了国际共产主义运动在践行群众路线过程中的经验教训,总结了中国共产党在践行群众路线方面的理论与实践成果,使执政条件下马克思主义政党实行群众路线理论的系统化、时代化,达到了迄今为止最完备、最系统的水平。

其次,根据执政条件下的新特点,把践行群众路线、为人民谋幸福,与推动经济社会发展进步联系在一起,提出在促进经济发展的同时把蛋糕不断做大,推动社会全面进步,为解决诸多民生问题创造前提。强调解决民生问题本身就是在促进发展、促进社会进步,而不是单纯地花钱,不是把解决民生问题当成负担,阐明了推

---

[1]《中国共产党第十九次全国代表大会文件汇编》,北京:人民出版社,2017年,第17页。

动经济发展与解决民生问题,与不断增加人民获得感、幸福感是相辅相成、相互促进的辩证关系。

最后,提出了实现群众利益与实现群众主人翁地位、实现人的全面发展的理念,使党为人民利益与幸福而奋斗,不仅确保人民获得物质生活的改善,而且不断落实人民群众作为国家社会的主人翁地位,不断实现人的全面发展。习近平强调人民的利益不仅仅是物质利益,还包括作为社会主义国家的主人,对国家、社会、自己的事务行使当家作主的权力,保障这些权力也是保障民生。发展基层民主,健全社会主义法治,让人民在每一个司法案件中感受到公平正义,这些都极大丰富发展了马克思主义群众路线、群众利益理论。

(二)为全面实现中国特色社会主义"五位一体"总任务、全面建设社会主义现代化强国明确了需要重视加以解决的短板问题

第一,改革开放40年来中国特色社会主义建设取得了伟大成就,但民生方面出现了短板,如文化、公共服务、社会管理、生态环境等,这也是我国社会主要矛盾中"不平衡不充分"的表现。第二,全面建设社会主义现代化强国要实现"五位一体"总任务,不能顾此失彼,经济建设、政治建设、文化建设、社会建设、生态文明建设都要搞好,全方位发展才是中国特色社会主义。习近平关于民生的重要论述强调解决涉及人民群众最关心最直接最现实的利益问题,实际上是明确了在经过40年的发展取得伟大成就的背景下,中

国特色社会主义继续前进需要重视、需要尽快解决短板问题。只有民生问题得到更好的解决,才能使中国特色社会主义"五位一体"的总任务齐头并进,才能防止和克服顾此失彼而导致的影响社会全面进步的问题,防止发展的畸形,从而确保中国特色社会主义的全面发展、全面进步,使中国人民从这种全面进步中获得全面完整的幸福生活。所以,习近平的这些论述,不仅指明了我们改善民生的正确方向,而且回答了在中国特色社会主义新时代,全面建设社会主义现代化强国必须解决的短板问题,明确了中国特色社会主义总任务在新时代的重点任务。

(三)是新时代保持社会和谐稳定、国家长治久安重要的治本之道

在中国特色社会主义进入新时代背景下,在国内发展社会主义市场经济的条件下,利益出现分化、不同利益群体间的矛盾开始出现,诸多新的社会问题接踵而至;在经济全球化背景下,中国国内的发展稳定与国际社会的发展状况关联日益紧密;在国外各种思想文化、生活方式的传入与影响下,重要地区的热点事件,乃至他国重大事件都直接对国内不同人群的思想理念、行为取向产生影响。事实上,社会生活中影响稳定、导致不稳定的种种问题,一般是两种情况:一种是某些或某个群体/个体受到不公平对待,或合理合法的利益受到侵害,出现矛盾,导致或大或小的影响和谐稳定的情况;一种是某些群体或个体没有实在的利益受损,但在复杂特殊的社会舆论背景下,甚至复杂的国际环境下,一个偶然的事件

可能引发部分群体、个体的不满情绪,导致影响和谐稳定的群体事件。

为防范以上两方面问题,需要深谋远虑,需要从根本上、从基础层面采取治本措施。这方面的措施是全方位的,是需要综合发力的系统工程,包括确保社会长治久安的国家根本制度的巩固和有效运转,确保全社会各方面利益权利的有效治理的实现与保障机制,多方面利益矛盾的及时公正处理化解机制,有效的思想政治工作等。但综观所有治本之道,必须看到,其中非常重要的、起基础性作用的是通过党和政府制定的政策、机制,把民生问题在整个社会治理中摆在重要位置,并能与中国特色社会主义伟大事业的推进相辅相成,使全社会的民生问题能够及时合理解决,使民生水平不断提高,从而防止经济发展突飞猛进的同时民生欠账太多,防止"五位一体"的总任务发展不协调而出现社会发展进步中的畸形现象,使各阶层、各类群体的基本民生内容不断改善,与整个社会事业进步,同向同行,由此奠定所有群体心态平衡,安居乐业的民生保障基础。有了这样的基础,不仅不会出现因实在利益受损而影响社会稳定的事件,也不会为任何外部偶然因素所左右、被误导,从而引发影响和谐稳定的群体性事件。

习近平关于民生的论述科学指出了新时代我国处于社会主义市场经济条件下,在复杂的外部环境下,民生问题的重要性;科学指出了在经济快速发展、社会进步取得巨大成就的情况下可能出现和已经出现的民生短板,以及解决这些短板的若干理念、政策与措施。认真贯彻落实习近平关于民生的论述,不断保障和改善民生,不仅会提升民生水平、造福全社会,而且能够为整个社会的长久和谐稳定,及时防范、化解民生问题引发的矛盾打造坚实的基础,我们的社会就能够保持长期的和谐稳定,国家就会长治久安。从这个意义上说,习近平关于民生的论述是防范风险与挑战,防范与化解社会矛盾,保持社会和谐稳定、国家长治久安的重要治本之道。

(四)明确了深化改革在民生领域的方向与内容,对于形成完善的中国特色社会主义制度具有重要意义

在消灭了剥削制度的社会主义条件下,通过经济发展及时解决涉及民生的诸多问题,不断提升民生水平,使广大人民群众不断有更多的获得感、幸福感,是社会主义制度的本质要求。按照这个要求,就必须坚持以公有制为主体的基本经济制度,社会主义必须坚持以按劳分配为主体,必须坚持共同富裕。在过去几十年开创中国特色社会主义事业的实践中,中国共产党逐步形成了既体现科学社会主义基本原则,又适合中国历史与现状的一系列经济政治制度。时至今日,其主要任务十分明确、十分科学,保证了中国这些年的发展进步和举世公认的成就。但无须讳言,这方面的制度还不是尽善尽美的,还需要随着实践发展而不断修正、调整与完善。习近平强调改革不能停止,改革要成为完成这些任务的历史必然。改革的必要性、改革的伟大意义,全党是有高度共识的。但具体应该改什么?要通过改革形成哪些必要的新制度?调整修改哪些已有的制度?废除哪些过时的、不科学的制度?只有回答好这些问题,才是中国人民之福,才能形成完善的中国特色社会主

多方面的制度体系。

习近平不仅对全面深化改革的内容设计提出了正确方向,提出了正确的内容及价值判断标准,形成了指导全面深化改革的重要论断;还通过提出一系列重视和解决民生的理念,指出了全面深化改革必须解决民生问题的任务,丰富、发展和完善了中国特色社会主义各方面制度体系建设的思想。

这就是通过形成长期有效解决民生问题的政策、制度机制,完善中国特色社会主义制度的相关内容。中国特色社会主义制度的系统完备、规范、科学、高效,离不开民生方面的保障机制与制度。习近平关于保障和改善民生的论述,为解决这方面的制度问题提供了科学指南:

一是要求对民生问题的解决,要从整个国家治理体系建设改革大局来考虑。习近平在深化改革的论述中明确要求改革的内容应包括民生领域的相关管理体制、制度,要使这些体制、制度的设定、调整都要与国家治理体系的改革完善结合起来,要将其当成其中的一个重要任务,要解决民生问题使整个国家治理体系更加完善科学。这样,贯彻习近平关于改善民生举措的实践过程,实际上就成为必然完善深化改革国家治理体系、完善中国特色社会主义制度的过程。

二是要求把实践中解决民生问题的好的举措、政策与方法制度化,甚至法律化。习近平关于民生问题的相关论述,明确强调就民生方面问题的解决而言,无论过去、现在和还是未来,实践中一些解决民生的政策、举措都不同程度具有"普遍性"意义。要总结经验,对于实践证明有利于改善民生、提升民生保障水平的办法、举措和相关政策,要使之上升为规范性制度。无论是加强社会主义民主、法治,保证人民当家作主的政治民生举措;还是改善广大群众物质文化生活的经济民生、文化民生举措;抑或是健全公共服务的社会民生政策、建设美好家园的生态民生举措,实践中都有一些成功经验。把这些经验制度化,逐步形成中国特色社会主义民生保障的相关制度体系,使之成为中国特色社会主义制度整体的重要部分,就能在事实上使我们的民生建设实践成为中国特色社会主义制度不断完善的过程。因而,习近平关于民生方面的重要理念不仅对于改善民生,而且对于发展和完善中国特色社会主义制度具有重要指导意义。

(原载《马克思主义研究》2018 年第 11 期)

习近平民生论述的理论价值与实践意义

解决民生问题是新时代中国特色社会主义经济社会发展的重要目标要求,是关系人民美好生活的重要内容,是关系民心向背、社会稳定的重要问题。党的十八大以来,习近平坚持"以人民为中心"的发展理念,为不断保障和改善民生,发表了一系列重要论述,提出了一系列科学理念、政策措施与工作要求,形成了习近平民生论述。这些论述对于丰富和发展马克思主义人的解放和全面发展理论;对于落实"以人民为中心"的发展理念,推进中国特色社会主义事业全面健康发展;对于全党不忘初心,践行党的全心全意为人民服务的宗旨,有极为重要的理论价值与实践意义。

一、习近平民生论述是习近平新时代中国特色社会主义思想的重要内容

民生是人类社会一直面临的基本问题,民生幸福是党带领人

民矢志不渝的追求。党的十八大以来,围绕不断保障和改善民生形成的习近平关于民生问题的重要论述,首先指明了民生问题的重要性,指出解决民生问题由党的性质宗旨决定,关系党的执政地位和伟大使命。习近平说:"我们党要巩固执政地位、完成执政使命,就必须始终把实现好、维护好、发展好最广大人民根本利益作为一切工作的出发点和落脚点"①,"在整个发展过程中,都要注重民生、保障民生、改善民生"②。他强调,不断解决好民生问题,是中国特色社会主义题中应有之义,是社会主义现代化建设和实现中华民族伟大复兴的必然要求。其次是根据新时代状况,习近平具体指出保障和改善民生的各方面主要任务:一,在保障和改善经济民生方面,指明了经济建设的目的是满足人民对美好生活的新需要,要实现经济发展和民生改善良性循环。习近平指出:"高质量发展,就是能够很好满足人民日益增长的美好生活需要的发展,是体现新发展理念的发展。"③特别是习近平提出的扶贫、脱贫理念与战略,根本上实现了部分群体整体脱贫,取得了人类历史上最伟大的脱贫成果,使中国民生整体水平大大提高。二,在保障和改善文化民生方面,习近平强调:"要把满足人民精神文化需求作为文艺和文艺工作的出发点和落脚点。"④深入实施文化惠民工程,提高基本公共服务均等化水平,满足全体人民文化方面的民生需求。在

---

① 《习近平关于社会主义社会建设论述摘编》,北京:中央文献出版社,2017年,第4页。
② 《习近平关于社会主义社会建设论述摘编》,北京:中央文献出版社,2017年,第12页。
③ 《习近平谈治国理政》(第三卷),北京:外文出版社,2020年,第238页。
④ 《十八大以来重要文献选编》(中),北京:中央文献出版社,2016年,第127页。

保障和改善社会民生方面,习近平强调:"就业是最大的民生"①,"办好人民满意的教育"②,"坚持'房子是用来住的、不是用来炒的'这个定位"③,"把保障人民健康放在优先发展的战略位置,坚持预防为主的方针,深入实施健康中国行动"④等,建成覆盖全面、城乡统筹、可持续的多层次社会保障体系。在生态民生方面,习近平指出:"良好生态环境是最公平的公共产品,是最普惠的民生福祉。"⑤强调要让良好生态环境成为提升民生福祉和经济社会发展的支撑。其三是在民生论述中不仅提出了任务,而且指明了新时代实现这些任务的正确方略、科学路径及工作举措。习近平强调:要"坚持人人尽责、人人享有,坚守底线、突出重点、完善制度、引导预期,完善公共服务体系,保障群众基本生活,不断满足人民日益增长的美好生活需要,不断促进社会公平正义,形成有效的社会治理、良好的社会秩序,使人民获得感、幸福感、安全感更加充实、更有保障、更可持续"⑥。他强调,解决民生问题与解决发展问题要统一起来整体谋划,解决民生问题要有长远眼光,要把解决当前突出

---

① 《中国共产党第十九次全国代表大会文件汇编》,北京:人民出版社,2017年,第37页。
② 《中国共产党第十九次全国代表大会文件汇编》,北京:人民出版社,2017年,第37页。
③ 《习近平关于社会主义社会建设论述摘编》,北京:中央文献出版社,2017年,第93页。
④ 《中共中央关于制定国民经济和社会发展第十四个五年规划和二〇三五年远景目标的建议》,北京:人民出版社,2020年,第34页。
⑤ 《习近平关于社会主义生态文明建设论述摘编》,北京:中央文献出版社,2017年,第4页。
⑥ 《中国共产党第十九次全国代表大会文件汇编》,北京:人民出版社,2017年,第36页。

问题与建立长效机制结合起来,要把具体工作与完善制度、健全法制保障结合起来,如此等等。这些保障和改善民生的内容和举措,显然是当今世界其他执政者所不可比拟的,已经形成了全面的中国特色社会主义民生理念、民生政策。这些民生理念、民生政策是习近平新时代中国特色社会主义思想的重要内容。

首先,习近平这些保障和改善民生的论述,是新时代党的事业前进发展必须回答、认真解决好的重要问题。经过40年改革开放,中国的综合国力、人民生活水平极大提高,中国特色社会主义进入新时代。习近平在党的十九大报告中指出:"从全面建成小康社会到基本实现现代化,再到全面建成社会主义现代化强国,是新时代中国特色社会主义发展的战略安排。"[1]要实现这样的战略任务需要统筹推进"五位一体"总体布局,在推进"五位一体"总体布局中,中国特色社会主义经济、政治、文化、社会和生态文明建设各方面任务都十分艰巨,都需要全面落实。民生问题关系人民生活水平、生活质量,关系到民心向背,关系到社会稳定,关系到改革发展的全局。解决好这个问题,不仅是"五位一体"总体布局中的题中应有之义,而且是关系着"五位一体"总体布局能否胜利实现、圆满实现的基础性问题。习近平高度重视民生问题,为应对和破解民生问题提出相关政策,正是顺应了新时代我国社会主义事业顺利前进的要求,顺应了确保中国特色社会主义事业继续前进,解决好重要前提、重要任务的历史性需要。

其次,保障和改善民生贯穿中国特色社会主义理论形成和发

---

[1]《中国共产党第十九次全国代表大会文件汇编》,北京:人民出版社,2017年,第23页。

展的全过程,对民生问题的科学回答是中国特色社会主义理论与实践的重要内容。习近平强调"中国共产党之所以能够得到人民拥护,中国特色社会主义之所以能够得到人民支持,也正是因为造福了人民"①。40年的改革开放与中国特色社会主义现代化建设事业的发展历程清楚地展示了一个基本的逻辑:对民生问题高度关注,着眼于保障和改善民生,是中国改革开放、推进中国特色社会主义事业十分重要的出发点与重要价值目标。从80年代初,农村普遍推行家庭联产承包责任制,城市国有企业普遍推行承包经营;到21世纪初取消农业税、牧业税和特产税;再到党的十八大后进行脱贫攻坚,深化农村土地制度改革的"三权分置";等等。这些领域为什么要改革?如何改革?改革方向如何确定?中国共产党都是以解决这些领域广大人民群众生产、生活中的问题、困难作为基本根据,在此基础上,通过改革推出一系列便民、惠民、利民政策与举措,不断改善人民生活、增进人民福祉,从而推动中国特色社会主义事业不断前进的。改革的历程、中国特色社会主义前进的历程,一定意义上说,就是不断改善中国人民生活的过程,就是满足中国人民不断过上好日子要求的过程。中国共产党在这个过程中形成的关于保障和改善民生的政策理论,必然成为中国特色社会主义全部理论中的一个非常重要的内容。

最后,习近平关于民生问题系列论述的内容,与中国特色社会主义"五位一体"总体布局紧密相连。党的十九大报告明确指出,习近平新时代中国特色社会主义思想回答了我们要坚持和发展的

---

① 《习近平关于"不忘初心、牢记使命"论述摘编》,北京:党建读物出版社、中央文献出版社,2019年,第10页。

是什么样的中国特色社会主义,以及如何坚持和发展中国特色社会主义的问题。习近平民生论述与习近平新时代中国特色社会主义思想,在内容上存在着内在联系。习近平民生论述,都是着眼于中国特色社会主义整体布局,都是立足于、服务于推动这一伟大事业发展的总要求。在客观上,实现这些要求就不仅要使经济、社会、文化、生态文明建设方面的民生问题得到解决,民生水平得到改善,而且必然要使中国特色社会主义经济、政治、文化、社会、生态文明这"五位一体"建设得到加强。这"五位一体"建设的任务,既是新时代民生的任务,也是中国特色社会主义事业的组成部分,是中国特色社会主义题中应有之义,解决这些问题,完成这些任务,是中国特色社会主义事业整体前进的需要。因而,习近平论及的关于民生问题的解决方案,实际上为推动中国特色社会主义"五位一体"总体布局的前进奠定了基础、提供了前提。习近平在民生论述中提出的任务、方针、政策、原则,实际上是对如何推进中国特色社会主义"五位一体"若干重要任务的科学回答,是习近平新时代中国特色社会主义思想的重要内容。

二、习近平民生论述是党和国家各项工作落实"以人民为中心"发展理念的重要要求

习近平关于保障和改善民生的一系列重要论述,作为新时代党解决民生问题的科学指南,在全部论述中提出的方针、政策、原则,以及其体现的理念、思想,与习近平"以人民为中心"的发展理念是一致的、融通的,是"以人民为中心"发展理念在民生问题上的

具体化,落实这些论述是落实"以人民为中心"发展理念的基本要求。

其一,"以人民为中心"的发展,是新时代中国特色社会主义必须明确的发展理念、发展路径。习近平强调:"检验我们一切工作的成效,最终都要看人民是否真正得到了实惠,人民生活是否真正得到了改善。"[①]中国共产党人在新中国成立之初就十分清楚,要使中国人民不断获得幸福生活,我们必须把工作重心由革命战争转到经济建设上来,必须开展大规模社会主义建设,发展生产,努力实现国家工业化、现代化。中华人民共和国头30年中,在这个基本思路下,中国特色社会主义建设取得了十分伟大的成就,中国人民物质生活水平极大提高,但是在如何搞好社会主义建设,经济如何发展的路径上,由于种种原因也出现过失误,甚至出现了"文化大革命"这样的严重错误,社会主义建设受到损失,人民生活水平提高受到影响。党的十一届三中全会重新确立了"实事求是"的思想路线,工作重点转移到"以经济建设为中心"上来,"发展是硬道理","发展是执政兴国第一要务",这些理念在全党形成高度共识,深入人心。在这样的背景下,中国特色社会主义事业不断前进,中国经济连续40年实现高速发展。但是,新的环境和条件下,如何发展?这是新时代发展必须要明确的前提。过去40年发展的经验十分可贵,但有些路子、有些做法是否应该继续?比如有的地方只管经济指标,而忽视教育、文化、医疗卫生等民生事业。针对这些问题,习近平强调在新时代要实行"以人民为中心"的发展。习近平

---

① 《习近平关于社会主义经济建设论述摘编》,北京:中央文献出版社,2017年,第19页。

指出:"我们明确,人民对美好生活的向往就是我们的奋斗目标,发挥人民主体作用是推动发展的强大动力。我们持续抓保障和改善民生工作,强调更多从解决人民群众普遍关心的突出问题入手推进全面建成小康社会建设,把坚持以人民为中心的发展思想贯穿到'五位一体'总体布局和'四个全面'战略布局之中。"①

其二,"以人民为中心"的发展,必须是全面发展。习近平强调:"全面建成小康社会突出的短板主要在民生领域,发展不全面的问题很大程度上也表现在不同社会群体民生保障方面"②,"明确新时代我国社会主要矛盾是人民日益增长的美好生活需要和不平衡不充分的发展之间的矛盾,必须坚持以人民为中心的发展思想,不断促进人的全面发展"③。过去有的地方"发展"上的偏激表现为,把发展仅仅看成经济发展,只看重GDP,于是发展就是GDP指标、物质生产、人均收入指数,这样使得作为人民生活重要内容的教育、文化、医疗卫生等的发展被忽视、轻视,进而出现了虽然人均收入有很大提高,但一些群众的子女入学、看病等仍很困难的情况。"以人民为中心"的发展理念,就是针对这种情况,要求全党明确发展的内容是全方位的,实行这样的发展不能只在GDP上做文章,还要高度重视关系人民切身利益、幸福生活的教育、医疗、就业、养老、文化消费等问题。显然,习近平关于民生的论述中,强调要高度重视教育、医疗、卫生、文化等民生问题,要坚持政府主导,

---

① 《习近平谈治国理政》(第三卷),北京:外文出版社,2020年,第234页。
② 《习近平关于社会主义社会建设论述摘编》,北京:中央文献出版社,2017年,第10页。
③ 《习近平关于"不忘初心、牢记使命"论述摘编》,北京:党建读物出版社、中央文献出版社,2019年,第50页。

努力解决好这些问题,而不能把这些问题都当作政府的负担,不能完全推向市场等,都是把"以人民为中心"发展理念落到实处的具体要求。落实习近平这些民生论述,"以人民为中心"发展的全面性要求才能真正实现。

其三,"以人民为中心"的发展,必须是可持续发展。习近平强调:"坚持以提高发展质量和效益为中心,实现更高质量、更有效率、更加公平、更可持续的发展。"①众所周知,过去的快速发展中,有的地方存在着一些不符合科学发展规律的现象,一些地方为了追求快速发展而忽视环境保护、轻视资源节约,导致环境受到破坏,空气质量、水质量、土壤质量都受到空前损害,有些珍贵的地下、地上资源面临枯竭,这就使得我国面临后续发展困难的问题。习近平强调:"我们必须牢固树立这样一个观念,就是不能要带血的生产总值。"②要坚持可持续的发展,我们不能为了现在的发展"吃子孙饭、断子孙路"。如何实现这样的发展?习近平指出:"绿水青山就是金山银山,改善生态环境就是发展生产力。良好生态本身蕴含着无穷的经济价值,能够源源不断创造综合效益,实现经济社会可持续发展。"③一定要节约资源、保护环境、建设美丽中国。全面建成小康社会,不仅仅是单纯的经济指标、人均收入水平的达标,还要实现关于民生各方面的要求,包括要让人民享受到优美的生活环境、呼吸到新鲜的空气、饮用干净的水、吃安全的食品等。

---

① 《习近平关于社会主义经济建设论述摘编》,北京:中央文献出版社,2017年,第10页。
② 《习近平关于社会主义社会建设论述摘编》,北京:中央文献出版社,2017年,第143页。
③ 《习近平谈治国理政》(第三卷),北京:外文出版社,2020年,第375页。

实际上,习近平这些关于民生的要求,是关系人民生活幸福的重要内容,也是坚持"以人民为中心"发展理念在新时代必须落实的任务。因而,落实习近平这方面的民生论述,就是在这个领域落实"以人民为中心"的发展理念。

其四,"以人民为中心"的发展,必须坚持逐步实现共同富裕目标。习近平强调:"我们追求的发展是造福人民的发展,我们追求的富裕是全体人民共同富裕。"[1]实现共同富裕,是中国特色社会主义的本质要求和重要目标。中国的发展、中国特色社会主义事业的建设,最终目标是要使全体中国人民不断走向富裕幸福的生活。在党的十九大报告中,习近平指出:"必须始终把人民利益摆在至高无上的地位,让改革发展成果更多更公平惠及全体人民,朝着实现全体人民共同富裕不断迈进。"[2]中国共产党是全国各族人民利益的代表者,领导中国发展社会主义事业,与世界上其他政党截然不同,不是为了某一群体、某个阶层的利益,而是为全体中国人民的利益,为使全体中国人民在中国现代化建设的发展中受益,逐步实现全体人民的共同富裕。正是为了实现这样的要求,习近平提出了保障和改善民生的一系列论述,强调必须通过一系列民生改革政策进行社会托底,通过做好就业、弱势群体保障、养老、医疗等社会民生措施,改善群众生活,特别是通过开展人类历史上史无前例的脱贫攻坚,使部分低收入者、生活困难群众尽快摆脱贫困,提高生活水平。在这里,落实好习近平关于这些保障和改善民生问

---

[1]《习近平关于社会主义社会建设论述摘编》,北京:中央文献出版社,2017年,第35页。
[2]《习近平谈治国理政》(第三卷),北京:外文出版社,2020年,第35页。

题的论述,不断促进共同富裕,使越来越多的群体摆脱贫困,使中国大地上不合理的收入差距越来越小,使更多群众享受改革发展的成果,实际上就是落实"以人民为中心"的发展、实现共享发展的重要要求。

三、习近平民生论述是中国共产党在新时代牢记使命、践行宗旨的必然体现

首先是中国共产党从一成立就把为人民谋幸福作为使命扛在肩上,"全心全意为人民服务"的宗旨从不动摇。中国共产党成立近百年来,都在理论和实践上十分明确:"全心全意为人民服务"是党的唯一宗旨。党的七大把"全心全意为人民服务"上升到党的唯一宗旨的高度,并将其载入党章、延续至今。新中国成立初期,党在物质条件极端困难的情况下,赢得了人民的真心拥护。邓小平曾说:"中国共产党员的含意或任务,如果用概括的语言来说,只有两句话:全心全意为人民服务,一切以人民利益作为每一个党员的最高准绳。"[1]江泽民指出:"我们想问题、办事情的出发点和落脚点,始终要考虑人民群众的根本利益。"[2]胡锦涛强调:"坚持立党为公、执政为民,必须落实到关心群众生产生活的工作中去。"[3]习近平多次指出:"为人民服务是共产党人的天职"[4],"带领人民创造

---

[1]《邓小平文选》(第1卷),北京:人民出版社,1994年,第257页。
[2]《江泽民文选》(第1卷),北京:人民出版社,2006年,第469页。
[3]《胡锦涛文选》(第2卷),北京:人民出版社,2016年,第58页。
[4]《习近平关于"不忘初心、牢记使命"论述摘编》,北京:党建读物出版社、中央文献出版社,2019年,第127页。

美好生活,是我们党始终不渝的奋斗目标"①。通过保障和改善民生,抓人民最关心最直接最现实的利益问题,不断提高民生福祉,使人民的获得感、幸福感、安全感更加充实、更有保障、更可持续。这是实践党的宗旨的基本要求。

其次是党在不同时期使命有所不同,但宗旨都是"全心全意为人民服务"。习近平指出:"我们党干革命、搞建设、抓改革,都是为了让人民过上幸福生活。"②在革命战争年代,我们党深刻认识到,实现中华民族伟大复兴,必须推翻压在中国人民头上的帝国主义、封建主义、官僚资本主义三座大山,实现民族独立、人民解放、国家统一和社会稳定。新中国成立以后,中国共产党人一直努力探索,确立社会主义制度,同时,开展大规模社会主义建设。这就是新中国成立后党对践行"全心全意为人民服务"宗旨的基本认识。在改革开放时期,我们党充分认识到,在新的时代背景和历史条件下,必须坚持践行"全心全意为人民服务"的宗旨,努力为中国人民谋利益、谋幸福;必须紧跟时代、顺应人民意愿,开创改革开放的伟大事业,破除一切阻碍发展的思想和体制障碍。不断解决影响人民生活的民生问题,是党在各个时期一直高度关注、着力解决的问题。在中国特色社会主义新时代,践行"全心全意为人民服务"的宗旨,就要扎实解决影响群众生活的问题。习近平说:"我们是全心全意为人民服务的党,追求老百姓的幸福。路很长,我们肩负的责任很重,这方面不能有一劳永逸、可以歇歇脚的思想。唯有坚定

---

① 《中国共产党第十九次全国代表大会文件汇编》,北京:人民出版社,2017年,第36页。
② 《习近平关于社会主义社会建设论述摘编》,北京:中央文献出版社,2017年,第19页。

不移、坚忍不拔、坚持不懈,才能无愧于时代、不负人民。"①以习近平同志为核心的党中央,在党的十八大后,领导全党进行人类历史上最大规模的脱贫攻坚实践,习近平认为这既是新时代解决民生问题的需要,也是践行"全心全意为人民服务"宗旨的要求。

最后是新时代不忘初心,践行宗旨,必须努力保障和改善民生。习近平指出:"为人民谋幸福,是中国共产党人的初心。我们要时刻不忘这个初心,永远把人民对美好生活的向往作为奋斗目标。"②在中国共产党长期执政条件下,在我国经济社会发展水平空前提高的情况下,在中华民族从富起来到强起来的历史性飞跃中,涉及广大人民群众的生活质量、幸福程度的诸多民生问题的保障及改善,成为关系马克思主义政党"初心""宗旨"的重大问题,成为关系党与人民群众关系的重要问题,坚持党的初心不变,坚持"全心全意为人民服务"的宗旨不变,中国共产党就决不能把自己混同于其他国家的执政党,就决不能简单地承认市场选择的结果,决不能简单地维护竞争后形成的不同社会成员的生活状况,而是要通过出台适当的政策,更好发挥政府作用,把涉及广大人民群众基本生活内容的若干民生问题,把不能完全由市场解决的若干民生问题解决好。比如,作为民生领域重要内容的教育事业,如何完善发展?是坚持"全心全意为人民服务"宗旨,办好人民满意的教育,还是把教育当成赚钱的工具,完全由市场规则引导发展教育?这是新时代的重要民生问题,也是关系教育性质的问题。习近平严肃

---

① 《习近平谈治国理政》(第三卷),北京:外文出版社,2020年,第136页。
② 《习近平关于"不忘初心、牢记使命"论述摘编》,北京:党建读物出版社、中央文献出版社,2019年,第13页。

指出:"一些校外培训机构违背教育规律和学生成长发展规律,开展以'应试'为导向的培训,增加了学生课外负担,增加了家庭经济负担,甚至扰乱了学校正常教育教学秩序,社会反响强烈。良心的行业不能变成逐利的产业。"[1]必须看到并解决好这些问题,中国共产党作为执政党,才能与形形色色的资产阶级或其他非马克思主义执政党从本质上区别开来,中国共产党在长期执政条件下,"不忘初心、牢记使命"的本来面貌才是名副其实的,中国共产党在新时代践行"全心全意为人民服务"的宗旨,才有具体的实现路径,才能落到实处。

四、习近平民生论述是对马克思主义关于人的解放和全面发展理论的丰富和发展

习近平关于保障和改善民生的一系列论述,不仅作为党和国家的工作要求,直接推动了社会生活中民生问题的解决,提高了我国人民民生保障水平;而且,在理论上,继承、丰富和发展了马克思主义关于人的解放和全面发展的理论。

首先是继承了马克思主义经典作家为人类求解放、为人类谋幸福的理论。习近平在纪念马克思诞辰200周年大会的讲话中,揭示了马克思主义科学理论四方面的本质特征,其中之一就是马克思主义博大精深、内容十分丰富,但在本质上它是人民的理论,是关于人民解放、人民幸福的理论。这不仅体现在马克思主义全部

---

[1] 《习近平谈治国理政》(第三卷),北京:外文出版社,2020年,第349页。

科学理论的价值取向上,而且表现在马克思主义经典作家大量具体的理论观点、大量思想内容和科学论述之中。马克思、恩格斯、列宁、斯大林、毛泽东等大量关于为人民求解放、为人民谋利益、为人民谋幸福的论述,形成了马克思主义关于人的解放和全面发展的理论。马克思、恩格斯提出了人的解放、人的自由全面发展的正确道路,指出必须彻底推翻资本主义私人占有的剥削制度,必须通过无产阶级革命、无产阶级专政实现向无阶级社会的过渡。列宁在理论和实践上提出了无产阶级革命成功之后,必须建立劳动者自己的政权,在工人农民成为主人的社会制度下,人民才能获得幸福的生活。以毛泽东为代表的中国共产党人在为人民求解放、谋幸福的实践中,强调为中国人民谋幸福,必须首先推翻帝、官、封的统治。在革命胜利之后必须确立社会主义制度,巩固和发展社会主义制度,没有这个条件,中国人民的幸福生活就无从谈起。习近平关于民生的大量论述,在坚持继承马克思主义经典作家关于人民解放、人民幸福理论的基础上,提出"必须始终把全心全意为人民服务作为根本宗旨,始终把人民拥护和支持作为力量源泉,坚持把人民放在心中最高位置"[1]的重要论述。习近平关于民生保障与改善的一系列科学方针、政策、措施,是对马克思主义关于人的全面发展理论的丰富和发展,是马克思主义政党长期执政条件下为人民谋幸福的科学指南。

其次是提出了社会主义社会民生的全部内容,为马克思主义执政党践行"全心全意为人民服务"的宗旨,明确了工作落脚点。

---

[1]《习近平关于"不忘初心、牢记使命"论述摘编》,北京:党建读物出版社、中央文献出版社,2019年,第140页。

习近平强调:"全心全意为人民服务,是我们党一切行动的根本出发点和落脚点,是我们党区别于其他一切政党的根本标志。"[1]民生问题是任何社会制度下都存在的普遍问题。当代不少资本主义国家把民生内容仅局限在居民吃、住、养老、就业等方面。社会主义社会条件下,民生不仅仅是那些内容。马克思、列宁都因为实践的局限未能回答这些问题,苏联社会主义建设与实践中的诸多失误、错误,使他们没有在理论和实践上解决这个问题。在马克思主义关于人的解放和全面发展的理论指导下,特别是在总结新中国成立以来70年社会主义实践经验的基础上,在科学分析当代中国的经济社会状况后,习近平提出了关于民生问题的系列论述,提出了社会主义社会民生的全部内容——包括人民物质生活方面的住房、就业、社会保障;包括公共服务方面的教育、医疗、体育事业、公共文化服务;包括人民的生活环境,如关系人民生活质量的水质、空气、环境的保护问题;还包括人民民主权利,如在基层参与民主选举、民主监督、民主管理的权益的实现,"努力让人民群众在每一个司法案件中都能感受到公平正义"[2];等等。这些关于社会主义社会民生的内容的全面性是当代世界各国都没有的,也是马克思主义发展史上没有的,这些全面性内容的提出,丰富了民生概念的科学含义,为社会主义条件下全面解决民生问题提供了科学指南。

最后是提出了马克思主义政党执政条件下,为人民谋幸福的基本路径,丰富发展了马克思主义关于人的解放和全面发展理论。习近平强调:"社会建设要以共建共享为基本原则,在体制机制、制

---

[1]《习近平关于社会主义社会建设论述摘编》,北京:中央文献出版社,2017年,第7页。
[2]《习近平关于全面依法治国论述摘编》,北京:中央文献出版社,2015年,第67页。

度政策上系统谋划,从保障和改善民生做起,坚持群众想什么、我们就干什么,既尽力而为又量力而行。"①从《共产党宣言》作为无产阶级政党第一个党纲开始,在国际共产主义运动史上,真正的马克思主义政党都明确宣称,自己是为工人阶级、劳动人民求解放、谋幸福的政党。中国共产党在1921年诞生时起,就把"为中华民族求解放、为中国人民谋幸福"作为自己的初心和使命,把"全心全意为人民服务"作为党的宗旨。在夺取全国政权并成为长期执政党之后,在改革开放发展社会主义市场经济的新环境下,"全心全意为人民服务"的宗旨如何实现,马克思主义关于"为人民谋幸福"的人民理论如何践行?习近平对此提出了一系列关于保障和改善民生的论述,这些论述,不仅指出了新时代民生包含的丰富、全面的内容,而且对于解决这些问题提出了一系列科学理念、科学对策。对于这些任务的落实,要在党的路线、方针、政策的制定中提出方向、明确原则,从而保证各级党政机关在现实工作中常抓不懈。他强调,社会主义条件下的民生问题是一个动态性问题,不同生产力水平下,民生问题内容、程度及解决的标准是不同的。这些科学理念、应对方略,使得马克思主义政党为"人民谋幸福""全心全意为人民服务"的宗旨等,民生不再是一个原则、一个口号似的要求,而是有了落到实处的路径。所以习近平民生论述是对马克思主义关于人的解放和全面发展理论、为人类谋幸福理论的丰富和发展。

(原载《理论视野》2021年第1期)

---

① 《习近平关于社会主义社会建设论述摘编》,北京:中央文献出版社,2017年,第130页。

彰显人民至上的价值取向

"以人民为中心的发展思想",彰显了人民至上的价值取向,体现了我们党"全心全意为人民服务"的根本宗旨。全面建成小康社会,在保持经济增长的同时,更重要的是落实"以人民为中心的发展思想",把实现人民幸福作为发展的目的和归宿,做到发展为了人民、发展依靠人民、发展成果由人民共享。

一、发展为了人民、发展依靠人民

发展以什么为中心,围绕什么中心来发展,涉及的是发展的价值要求,决定发展思路、发展决策、发展战略和发展着力点。人民立场是中国共产党的根本政治立场,是马克思主义政党区别于其他政党的显著标志。中国梦归根结底是人民的梦,人民群众是实现中国梦不竭的动力之源。强调人民的重要性,把人民群众看作社会生产、社会生活和社会历史发展的主体,体现了马克思主义唯物史观的基本观点。

历史充分证明,正是依靠人民的力量,中国共产党才最终推翻了帝国主义、封建主义和官僚资本主义的统治,获得了民族独立和人民解放,建立了新中国。中国特色社会主义道路,是实现我国社会主义现代化的必由之路,是创造人民美好生活的必由之路。继续把中国特色社会主义这篇大文章写下去,就要把人民放在心中最高位置,坚持"全心全意为人民服务"的根本宗旨,实现好、维护好、发展好最广大人民根本利益。我们党90多年来之所以得到人民的拥护和支持,从根本上说,就是因为能始终代表中国最广大人民的根本利益,尊重人民首创精神,最广泛动员和组织人民投身到党领导的伟大事业中来。在前进征途上,只要我们党始终坚持人民利益高于一切,紧紧依靠人民,就能永远立于不败之地。人民是历史的创造者,也是推动改革的力量源泉。没有人民的支持和参与,任何改革都不可能取得成功。推进任何一项重大改革,都要从人民利益出发谋划改革思路、制定改革举措,广泛听取群众意见和建议,充分调动群众推进改革的积极性、主动性、创造性,把最广大人民的智慧和力量凝聚到改革上来。

"治国有常,而利民为本。"我们党来自人民、服务人民,党的一切工作,必须以最广大人民根本利益为最高标准。人民群众是发展的主体,也是发展的最大受益者。我们党推进全面深化改革的根本目的,就是要促进社会公平正义,让人民群众有更多获得感。"以人民为中心的发展思想",不是一个抽象的、玄奥的概念,因此不能只停留在口头上、止步于思想环节,而要充分体现在经济社会发展各个环节。坚持目标导向与问题导向相统一,清楚破解难题的途径和方法,才能使发展成果更多更公平惠及全体人民。

二、发展成果由人民共享

把"以人民为中心的发展思想"落到实处,一个非常重要的方面和途径就是深入贯彻共享发展理念。首先,形成共享发展的环境。推进共享发展要以完善共享发展的环境为基础和前提。在宏观方面,要全面深化共享发展体制机制改革,从改革发展的全局进行顶层设计,使共享发展理念贯穿于政治、经济、社会、文化和生态建设的全过程;在微观方面,要构建共享发展的政策、法规支持体系,搭建共享发展平台,营造良好氛围。其次,实现发展机会共享。在市场经济体制中,发展机会共享是衡量市场健康水平的重要因素,关系到发展成果分配是否公平的根本问题。个人只有参与到发展的进程中去,才能享有发展成果。因此,要保障人民群众共同享有人生出彩的机会,共同享有梦想成真的机会,共同享有同祖国和时代一起成长与进步的机会。

共享发展理念是在全面建成小康社会过程中坚持"以人民为中心的发展思想"的具体体现,就是要把实现人民幸福作为发展的目的和归宿,通过建设生态文明、提高健康水平、办好人民满意的教育等,增进人民群众的民生福祉,使全体人民在共建共享发展中有更多获得感。

随着经济社会发展和人民生活水平的提高,老百姓从过去"盼温饱"到现在"盼环保",从过去"求生存"到现在"求生态",保护生态环境已直接关系人民的根本利益和民族发展的长远利益。习近平总书记指出:"环境就是民生,青山就是美丽,蓝天也是幸福。要像保护眼睛一样保护生态环境,像对待生命一样对待生态环境","在生态环境保护问题上,就是要不能越雷池一步,否则就应该受到惩罚"。[①] 把生态环境建设好,为人民群众创造良好生活环境,从而提高群众生活幸福指数;把生态优势变成经济优势,让生态自然造福子孙后代,彰显了"以人民为中心"的民生情怀。

党的十八大以来,以习近平同志为核心的党中央把人民身体健康作为全面建成小康社会的重要内涵,从维护全民健康和实现国家长远发展出发,正在铺设一条"以人民为中心"的"健康之路"。没有全民健康,就没有全面小康。因此,必须把维护人民健康权益放在重要位置,推进健康中国建设。按照保基本、强基层、建机制的要求,坚持公立医院公益性的基本定位,进一步深化医疗保障、医疗服务、公共卫生、药品供应、监管体制综合改革,探索医改这一世界性难题的解决办法,着力解决人民群众看病难、看病贵、基本医疗卫生资源均衡配置等问题,实现到2020年人人享有基本医疗卫生服务的目标。广泛开展全民健身运动,促进群众体育和竞技体育全面发展,充分体现了人民共享发展成果的价值理念。

教育是民族振兴和社会进步的基石,事关国家未来。一个拥有十几亿人口的大国,教育搞上去了,就能发挥人才资源的巨大优势。为大力发展乡村教育,支持乡村教师队伍建设,把贫困地区义务教育搞好,防止贫困现象代际传递,中央制定了《中国农村扶贫开发纲要(2011—2020年)》,设立了"扶贫日",通过这些减贫、扶

[①] 《绿水青山就是金山银山——关于大力推进生态文明建设》,《人民日报》2016年5月9日,第9版。

贫举措,有效动员了全社会力量参与到扶贫开发事业中来,有效解决最困扰群众的民生问题。同时,还着力建设中国特色职业教育体系,培养高素质劳动者和技术技能人才,提高人才选拔水平和教育质量,从而促进教育公平。

(原载《经济日报》2017年3月31日)

深刻理解共享发展理念

共享发展理念的核心观点是：人人共建、人人共享。这是经济社会发展的理想状态。习近平总书记提出的"五大发展理念"，把共享作为发展的出发点和落脚点，指明发展价值取向，把握科学发展规律，顺应时代发展潮流，是充分体现社会主义本质和共产党宗旨、科学谋划人民福祉和国家长治久安的重要发展理念。深入认识和理解这一理念，对于我们做好各方面工作，具有重大意义。

"创新、协调、绿色、开放、共享"五大发展理念的提出，是我们党在新的历史起点上的高度理论自觉。"五大发展理念"，是中国发展经验的科学总结和系统概括，极大地丰富了马克思主义的发展观，升华了党的执政理念，为中国道路的未来探索指明了正确方向。其中，作为"五大发展理念"的出发点和落脚点的共享发展，蕴含着深刻的问题意识、导向意识，深入认识和理解这一理念，对于我们做好各方面工作，具有莫大的意义。

共享发展理念以推进社会公平正义为前提，以推进扶贫脱贫、缩小收入差距为抓手,以推进区域、城乡基本公共服务均等化为保障,以推进共同富裕为目标。改革开放以来,我国经济实力和综合国力大幅提升,民生得到了很大改善,人民得到了实惠,这是实现共享发展的基础保障。如果没有高度发达的生产力,没有充裕的可供分配的社会总产品,就不可能实现共同富裕。在《资本论》中,马克思不仅科学证明了社会主义共同富裕的基础是生产资料社会所有制,而且科学论证了未来的资本主义时代,为无产阶级革命胜利后在社会所有制基础上实现共同富裕提供了物质基础。同时,在实现经济快速增长的过程中,贫富差距大、利益分配不公的问题逐渐突出。根据国家统计局公布的数据显示,我国居民收入的基尼系数2003年为0.479,2008年达到最高点0.491,之后逐年下降,2004年的基尼系数是0.469。而在20世纪80年代初,全国收入差距的基尼系数是0.3左右。贫富差距不仅体现在收入差距方面,还体现在财产差距方面。共享理念的提出,对于化解以往发展进程中客观存在的失衡、差距,以及由此导致的各种社会矛盾与社会问题,有着极其重要的实践价值。有了共享发展理念,共同富裕的道路才能变得清晰,相关制度安排才会有的放矢。

如果说改革开放的最初动力,是生存问题、吃饭问题,那么经过这么多年的发展,已经打下了共享发展的基础。邓小平同志指出:"社会主义的本质,是解放生产力、发展生产力,消灭剥削、消除两极分化,最终达到共同富裕。"从这段重要论述里我们不难看出,坚定走中国特色社会主义道路,就能消灭贫富差距,逐步实现共同富裕。共同富裕是共享发展的前进方向和奋斗目标。社会主义最大的优越性就是共同富裕,这是体现社会主义本质的一个东西。

坚持共享发展,关键是做出更有效的制度安排,加快建构和完善对实现共享发展具有推动作用的制度体系。党的十八届五中全会提出的增加公共服务供给、实施脱贫攻坚工程、提高教育质量、促进就业创业、缩小收入差距、建立更加公平更可持续的社会保障制度、推进健康中国建设、促进人口均衡发展等八个方面的部署,是共享发展的主要着力点,蕴涵了一系列关涉共享发展的制度建构与完善的内容。

社会主义初级阶段基本经济制度的坚持和巩固,以及有利于推动公平正义的具体制度的建构和完善,是实现共享发展的两个关键着力点。党的十八大指出,共同富裕是中国特色社会主义的根本原则。要坚持社会主义基本经济制度和分配制度,调整国民收入分配格局,加大再分配调节力度,着力解决收入分配差距较大的问题,使发展成果更多更公平惠及全体人民,朝着共同富裕方向稳步前进。

(原载《吉林日报》2016年6月18日)

三

红色精神是实现中国梦的巨大力量[①]

红色精神是中国共产党在百年艰苦卓绝奋斗中,形成的生动体现中国共产党人崇高理想信念,体现中国共产党的先锋队性质,体现中国共产党全心全意为人民服务宗旨的精神品格,这些精神品格是中国共产党与形形色色政党的重要区别,是中国共产党能够历经千难万险而发展壮大,不断夺取革命、建设、改革伟大胜利的精神力量。在今天中国特色社会主义新时代,保持和弘扬这种红色精神,是我们全面建成社会主义现代化强国,实现中华民族伟大复兴中国梦的巨大力量。

[①] 本文系 2016 年度国家社科基金一般项目"习近平总书记民生思想研究"(16BKS052)的阶段性成果。

一、红色精神是中国共产党百年历程中创造辉煌的重要原因

中国共产党于1921年成立。回顾当时的世界,在这个时期前后一些年内,世界范围内成立了若干个共产党;但环顾今日世界,不少共产党已经自生自灭,或者步履艰难。唯有中国共产党经过近百年的奋斗,不仅自身从小到大成为领导世界上人口最多国家的最大政党,成为中国特色社会主义事业的坚强核心,而且在百年奋斗中,能够战胜千难万险,领导中国革命、建设、改革取得伟大胜利。这些胜利从根本上改变了中华民族的命运、中国社会的面貌、中国人民的命运;改变了世界历史的格局和中国历史的进程。事实上,在近代中华民族灾难深重的情况下,中国人民一直没有屈服。习近平总书记说:"面对苦难,中国人民没有屈服,而是挺起脊梁,奋起抗争,以百折不挠的精神,进行了一场场气壮山河的斗争,谱写了一曲曲可歌可泣的史诗。"[1]但是,在中国共产党成立之前,中国社会的各种政治力量、多种主义、各方面仁人志士、各种舍生忘死的奋斗,都不能救中国,唯有中国共产党解决了这个关系中华民族文明能否延续的问题,唯有中国共产党可以救中国,可以引导中国脱离苦海、走向辉煌,赢得美好的未来。这是近代以来一百多年中国历史的事实。另一方面,从当代世界的状况看,当代世界局势演变的事实是:在全球化背景下,在地球上不同国家、不同民族、

---

[1]《在庆祝中国共产党成立95周年大会上的讲话》,北京:人民出版社,2016年,第2页。

不同宗教、不同意识形态错综复杂的纷争局面中,有了中国共产党领导的社会主义中国,这个世界的不公正在减少,暴力恐怖事件在减少,全人类面临的共同治理环境、共同发展的难题多了一份解决的希望。

中国共产党为什么具有如此伟力?它战胜千难万险、克服无数艰难险阻、夺取胜利的原因是什么?世人皆知,并不是因为它具有得天独厚的各种优越条件。事实上,中国共产党在整个民主革命时期,没有基本的物质条件,没有起码的生存保障,而且长期处于反动势力的残酷迫害之中。在革命斗争实践中,当然也没有任何优越先进的武器等物质因素。但就是凭着极端落后的装备,在与具有极大优势的敌人的战斗中,不断地以弱胜强,夺取胜利。产生这种结果的原因固然很多,包括党领导革命的科学理论、正确路线、方针政策及战争艺术等。但十分关键的是,中国共产党独有的一系列红色精神。是这些精神使中国共产党力量无穷,是这些精神使中国共产党不断感召、吸引、凝聚中国人民,是这些精神使中国共产党不断发展壮大、走向辉煌。

毛泽东同志曾经把中国革命能够取得胜利的原因总结为:统一战线、武装斗争、党的建设。习近平总书记在庆祝改革开放40周年大会的讲话中,对中国改革开放取得的伟大成就总结了9个方面的基本经验。建党以来、新中国成立以来、改革开放以来的成功,原因固然是多方面的,甚至不同阶段还有许多不同的内容。但始终坚持以马克思主义为指导,始终坚持打铁必须自身硬,在任何情况下都高度重视党的自身建设,坚定党员干部理想信念,要求党员干部践行党的全心全意为人民服务的宗旨,教育党员树立共产党人的人生观、价值观,为党的事业、为中国人民的幸福和中华民族的光明前途而任劳任怨、艰苦奋斗、无私奉献、流血牺牲,这是贯穿于百年来中国共产党自身建设的灵魂,这是在实践中无数共产党人用热血和生命,用牺牲与奉献铸就的红色精神。解放战争胜利后,一些国民党高级将领在总结共产党为什么获胜,国民党为什么失败的原因时,都说出了一个事实,这就是,国民党的将领们是在为自身名利地位、为自己及小集团的实力、地盘、升迁荣辱而打仗。而共产党军队是在为崇高的理想而战,为自己信仰的主义而战。这些说法是十分有道理的。正因为有信仰,正因为为理想而战,才会力量无穷,才会不怕牺牲自己,才会服从大局,这种为主义、为信仰而战,正是中国共产党红色精神的表现,也是红色精神熏陶、影响、塑造的结果。

即使在今天发展社会主义市场经济、对外开放、全球化背景下,中国共产党近百年实践中打造的红色精神,仍然是我们克服各种困难,应对多种挑战,不断夺取中国特色社会主义事业新胜利的重要力量源泉,是真正威力无比的"精神原子弹"。

二、红色精神为党自身发展和事业辉煌引领方向、提供动力

中国共产党独有的一系列红色精神,是在长期革命、建设、改革实践中形成的,是中国共产党人在马克思主义科学理论指导下,践行全心全意为人民服务宗旨,坚守崇高理想,恪守党的纪律章程,展示党的优良作风的结果。这些精神包括:红船精神、井冈山

精神、长征精神、抗战精神、东北抗联精神、延安精神、太行精神、西柏坡精神、沂蒙精神、抗美援朝精神、大庆精神、铁人精神、"两弹一星"精神、载人航天精神、抗震救灾精神、雷锋精神、焦裕禄精神等。所有这些精神,不仅体现在创造这些精神的载体——相关的党组织、党员个人身上,而且作为中国共产党整体的精神特质,作为中国共产党整体的软实力,全部成为中国共产党整体的价值观、行事准则、行为风格,成为中国共产党在自身建设和伟大实践中的灵魂、行为指针,决定着中国共产党人的全部价值准则、行为取向和行事风格。因而,这些红色精神,在中国共产党近百年的实践中发挥了如下基本作用:

一是红色精神使中国共产党始终坚定自己的理想信念不动摇、不滑坡,为理想信念矢志不渝、义无反顾地奉献一切乃至生命。为崇高的理想而奋斗、而献身是一代代共产党人的人生信条,是中国共产党能够无比强大的重要原因。在党的历史上,无论枪林弹雨,无论雪山草地,无论铁窗生涯,无论忍饥挨饿,甚至遭受非人折磨,共产党人决不妥协、绝不动摇、绝不背叛。习近平总书记曾经引用夏明翰烈士的话"砍头不要紧,只要主义真",以及方志敏烈士的话"敌人只能砍下我们的头颅,决不能动摇我们的信仰",等等。这些都生动地体现了共产党人理想信念的坚定,正是以这样的理想信念为支撑,中国共产党人才能够不畏艰难困苦、不怕挫折失败,而终身为崇高的理想奋斗、牺牲。

二是红色精神使中国共产党人始终坚持为国家、民族、人民而奋斗。中国共产党一成立,就把为中华民族谋复兴、为中国人民谋幸福作为自己神圣的使命扛在肩上。国家独立富强,民族解放、振兴,人民幸福生活,这是近代以来中国社会的任务,是中国共产党近百年矢志不渝的奋斗使命,在为这个主题奋斗的实践中,一代代中国共产党人饮冰卧雪,吃树皮草根,冒枪林弹雨,牺牲个人家庭的一切,形成了中国共产党人红色精神的一个重要内容,体现这个内容的红色精神激励着一代代共产党人为中国革命胜利、为社会主义建设事业、为改革开放和中国特色社会主义事业的发展任劳任怨、坚忍奋斗,这是中国革命、建设、改革之所以取得伟大成功的重要精神原因。

三是红色精神使中国共产党人始终把党的利益、国家利益和前途命运放在第一位,确保中国共产党自身能够发展壮大和党的事业兴旺发达,与资产阶级的利己主义、个人利益至上、个人利益最大化的价值观根本不同。中国共产党的红色精神有一个重要内容就是,个人利益服从党的利益,个人的一切服从组织的需要,为了党的事业、党组织的巩固发展,共产党员个人可以无条件服从,可以抛弃个人的一切。战争年代许多的红色精神就是如此。和平时期,为了国家整体长远利益、为了社会主义事业发展而献身的许多红色精神都有这个内容,比如铁人王进喜所说的"宁肯少活二十年,拼命也要拿下大油田",比如邓稼先同志为了"两弹"的成功,宁肯长期忍受核辐射的危害,等等。战争年代为了保护党的秘密,为了整个组织的需要,江竹筠等共产党人慷慨赴死、英勇就义等,都是如此。没有这些红色精神作为共产党人的行为之魂,就不可能有中国共产党组织的巩固、发展和壮大。中国革命、建设、改革就不可能出现那些外国人看不懂、不能理解的奇迹。

四是红色精神使中国共产党人在全部行为中全面展现党的性

质、宗旨，表现出理念先进、品德高尚的优良作风。这些精神在广大人民群众中具有极大的感召力、凝聚力、吸引力，从而使党获得了人民群众的充分信赖，获得了成为人民群众领导者的最深厚的基础条件。战争年代，中国共产党处于被反动派追杀的险境中，没有可支配的社会资源，人民群众为什么会信任共产党、自觉跟党走、舍生忘死地保护共产党人？重要的是他们从共产党人为人民谋幸福的行为中、从他们的行为作风体现的红色精神中，认识了党，产生了对党的充分信任，坚定了跟党走的决心。新中国成立以后，我们成了执政党，但党一直强调不能因此迷信权力、脱离群众。刚一进城，毛泽东同志就告诫全党要保持"两个务必"，在长期党的自身建设实践中也都强调发扬党密切联系群众的优良传统，弘扬老一辈革命家严格要求自己、家人、公而忘私、为人民谋利等优良传统，这些红色精神的传承弘扬，使共产党人不忘初心、不忘自己的价值观，并与形形色色的执政者区别开来。保持自己与人民群众的血肉联系，才保持了自己的先进性、纯洁性，不断赢得人民的信任、拥护和支持，才能成为拥有深厚根基的领导核心。可以说，没有这样的红色精神就没有党的良好形象、崇高威信，党就难以成为受到全体人民衷心拥护的领导核心。

三、红色精神是新时代推进党的事业发展的巨大力量源泉

有人认为，中国共产党一系列红色精神：如井冈山精神、长征精神、东北抗联精神等，这些精神确实十分伟大，令人感动，但那是

艰难困苦的革命战争环境下产生的。现在我们党已经是执政党，我们的工作已不是进行残酷的战争，而是进行社会主义现代化建设。所以在今天讲这些精神、弘扬这些精神已经没有条件，已经不适用了。这种说法是完全错误的。

中国共产党的红色精神，既有革命战争年代形成的井冈山精神、长征精神；也有新中国成立以后，在我们党已经成为领导国家政权的执政党情况下形成的大庆精神、雷锋精神、焦裕禄精神、"两弹一星"精神、红旗渠精神等；还有在改革开放的新时期，在社会主义现代化实践中形成的改革创新精神、载人航天精神、抗震救灾精神、孔繁森精神……这些精神并不都是战争环境下的产物，不全是在血与火、生与死的考验面前才形成的。作为中国共产党崇高理想在具体工作中的必然表现，作为中国共产党全心全意为人民服务宗旨的必然要求，这些精神的外在内容、表现特点各有不同，但都从本质上体现党的性质、宗旨，都从本质上展现共产党人的先进性、纯洁性。近百年的实践表明，这种本质作为中国共产党区别于别的政党的特性，作为中国共产党的政治本色，没有随着时代、环境、任务的变化而变化，这种本质所决定的精神，在不同时期、不同环境下都是最先进的理念、最高尚道德的代表，这种本质产生的精神，在不同环境、不同任务条件下，都存在着持久的生命力。

从今天中国特色社会主义新时代的伟大任务来看，党的十九大规划了新时代必须完成的两个百年奋斗目标，明确了全面建设社会主义现代化强国、实现中华民族伟大复兴的中国梦的任务。这是近代以来中国历史赋予中国共产党的神圣使命，是伟大中华民族屹立于世界民族之林的历史性要求，是中国人民走向幸福美好未来的必然要求。这个目标十分伟大,这个任务十分艰巨。党的十九大报告明确了实现这两个目标的具体要求,无论是全面建成小康社会,还是到本世纪中叶建成社会主义现代化强国,任务是全方位的,不是单一的,包括中国特色社会主义经济、政治、文化、社会、生态文明这样"五位一体"的所有内容,同时任务都是极其繁重的。这"五位一体"的每一方面任务,不仅要求高、难度大,而且需要创造,需要面对可以遇见和不可预见的风险的挑战。正如习近平总书记所说:"中华民族伟大复兴,绝不是轻轻松松、敲锣打鼓就能实现的。"①它需要我们靠辛勤的劳动创造各种必要的物质条件,需要全体人民付出不懈努力、付出汗水与心血。而这一切,如果没有伟大精神的激励;如果仅仅靠市场原则,给多少钱干多少活儿;如果没有广大党员干部的踏实苦干、任劳任怨;如果没有广大党员干部带领群众进行坚持不懈的努力,没有奋发向上与献身精神贯穿其中,那么,完成这样的任务,推进这样伟大的事业,取得新时代中国特色社会主义的伟大成功是绝不可能的。因而,在推进这个伟大事业的实践中,必须自始至终重视中国共产党伟大精神力量的激励作用,必须大力弘扬中国共产党的一系列红色精神。

从新时代我们所处的和平环境、现代化建设的特点来看,红色精神丝毫不是多余的,远远没有过时。有人说,革命战争年代共产党人的牺牲精神确实可敬,但那是特殊环境造成的,因为在那个时候党处于被反动势力追杀围剿的状态,我们只能万死中求一生。必须有"砍头不要紧"的精神,才能对抗反动势力。现在完全不同

---

① 《中国共产党第十九次全国代表大会文件汇编》,北京:人民出版社,2017年,第12页。

了,共产党是执政党,党员干部为党工作不仅没有生命危险,不需要抛头颅洒热血,而且可以调动国家资源、社会资源完成各项任务,因而过去的牺牲精神、献身精神已不需要。特别是,经过70年新中国的社会主义建设,40年改革开放,我们的现代化水平达到了前所未有的高度,不再像战争时期,长征只能靠走路,打仗只能靠人拉肩扛,没有物质保障,只有"小米加步枪",党员干部在为党的事业奋斗中只能是风餐露宿、野菜充饥,"红米饭、南瓜汤、金丝(稻草)被儿盖身上"。现在,全体人民物质生活水平极大提高,党员干部生活、工作条件极大改善,许多人都有自己的汽车,吃穿住行都很舒适。所以,那种"野菜充饥志愈坚"的精神,那种坚忍不拔、艰苦奋斗、忍饥挨饿等红色精神已经过时,已经没有必要了。以上这种认识的错误在于,没有弄清楚中国共产党的红色精神的本质。事实上,艰苦环境下的野菜充饥志愈坚也好,物质条件极差的情况下的艰苦奋斗也好,这些都是红色精神的外在表现,是不同时候、不同环境下的具体表现。而这些表现的背后,其本质是中国共产党的性质、宗旨、理想、信念,因而这些内容没有也不可能因为党所处地位的变化而改变,不会因为党员工作环境的变化、任务特点的不同而改变。

在进行现代化建设的条件下,体现中国共产党性质、特点,承载中国共产党理想信念的这些红色精神,不仅没有过时,而且是十分必要的。现在物质生活条件好了、工作条件好了,但革命先辈艰苦奋斗的精神不能丢。党长期形成的红色精神,包括为党的事业舍生忘死、奋勇献身的精神,包括不怕艰难困苦、坚忍奋斗的精神,包括为了党的事业抛弃个人一切、顾全大局的精神等,都是在执政条件下,在和平建设时期,在现代化生活与工作背景下,党员干部在工作中应该大力提倡、大力弘扬的精神。一方面,为党的事业工作,为实现和平时代各项任务,一般没有流血牺牲的风险。另一方面,可以利用党的执政地位,利用党员干部特别是领导干部掌握的权力调动社会资源,调动一切必需的人、财、物,促进中国特色社会主义事业的发展。也不需要像战争年代那样,没有任何可利用的资源,每前进一步、每取得一个胜利都只能拼着共产党人的血肉之躯,都必须付出鲜血与生命的代价。但正如毛泽东同志曾说:"我们要保持过去战争时期的那么一股劲,那么一股革命热情,那么一种拼命精神。"[1]这是因为中国共产党作为执政党,一方面在本质上与形形色色的执政党、执政者不一样,它的性质、它的政治本色要求中国共产党在执政即掌握权力以后,这个权力本质上是人民当家作主的权力,而不是执政者手中可以任意胡为的权力,这个执政权只能用来为人民谋利益,这个权力的行使必须受到人民的监督。[2] 因而,这个权力不是无所不能的,对这个权力的任何迷信,认为这个权力可以包打天下,都是错误的。另一方面,在执政条件下,党员干部没有了生命危险,没有了被敌人追杀的危险,却存在着在享有、使用权力的过程中迷信权力、迷恋权力、以权谋私、腐化变质的危险,如何化解这些危险?必须按照习近平总书记所指出的那样,"全面净化党内政治生态,坚决纠正各种不正之风,以零容忍态度惩治腐败,不断增强党自我净化、自我完善、自我革新、自我

---

[1]《毛泽东著作选读》(下册),北京:人民出版社,1986年,第800—801页。
[2] 参见于慧颖《习近平关于民生论述的本质特征及其现实意义》,《马克思主义研究》2018年第11期。

提高的能力,始终保持党同人民群众的血肉联系"[1],只有这样才能不被腐蚀,才能保持先进性而实现自己的伟大使命,才能保持弘扬红色精神。坚持发扬战争年代、和平时期共产党人在为党的事业奋斗中表现出的为了党的利益、为了党的事业、为了党的成长甘愿抛弃个人一切的牺牲精神、献身精神,正是党员干部抵抗权力腐蚀,保持自己先进性、纯洁性,进而确保执政条件下党的事业不断夺取胜利的重要精神力量。

没有这些精神,中国共产党和资本主义国家的执政党就没有区别;没有这些精神,我们的党员干部和资本主义国家现代化条件下的"精英"们就没有区别;没有这些精神,中国改革开放以来取得的伟大历史性成就就是不可能的。必须看到,"两弹一星""载人航天"等成就,都绝不是仅仅靠着执政党的权力,绝不是靠优越的物质条件和现代化保障就能够轻松自然取得的,而是很大程度上靠着中国共产党的红色精神,依靠对这些红色精神的坚持弘扬才能取得的。因而,在党长期执政、党拥有可以调动国家与社会资源的地位下,在现代化条件下,在党员干部都有较好的物质生活水平的条件下,中国共产党的红色精神,对于我们的事业,对于中华民族的前途仍然是有极其伟大的作用和意义的,永远不是多余的,永远不会过时,必须大力弘扬。

(原载《东岳论丛》2020 年第 9 期)

---

[1]《中国共产党第十九次全国代表大会文件汇编》,北京:人民出版社,2017 年,第 21 页。

伟大建党精神在百年征程中的实践意义探析[①]

在庆祝中国共产党成立100周年大会的讲话中,习近平总书记高度概括了中国共产党伟大的建党精神,他说:"一百年前,中国共产党的先驱们创建了中国共产党,形成了坚持真理、坚守理想,践行初心、担当使命,不怕牺牲、英勇斗争,对党忠诚、不负人民的伟大建党精神,这是中国共产党的精神之源。"[②]

一百年来,伟大建党精神一直是中国共产党人的精神支柱,一直鼓舞着一代代共产党人进行披荆斩棘、舍生忘死的奋斗。一百年的历程中,中国共产党为什么能够创造无与伦比的丰功伟绩?为什么能够深刻改变中华民族发展的方向和进程,深刻改变中国人民和中华民族的前途和命运,深刻改变世界发展的趋势和格局?

[①] 本文系2016年度国家社会科学基金一般项目"习近平总书记民生思想研究"(项目批准号:16BKS052)的阶段性成果。
[②]《在庆祝中国共产党成立100周年大会上的讲话》,《人民日报》2021年7月2日,第2版。

中国共产党能够创造人间奇迹,能够在当代世界形形色色众多政党中独领风骚的原因是多方面的。其中,伟大建党精神在这个伟大的党风雨兼程的苦难辉煌的历程中一直是建党灵魂,这个灵魂在党的全部实践中发挥着伟大的主导和引领作用,本文试就此进行探析。

一、坚持真理、坚守理想是共产党人奋斗实践的科学理论指导

　　百年来弘扬坚持真理、坚守理想的精神确保了中国共产党全部实践沿着正确的方向前进,中国共产党人确保了在奋斗实践中始终坚持真理、坚持科学理论的指导。中国共产党是工人阶级的先锋队,是中华民族的先锋队。党的成立是近代中国历史演变的结果,是中华民族求解放、谋复兴伟大事业的历史性需要。党从成立的第一天起,就在马克思主义科学理论指导下为中国人民的幸福生活,为中华民族的独立解放英勇奋斗。这个奋斗与近代以来无数仁人志士救中国的奋斗,从基本任务来说,没有根本的不同,都是为了结束近代以来中华民族的灾难,结束中国人民水深火热的生活,结束帝国主义列强侵略带给中华民族的悲惨命运。但历史的结论是,中国共产党产生之前仁人志士及各种政治力量的奋斗,尽管英勇壮烈、可歌可泣,但全部都以失败而告终,唯有中国共产党的奋斗取得了伟大成功,彻底结束了旧中国半殖民地半封建社会的历史,彻底结束了旧中国一盘散沙的局面,彻底废除了列强加给中国的不平等条约和帝国主义在中国的一切特权。是什么原

因决定了中国共产党与其他政治力量进行同样奋斗的完全不同结果？或者说为什么近代以来各种政治力量、仁人志士牺牲奋斗不能完成的救中国任务,只有中国共产党才能救中国？十分重要的原因是,中国共产党有着他们都不具有的科学理论,即马克思主义的指导。这个科学理论揭示了人类社会发展规律,揭示了中华民族求解放、谋复兴的规律,因而,为党的全部奋斗指明了前进的方向,明确了中华民族求解放谋复兴,进行中国革命的任务、性质、道路等一系列基本问题。

方向正确、方略正确才能保证事业成功。由于弘扬坚持真理、坚守信仰这个伟大精神,中国共产党始终坚持以马克思主义作为自己的行动指南且绝不动摇,始终坚持自己正确的前进方向。不仅在建党初期,而且在过去百年的历程中,始终坚信这个真理,遵循这个真理,不仅在世界社会主义事业处于顺境、蓬勃发展的时期坚持和信仰这个真理,而且在国际共产主义运动出现错综复杂局面,包括一些国家的共产党组织之间出现种种不同意见导致国际共产主义运动分裂时,甚至在第一个社会主义国家苏联及东欧多个社会主义国家抛弃信仰、改旗易帜、纷纷倒向资本主义制度时,中国共产党始终坚如磐石、毅然不动,高举马克思主义旗帜,坚守对科学理论及揭示的人类历史规律的信仰、信念。

必须看到,过去百年历程中,中国共产党创造的无与伦比的伟大与辉煌,与中国共产党一直弘扬坚持真理、坚守信仰精神,始终坚持马克思主义指导是分不开的。不仅如此,坚持马克思主义指导不动摇的同时,中国共产党还本着坚持真理、坚守信仰的精神,善于推动马克思主义中国化、时代化,百年来形成了系列伟大成果;毛泽东思想、邓小平理论、"三个代表"重要思想、科学发展观、习近平新时代中国特色社会主义思想。百年来党的光辉奋斗的历史,也是党坚持马克思主义科学理论,并不断推进马克思主义中国化创新和发展马克思主义的历史。百年征程中,马克思主义中国化以党的全部实践为根据,与党的全部历程相一致,不断推出新的成果,指引着中国共产党前进的方向,指引着中国革命、建设、改革事业的向前发展。

在新民主主义革命时期,如何正确认识中国革命的性质、任务,如何制定中国革命的战略、策略,中国共产党人一直在积极探索。毛泽东同志是这方面的杰出代表,早在北伐大革命时期,就推出了许多这方面的理论成果,土地革命时期更是系统地形成了关于中国新民主主义的理论。但毛泽东关于新民主主义革命的理论,在遵义会议前还没有被全党接受,在党领导的革命事业中没有发挥全面的根本性指导作用。因而党领导的事业在党内右的和"左"的倾向的错误路线指导下屡遭失败,付出了许多鲜血和生命的代价,特别是王明"左"倾的错误路线,导致第五次反围剿失败,使党和红军付出了极为惨痛的代价。勤劳的中国共产党人从血的教训中认识到毛泽东关于中国革命理论的正确性,遵义会议确立了毛泽东在党和红军中实际上的领导地位,毛泽东关于中国革命的理论成为中国革命的指导思想,在这个科学理论指导下,制定出各个阶段党的路线、方针、政策,从此,中国革命顺利发展,势如破竹,党取得了新民主主义革命的伟大胜利。这个胜利是党坚持真理、坚持科学理论指导的结果。

新中国成立初期,摆在中国共产党人面前的历史任务是,如何在取得国家独立、民族解放，推翻三座大山以后，建立一个人民当家作主的新国家，把一穷二白的落后农业大国，建设成为经济、文化发达的国家，实现国家工业化，走向现代化，使中华民族由站起来走向富起来。以毛泽东为代表的中国共产党人在马克思主义理论指导下坚持独立自主探索中国社会主义建设道路，付出了艰辛努力和极大代价，取得了伟大成果，形成了毛泽东关于中国社会主义制度和社会主义建设道路的理论，这个理论指导中国共产党确立社会主义政治制度和经济制度，开展大规模社会主义建设，取得了社会主义革命和建设的伟大成就。"文化大革命"结束后，摆在中国共产党人面前的历史性任务是，必须集中精力进行社会主义现代化建设。为此，党的十一届三中全会决定停止"以阶级斗争为纲"的口号，明确经济建设这个中心任务，恢复解放思想、实事求是的思想路线，实行改革开放，经过艰辛探索，排除各种干扰，走出了一条建设中国特色社会主义的正确道路，形成了邓小平理论、"三个代表"的重要思想和科学发展观，在这个理论指导下，我们取得了中国特色社会主义的伟大成就。中国特色社会主义进入新时代，面对发展社会主义市场经济新环境，面临世界百年未有之大变局，历史赋予中国共产党人的任务是，继续把中国特色社会主义事业推向前进，努力实现第一个百年奋斗目标，并在此基础上实现第二个百年奋斗目标，实现中华民族伟大复兴的中国梦，这就需要中国共产党人正确认识和理解中国特色社会主义本质，明确如何正确地推进中国特色社会主义的一系列新理念、新方略。

习近平新时代中国特色社会主义思想，正是在深刻总结中国特色社会主义经验、深刻总结世界社会主义教训、深刻分析当代世界新情况新趋势、深刻分析中国社会主要矛盾等基础上,全面科学地回答了这些问题,成为新时代党的全部事业科学指南。在这样的科学理论指导下,中国特色社会主义事业可以避免走邪路,会沿着正确方向不断推向前进。"中国共产党为什么能,中国特色社会主义为什么好,归根到底是因为马克思主义行!"①中国共产党百年历程中为什么能够在错综复杂的情况下明确方向?为什么在世界社会主义低潮时坚守马克思主义立场,坚持社会主义方向?为什么在革命、建设、改革没有现成经验、没有既定方案的情况下,能探索出、找准确关于在中国进行革命、建设、改革的正确路径、正确方略、正确道路?都是因为始终坚持马克思主义与中国实际、中国传统文化的结合,不断推进马克思主义中国化、时代化,以党的创新理论指导党的全部实践。没有马克思主义科学理论指导,没有马克思主义中国化,就不可能有百年历程中党创造的一切辉煌。这种坚持马克思主义及中国化成果指导实践的本质,就是中国共产党人对真理的尊重,就是中国共产党人按照规律办事、服从真理、坚持真理的政治品格,这样的政治品格是百年来党在实践中弘扬坚持真理、坚守信仰这一伟大精神的结果。所以,坚持真理、坚守理想这个精神的弘扬,对于中国共产党全部实践的成功,对于党领导的革命、建设、改革事业取得辉煌成就具有极为重大的意义,发挥了方向性引领作用。

---

① 《在庆祝中国共产党成立100周年大会上的讲话》,《人民日报》2021年7月2日,第2版。

二、践行初心、担当使命是共产党人奋斗的宗旨和目标

践行初心、担当使命的伟大建党精神明确了中国共产党奋斗的宗旨与全部任务。中国共产党的诞生,是中华民族近代以来寻求独立解放的历史性需要。党一成立,就把为中国人民谋幸福,为中华民族谋复兴作为自己神圣的使命扛在肩上。习近平总书记在庆祝中国共产党成立100周年大会的讲话中指出:"一百年来,中国共产党团结带领中国人民进行的一切奋斗、一切牺牲、一切创造,归结起来就是一个主题:实现中华民族伟大复兴。"[1]在过去百年的历程中,一代代中国共产党人弘扬践行初心、担当使命的建党精神,筚路蓝缕、艰苦卓绝、百折不挠地奋斗,在不同的历史条件下,虽然党所处环境不同,党面临的具体任务不同,但主题始终如一。百年历程中,不同时代的共产党人,始终围绕为中华民族谋复兴这个主题,践行自己的初心,准确地找到不同时代条件下党为民族谋复兴应该承担的具体任务,并且义无反顾地担当起这样的任务,为完成这个任务而不懈奋斗。

在新民主主义革命时期,中国共产党深刻认识到,为中华民族谋复兴,为结束近代以来国家蒙辱、人民蒙难、文明蒙尘的劫难,为使中华民族摆脱帝国主义、封建主义、官僚资本主义反动统治,使中华民族自立于世界民族之林,必须彻底结束旧中国半殖民地半封建的社会历史,彻底结束旧中国一盘散沙的局面,彻底废除列强

---

[1]《在庆祝中国共产党成立100周年大会上的讲话》,《人民日报》2021年7月2日,第2版。

强加给中国的一切不平等条约和帝国主义在中国的一切特权,为实现中华民族伟大复兴创造根本社会条件,这就需要在中国共产党领导下进行新民主主义革命,需要通过这个革命任务的完成,打倒帝国主义、封建主义、官僚资本主义的统治。从建党初期开始,中国共产党就明确了自己这个历史性任务,就勇敢地承担了中华民族、中国社会、中国人民赋予的这个神圣使命,在党早期的党章、纲领路线中予以明确并付诸实践。在这个历史进程中,历史给中国共产党人提出了不同阶段、不同课题、不同的具体任务。对此,中国共产党人总是弘扬建党精神,牢记自己的初心,勇敢地担当起不同条件下历史赋予自己的神圣使命。在初期,党深刻认识到,为中华民族求解放,在当时,必须与孙中山领导的国民党进行合作,共同进行北伐大革命,打倒北洋军阀的反动统治。大革命失败后,党又勇敢地接受了新的挑战,走上了进行土地革命,建立农村革命根据地,以农村包围城市、武装夺取政权的道路。日本帝国主义入侵之后,中国人民与日本帝国主义的矛盾成为当时的主要矛盾,党又根据新的历史任务需要,勇敢担当起抗日救亡运动的历史责任,推动建立全民族抗日统一战线,进行抗日战争。抗日战争胜利后,蒋介石为维护四大家族独裁统治,撕毁和平协定,发动反人民的内战,党又不避斧钺,勇敢地担当起领导人民打倒蒋介石,解放全中国的使命。

新中国成立初期,国家一穷二白,百废待兴,历史给中国共产党人的课题是,如何使一个贫穷落后、人口众多的东方大国尽快摆脱贫困,使落后的农业大国尽快实现工业化、走向现代化。中国共产党人践行初心,勇敢地担当起历史赋予自己的使命,在新中国成立头30年里,从两方面践行这个历史使命。一方面,中国共产党坚定地认为,在20世纪民族解放运动席卷世界、帝国主义殖民体系瓦解、第二次世界大战结束、一大批社会主义国家出现等情况下,从半殖民地半封建社会脱胎出来的新中国,只能通过建立社会主义制度、走社会主义道路使中国尽快实现工业化。于是党在完成消灭封建土地制度的基础上,又勇敢担当起带领人民进行社会主义革命的伟大任务,并在1956年完成了对农业、工业、手工业和资本主义工商业的社会主义改造,实现了中华民族有史以来最为广泛而深刻的变革。另一方面,为了尽快改变国家一穷二白的面貌,党义无反顾地担当起领导全国人民进行社会主义建设的历史性任务,团结带领人民为建设自己的国家,为实现自己美好的生活,开展大规模社会主义建设,在火红的年代里,全体劳动人民激情燃烧,顶住帝国主义封锁的压力,自力更生、艰苦奋斗,迅速建立起完整的国民经济体系,实现了一穷二白、人口众多的东方大国大步迈进社会主义社会的伟大飞跃,为实现中华民族伟大复兴奠定了根本政治前提和制度基础。

改革开放和社会主义现代化建设时期,在结束了"文化大革命"后,中国人民迫切需要集中精力进行社会主义经济建设,提高人民物质生活水平,更快发展社会生产力,提高国家综合国力,这是历史摆在中国共产党人面前的迫切任务。党的十一届三中全会顺应历史和人民要求,勇于承担进行改革开放和社会主义现代化建设的使命,果断决定党和国家工作重心转移到以经济建设为中心,确立党的基本路线,坚定不移推进改革开放,战胜各方面风险挑战,建设有中国特色的社会主义,实现了从高度集中的计划经济体制到充满活力的社会主义市场经济体制的转变,从封闭半封闭到全方位开放的历史性转变,实现了从生产力相对落后到经济总量跃居世界第二的历史性突破,实现了人民生活从温饱不足到全面建成小康社会的历史性跨越。没有中国共产党勇敢担当,就不会有中国特色的社会主义的成就,就不会有改革开放的成功。

进入中国特色社会主义新时代,我国社会的主要矛盾已经是人民日益增长的美好生活需要同不平衡、不充分的发展之间的矛盾,历史给中国共产党提出的新要求是:继续把中国特色社会主义事业推向前进,实现全面脱贫任务,实现两个百年奋斗目标,到本世纪中叶把我国建成社会主义现代化强国,实现中华民族伟大复兴的中国梦。以习近平同志为核心的党中央,不忘初心,牢记使命,带领全国人民自信自强、守正创新,统筹推进"五位一体"总体布局,协调推进"四个全面"战略布局,战胜一系列重大风险挑战,实现了第一个百年奋斗目标,全面开启社会主义现代化建设新征程。党和国家事业取得历史性成就,发生历史性变革,使中华民族伟大复兴进入了不可逆转的历史进程。百年的历程表明,没有中国共产党始终不渝践行初心,没有中国共产党在民族危难之际的勇于担当、浴血奋战,就没有站起来的中国,就没有中华民族伟大复兴的社会条件;没有中国共产党在新中国成立后践行初心、勇于担当,带领中国人民自力更生、发愤图强,在一穷二白基础上建立起完整的国民经济体系,就没有中华民族伟大复兴的根本政治前提、制度基础;没有中国共产党在世界社会主义低潮下勇于担当、改革开放,开创出中国特色社会主义道路,就没有中华民族伟大复兴必需的体制保证和物质条件;没有中国共产党在百年未有之大变局下践行初心、勇于担当,排除一切风险挑战,就没有中华民族伟大复兴所必需的更为完善的制度保证、更为坚实的物质基础、更为主动的精神力量。

三、不怕牺牲、英勇斗争是共产党人奋斗的精神支撑

不怕牺牲、英勇斗争的伟大建党精神规定了中国共产党人实践的姿态与方式,即决定了共产党人如何奋斗的问题。百年来中国共产党前进道路的基本特点是困难重重、布满荆棘,腥风血雨常在、风险挑战不断。百年来中国共产党奋斗历程的基本特点是,从未有平坦大路,从未有轻轻松松的取胜,而是筚路蓝缕、披荆斩棘、风雨兼程、九死一生、百折不挠、苦难辉煌。面对这样的路程,进行这样的奋斗,中国共产党能够一路英雄豪迈,一路高歌前进,主要是在全部奋斗历程中,一代代共产党人始终弘扬不怕牺牲、英勇斗争的伟大建党精神。弘扬不怕牺牲、英勇斗争的伟大建党精神,是由中国革命、建设、改革事业前进道路的特点决定的。综观中国共产党领导革命、建设、改革历程中遇到的敌人之凶恶残暴、遇到的困难之艰苦卓绝、遇到的风险挑战之多,都是世所罕见。

习近平总书记深刻指出:"世界上没有哪个党像我们这样,遭遇过如此多的艰难险阻,经历过如此多的生死考验,付出过如此多的惨烈牺牲。"[①]从百年来前进路上遇到的敌人来看,中国共产党在领导革命、建设、改革实践中,一路都有形形色色的敌人的疯狂屠

---

① 2021年全国党史学习大会上的讲话。

杀、破坏与阻挠。从大革命失败后蒋介石对共产党人"宁可错杀三千,不使一人落网",到日本帝国主义的杀光、烧光、抢光的"三光政策",从抗美援朝时期美帝国主义武装到牙齿的军事入侵,到今天美国政府对我国毫无理性、丧心病狂的打压、围堵,都是党的奋斗历程中各类敌人的凶残表现。从党在奋斗历程中遇到的各类困难来说,既有战争年代物质条件、军事装备差的困难,又有长征途中风雨侵衣、野菜充饥的困苦;既有建设时期帝国主义封锁禁运给我们经济建设造成的困难,又有在一穷二白的基础上进行建设时严重缺乏各类条件的困难;既有工业建设上缺乏技术、资金、设备的困难,又有农村治山治水、兴修水库的艰难,红旗渠建设就是典型案例。

从百年征程中党遇到的风险挑战来说:大革命失败后,在蒋介石的白色恐怖下,党的组织应如何恢复,党领导的革命事业应如何从血泊中奋起;第五次反"围剿"失败后,要如何摆脱蒋介石围追堵截,如何在百死中求得一生;抗战中,要如何既维护全民族抗日统一战线,又保持党的独立性;抗美援朝战争中,面对当时世界上拥有最先进武器装备的美军,要如何保证取得胜利;改革开放中,如何有效地在对外开放中与各发达国家交流交往、开展合作、学习借鉴一切对我们有益的经验的同时,又有效抵御意识形态渗透,防范和平演变的风险;在今天推进构建人类命运共同体建设中,应如何既与各个国家进行平等、友好、互利共赢的合作,又坚决抵制种种企图围堵、打压我们的霸权主义……这些都是党面对的难题和严峻的挑战,都存在着可以预见与不可预见的风险。过去百年党的光辉历程表明,正是因为一代代共产党人始终弘扬不怕牺牲、英勇斗争的建党精神，所以所有凶恶的敌人都能被我们战胜，所有的艰难险阻都能被我们征服，所有的风险挑战都被共产党人化解和排除。

正是因为弘扬不怕牺牲、英勇斗争的伟大建党精神，中国共产党在百年征程中浴血奋战、百折不挠，进行具有不同方式、不同特点的伟大斗争。敢于斗争、善于斗争是中国共产党的优良传统，是百年历程创造辉煌的基本经验。敢于斗争、坚持斗争是中国共产党领导伟大事业的必然要求。百年来党的奋斗历程中，新民主主义革命时期主要是进行反帝反封建反官僚资本主义的斗争，没有斗争就谈不上革命；新中国成立初期的社会主义革命和建设实践中，虽然党已经成为社会主义国家政权的领导者，党领导的事业的性质、任务特点与革命战争年代已有很大不同，但也绝不是像一些人所说的，在执政条件下就不需要斗争了，事实上，社会主义革命任务的完成，大规模社会主义建设的展开，都离不开斗争；甚至在改革开放条件下，包括在今天的中国特色社会主义新时代条件下，党领导人民建设有中国特色的社会主义，虽然没有了战争年代主要的军事斗争任务，斗争的具体形式与战争年代大不相同，但改革的推进，改革中排除各方面干扰，坚持社会主义改革方向，全面推进中国特色社会主义"五位一体"总体布局任务的完成，都有这样那样的阻力与干扰，甚至也有来自国内外敌对势力的破坏、颠覆，战胜这些阻力、干扰、破坏和颠覆，必须进行伟大斗争。没有斗争，新民主主义革命想获取胜利是不可能的，社会主义革命与建设事业的推进是不可能的，中国特色社会主义道路的开辟与取得伟大成就是不可能的。当然，党领导的伟大事业，在不同历史条件下，具有性质、内容等方面不同的具体任务,不同具体任务下党的事业前进遇到的困难、干扰和破坏,其构成因素、表现方式也很不相同,因而,党推进不同事业所必须进行的伟大斗争,在内容及方式上也不尽相同。

新民主主义革命时期的斗争,主要是以对敌斗争为主,对敌斗争的方式又主要是以武装斗争为主。社会主义建设时期,推进建设事业,要与种种不利于社会主义事业的现象做斗争;更要以种种影响社会主义事业的错误的思想、观念做斗争;还要与帝国主义的封锁,帝国主义对社会主义政权的破坏、颠覆、阴谋、和平演变图谋做斗争。改革开放条件下,要进行意识形态领域的积极斗争,巩固马克思主义指导地位,巩固全党全国人民共同奋斗的思想基础,在对外关系中,要努力推动构建人类命运共同体,还要与美国政府的霸权主义进行坚决斗争……所有这些斗争,在内容上都各有不同,因而党进行这些斗争的方式也各有不同。经过百年来的实践,党分别形成了武装斗争的方式、与有害思想观念斗争的方式、与消极腐败现象进行斗争的方式,以及在国际舞台上斗争的方式等。

百年来党取得的伟大辉煌的成就,得益于这些方式有的放矢的运用。而之所以能够得心应手、运用自如,从而开展不同方式的斗争,则是党在进行英勇斗争的伟大实践中,不断探索、总结斗争经验、把握斗争规律的结果。百年历史进程中,一代代共产党人推进党的事业,不仅英勇斗争,敢于斗争,以不怕牺牲的精神进行不屈不挠的斗争,而且勇于探索斗争规律,形成了中国共产党进行伟大斗争的系统理论与方略,这包括:武装斗争中关于革命战争中的战略方针原则;抗日战争中的持久战、游击战、运动战等方针;对敌斗争中的政治斗争与军事战争相结合、战胜敌人与分化瓦解敌人相结合的方略;建立和扩大统一战线,最大限度地孤立与打击顽固的敌人,在统一战线中以斗争求团结、边斗争边团结的方略;斗争中讲究正确的策略,进行有理有利有节的斗争的原则;在执政条件下,正确认识和分析国内阶级斗争形势,坚决停止以阶级斗争为纲的"口号",同时,对于一定范围内存在的阶级斗争予以重视,不放弃斗争,特别是对于极少数反社会主义势力的破坏活动进行斗争的方略;在执政条件下,重视和加强社会主义法治建设,以法律为准绳,进行维护社会秩序的斗争的方略;在对外开放中,既坚定不移地维护全球化多边贸易体制,同各国平等交往,进行经济、文化、科技交流与合作,同时坚决进行反对霸权主义斗争,在意识形态领域的斗争中,把学术问题与立场问题区别开来,既对错误思想观念进行严肃斗争,又不把学术研究中认识上的不正确问题简单当作政治问题的原则;在党内生活中,开展积极思想斗争,要讲原则、讲正气,又要注重思想教育引导,提高思想认识,团结同志,不搞"残酷斗争,无情打击"的原则等。正是因为党在长期实践中掌握了各类不同斗争的规律,在此基础上,不仅进行英勇斗争,而且勇于斗争,按规律开展斗争,才能在百年斗争中不断取胜,不断前进。这正是一代代共产党人弘扬英勇斗争、不怕牺牲伟大精神的结果。

四、对党忠诚、不负人民是共产党人实践奋斗的价值准则

对党忠诚、不负人民的伟大建党精神明确了中国共产党全部

奋斗的价值准则,是指引中国共产党人不懈奋斗的价值目标。百年历程中,中国共产党始终坚持为人民谋幸福、为民族谋复兴,为此进行百折不挠、英勇无畏的奋斗,为此付出了难以言表的汗水、泪水与牺牲。这种奋斗深刻改变了中国社会面貌,中华民族和中国人民的命运;深刻改变了世界格局和人类历史前进的方向。这种奋斗的意义,不仅在中华民族绵延发展的历史长河中具有重要价值,而且在人类文明进步前进发展中具有重要价值。这样的价值根源于伟大建党精神确立的中国共产党的奋斗准则和中国共产党人全部实践是非成败的检验标准。这就是习近平概括的对党忠诚、不负人民的伟大建党精神的内容。从对党忠诚确立的中国共产党奋斗的价值准则来说,它指引和规范着中国共产党人的全部实践。

(一)为党的理想信念奋斗不息

百年来的历程中,在这样的精神理念引导下,中国共产党人始终坚持党的性质,为党的理想信念奋斗不息。中国共产党是工人阶级的先锋队,党的这个性质决定了其使命,即必须为中国人民的幸福生活、为中华民族的伟大复兴、为实现党的最高纲领——共产主义远大目标而奋斗;同时,为实现党的最低纲领,即现阶段历史任务而奋斗。共产党人对党的忠诚,首先表现在对党的性质的忠诚、对党的理想信念的忠诚上。正是因为具有这样的忠诚,一代代共产党人坚守党的先锋队性质,为党的远大理想和现阶段理想不懈奋斗。

革命战争年代,这种奋斗主要表现在为夺取新民主主义革命进行的奋斗。在这个奋斗中,"我们经过北伐战争、土地革命战争、抗日战争、解放战争,以武装的革命反对武装的反革命,推翻帝国主义、封建主义、官僚资本主义三座大山,建立了人民当家作主的中华人民共和国,实现了民族独立、人民解放"①。在这个奋斗中,无数共产党人抛头颅洒热血,铁窗生涯无所惧,炮火连天勇向前,李大钊、陈延年、陈乔年、蔡和森、邓中夏、向警予、杨开慧、恽代英、彭湃、张太雷等烈士,面对敌人凶恶的屠刀,决不做半点不利于党的事情,为了党的事业成功,他们视死如归、大义凛然,生动诠释了对党忠诚的含义,生动践行了共产党人行为的价值准则。

在新中国成立初期,这种奋斗主要是进行社会主义革命和建设。这个奋斗中,"我们进行社会主义革命,消灭在中国延续几千年的封建剥削压迫制度,确立社会主义基本制度,推进社会主义建设,战胜帝国主义、霸权主义的颠覆破坏和武装挑衅,实现了中华民族有史以来最为广泛而深刻的社会变革,实现了一穷二白、人口众多的东方大国大步迈进社会主义社会的伟大飞跃"②。在这个奋斗中,无数共产党人为建设自己的国家自力更生、发愤图强、不怕苦、不怕累,激情燃烧、勇于奉献,有条件上,没有条件创造条件也要上,铁路建设、农田水利建设、钢铁基地建设齐头并进,一大批"共和国长子"、国有企业上马,大庆铁人王进喜,党的好干部焦裕

---

① 《在庆祝中国共产党成立 100 周年大会上的讲话》,《人民日报》2021 年 7 月 2 日,第 2 版。
② 《在庆祝中国共产党成立 100 周年大会上的讲话》,《人民日报》2021 年 7 月 2 日,第 2 版。

禄,毛主席的好战士雷锋,"两弹一星"元勋钱学森、邓稼先等,就是这个时期对党忠诚、为党的事业忠心耿耿、勇于奉献的典范。

在改革开放和社会主义现代化建设时期,我们"坚定不移推进改革开放,战胜来自各方面的风险挑战,开创、坚持、捍卫、发展中国特色社会主义,实现了从高度集中的计划经济体制到充满活力的社会主义市场经济体制、从封闭半封闭到全方位开放的历史性转变,实现了从生产力相对落后的状况到经济总量跃居世界第二的历史性突破,实现了人民生活从温饱不足到总体小康、奔向全面小康的历史性跨越"①。在这个奋斗中,无数共产党人解放思想、锐意进取、改革创新、开拓前进,既要大胆推进多方面改革,又要防止改革走向邪路,排除来自各方面的干扰。中国共产党人推进改革发展,华为、海尔、格力等一大批世界500强企业诞生;载人航天、神舟五号、天眼、北斗等顶尖科技项目逐步完成;1998年洪水、"5·12"地震灾害被一一战胜……无数共产党人以自己对党的赤胆忠心谱写了一曲曲英雄豪迈的壮歌。

在中国特色社会主义新时代,"我们坚持和加强党的全面领导,统筹推进'五位一体'总体布局、协调推进'四个全面'战略布局,坚持和完善中国特色社会主义制度、推进国家治理体系和治理能力现代化,坚持依规治党、形成比较完善的党内法规体系,战胜一系列重大风险挑战,实现第一个百年奋斗目标"②。在这个奋斗

---

① 《在庆祝中国共产党成立100周年大会上的讲话》,《人民日报》2021年7月2日,第2版。
② 《在庆祝中国共产党成立100周年大会上的讲话》,《人民日报》2021年7月2日,第2版。

中,中国共产党自信自强、守正创新,党和国家各项事业取得历史性成就,发生历史性变革,夺取脱贫攻坚战全面胜利,实现人类有史以来最大脱贫成果。2020年防疫、抗疫成效显著,全面建成小康社会稳步推进,开启全面建设社会主义现代化建设新征程,中华民族伟大复兴进入了不可逆转的历史进程。无数共产党人在这个伟大奋斗中表现出的对党的事业的赤胆忠诚,光照日月、可歌可泣。总之,百年征程中,党的全部奋斗伟大成就,正是忠诚于党的价值理念引领的结果,是中国共产党人对党的事业、党的理想信念忠贞奋斗的结果。

(二)坚守共产党人的人生观、价值观

百年征程中,一代代共产党人在不同时代背景下,在错综复杂的环境中,头脑清醒、立场坚定,香风迷雾、风险陷阱都不能影响方向正确、忠贞不渝,始终坚持共产党人的立场,坚持共产党人的人生观、价值观,在百年来为中国革命、建设、改革伟大事业的奋斗中,表现出共产党人崇高的精神境界与伟大的人格。在新民主主义革命时期,许多革命先烈为了中国革命的胜利饮冰卧雪、视死如归,许多共产党人"砍头只当风吹帽""为了党洒尽鲜血心欢畅",许多共产党人"春蚕到死丝方尽、蜡炬成灰泪始干",董存瑞舍身炸碉堡,黄继光以血肉之躯堵枪眼。在建设时期,为了建设新中国,铁人王进喜"宁肯少活二十年,拼命也要拿下大油田","两弹一星"元勋们"做隐姓埋名人,干惊天动地事"。在发展社会主义市场经济条件下,无数共产党人尊重市场规律,按照市场经济规则推动我国

经济发展,但在对待个人利益时,始终坚持共产党人的人生观、价值观,决不把市场经济原则引入党内政治生活,决不按等价交换原则处理个人与组织、与党的事业关系,而是个人服从党的事业需要,对党的事业讲奉献、讲付出。

(三)坚守高度的党性原则、组织原则

正是在对党忠诚理念的指引下,一代代共产党人把党放在心目中最高位置,在党信党,在党为党,把党比作母亲,对党赤胆忠心。革命战争年代,无数党员面对敌人屠刀,受尽敌人酷刑,决不吐露党的半点秘密,在敌人丰厚物质条件的引诱下,不为所动,其精神之高尚感天动地,其力量的来源正是对党的赤胆忠心;无数共产党员长期战斗在敌人的心脏,与狼共处,身在魔窟,在没有组织、没有同志在身边的情况下,从不做一点有损于党的事情,对党忠贞不渝,感天动地。

在百年历程中,由于种种原因,在战争年代,在建设时期都曾出现党在有些组织工作中的错误,致使一些优秀的共产党员受到过错误的处理和不公正的对待,有的党员被错误地撤职甚至开除党籍,承受了极大的委屈。在这样的情况下,不少共产党人一面实事求是按组织程序反映、申述;一面忍受个人委屈,无怨无悔地为党工作,而没有背叛党,没有做对党的事业不利的任何事情。毛泽东同志就是这方面的典型代表。遵义会议前,党内"左"倾错误严重时,经常对毛泽东同志进行错误的处理和打压,几次撤销职务和进行错误的批评,他却顾全大局,相忍为党,对党未做任何不利的

事,表现了对党的赤胆忠心,表现了高度的党性原则、组织原则。这是在对党忠诚这个伟大精神指引下,中国共产党人表现出的崇高品格,也是中国共产党历经磨难而愈益坚强,一路坎坷而终获成功的重要内部原因。

(四)不负人民

不负人民这个伟大精神确立的价值准则,也是中国共产党人全部实践的价值引领与行为规范。中国共产党百年来的历史就是为中国人民谋幸福的历史。百年征程中风云变幻、时代剧变,共产党人也经历了几代自然更替,但为人民谋幸福的奋斗永不停息。共产党人无论生活在什么时代,无论工作在什么环境、什么岗位,全部实践都致力于为中国人民谋幸福,始终不渝。从思想根源上说,主要是不负人民这个伟大精神的引领。

首先,在这个精神引领之下,中国共产党把为人民谋幸福确定为自己全部工作的出发点和归宿。习近平明确指出:"人民对美好生活的向往就是我们的奋斗目标。"[1]

百年奋斗中,中国共产党都是以人民的利益、人民的需求为根据确定不同时期自己的奋斗任务。大革命时期,中国人民最根本的需要是打倒军阀统治,于是党把推动北伐大革命作为根本任务;抗日战争时期,中国人民最根本的利益要求是必须打败日本帝国主义,于是党努力建立最广泛的抗日民族统一战线,把争取抗战胜

---

[1]《习近平在基层代表座谈会上的讲话》,《人民日报》2020年9月20日,第2版。

利明确为自己的主要任务;新中国成立初期,中国人民最根本的整体利益要求是尽快确立社会主义制度,通过社会主义道路改变国家一穷二白的落后面貌,于是党领导人民进行伟大的社会主义革命,确立社会主义制度;20世纪70年代末80年代初,中国人民根本利益要求是尽快发展社会生产力,努力使人民生活水平得到提高,尽快摆脱温饱不足的困难,于是党确立了以经济建设为中心的政治路线,把发展当作执政兴国的第一要务;在全面建成小康社会之后,中国人民最根本的利益要求是全面建成社会主义现代化强国,在站起来富起来的基础上实现强起来的目标,于是党带领人民开启全面建设社会主义现代化建设新征程……

其次,是始终坚持与人民保持密切联系,决不脱离群众、高高在上。毛泽东同志把党和人民的关系比喻为鱼水关系,强调党员干部是鱼,人民群众是水,鱼离不开水,离开人民、脱离人民,党就没有生存的根基。强调党员干部必须与人民打成一片,必须与人民生活在一起、战斗在一起,决不能离开群众高高在上,更不能当官老爷欺压百姓。习近平总书记在庆祝中国共产党成立100周年大会上的讲话中指出:"中国共产党根基在人民、血脉在人民、力量在人民。"[1]中国共产党始终代表最广大人民根本利益,是与人民休戚与共、生死相依的关系,决不能脱离人民高高在上。

在革命战争年代,严酷的斗争环境下,没有人民的保护、支持,党员干部无法工作,甚至难以生存,广大共产党员充分认识到人民

---

[1]《在庆祝中国共产党成立100周年大会上的讲话》,《人民日报》2021年7月2日,第2版。

群众的支持、保护的极端重要性,深入群众,与群众同甘共苦、打成一片,赢得了人民群众的衷心拥护与支持,获得了中国革命无与伦比的伟大力量。新中国成立以后,党成为执政党,许多党员干部手中有了领导或管理的权力,党的执政地位使有些人容易产生脱离群众高高在上的思想意识。中国共产党一直对此保持高度的清醒、自觉和主动,还在新中国成立前夕,毛泽东同志就告诫全党务必保持谦虚谨慎、戒骄戒躁的作风,强调必须反对官僚主义。为防止和反对官僚主义,防止和反对党员干部脱离群众、搞特殊化,防止和反对高高在上,由人民勤务员变成骑在人民头上作威作福的老爷,中国共产党采取了大量措施,进行了一系列努力。进入中国特色社会主义新时代,以习近平同志为核心的党中央开展群众路线学习教育实践活动,着力解决官僚主义、形式主义、享乐主义、奢靡之风。从思想制度建设多方面采取综合措施,使广大党员干部充分认识保持与人民群众密切联系的极端重要性;充分认识到党因人民而生、因人民而兴,离开了人民就一事无成的道理;牢固树立群众观点,自觉与群众打成一片;坚决反对特权意识,坚决反对官僚主义,坚决反对和防止把自己当成管理者,把群众视为被管理者的官僚主义思想观念,防止由人民勤务员蜕变成骑在人民头上的老爷。无数中国共产党党员践行这些理念,落实这些党的建设的要求,使中国共产党真正成为与人民休戚与共、生死相依的共同体,"任何想把中国共产党同中国人民分割开来、对立起来的企图,都是绝不会得逞的!"①中国共产党与中国人民永远密切联系,命运与共。

最后,是始终坚持人民的主体地位,落实人民主人权力,发挥人民主人作用,在不负人民伟大精神引领下,中国共产党坚持历史唯物主义根本立场,根据"人民创造历史,人民是历史主人"的观点,在努力为人民谋利益时,强调要坚持人民主体地位。

早在革命战争年代,党就强调要坚持依靠人民群众,充分发挥广大人民群众在革命战争中的巨大作用;强调党要积极宣传群众、组织群众、武装群众;强调战争中最深厚的力量是广大群众,只有充分发动群众,发挥广大群众的积极性、主动性,才能取得革命战争的胜利。为此党创造了一系列群众工作方法,把千百年来分散的、一盘散沙般的群众团结在党的旗帜下,使群众为自己的幸福生活发挥主体作用,群众路线成为中国革命胜利的重要法宝。新中国成立以后,中国共产党不仅继续坚持群众路线,坚持动员群众、组织群众,而且更加注重保证人民主体地位,落实人民主人权力的制度建设,坚持人民民主专政的国体、人民代表大会的政体、民族区域自治制度、中国共产党领导的多党合作和政治协商制度、基层群众自治制度……所有这些制度都是中国人民当家作主、落实主人地位的制度保障。百年来,特别是新中国成立以来七十多年的历程中,中国共产党致力于这些制度的确立、完成、完善,使几千年来受压迫、被奴役的广大中国人民第一次成为国家生活、社会生

---

① 《在庆祝中国共产党成立100周年大会上的讲话》,《人民日报》2021年7月2日,第2版。

活、自己命运的主人,在多方面实现主人权力、落实主人地位、发挥主人作用。这既是党能够克服千难万险,不断取得胜利的力量源泉;也是中国共产党人坚持人民至上,始终不负人民的结果。

伟大建党精神的传承与坚守

中国共产党在百年奋斗历程中,锻造出了许多具有中国特色的、内涵丰富的伟大精神,也形成了中国共产党人的精神谱系。2021年7月1日,习近平总书记在庆祝中国共产党成立100周年大会上的讲话中深刻阐明了"坚持真理、坚守理想,践行初心、担当使命,不怕牺牲、英勇斗争,对党忠诚、不负人民"的伟大建党精神,并强调这是"中国共产党的精神之源"。[1] 伟大建党精神是对中国共产党奋斗的光辉历程的凝练与总结,是对马克思主义科学理论的继承与创新,是中国共产党先进性的生动写照,也是实现中华民族从站起来、富起来到强起来伟大飞跃的强大精神动力。站在"两个大局"的时代背景下,结合新的时代要求,我们要不断丰富和发展伟大建党精神,从中不断汲取实现中华民族伟大复兴的不竭动力。

---

[1] 习近平:《在庆祝中国共产党成立100周年大会上的讲话》,《人民日报》2021年7月2日,第2版。

一、深刻理解建党精神的政治品格

第一,坚持真理、坚守理想是共产党人的力量之源。中国共产党自成立之日起就将马克思主义理论作为自己的指导思想,在百年奋斗历程中也始终坚持真理的指导,并将马克思主义理论与中国具体国情相结合,形成了毛泽东思想和中国特色社会主义理论体系,为中国共产党的发展提供了真理性理论的指导,将科学理论转化为物质力量,为中国的发展进步提供了理论生长的沃土。中国共产党选择了马克思主义这个真理,就意味着选择了实现共产主义的远大理想,"中国共产党之所以叫共产党,就是因为自成立之日起我们党就把共产主义确立为远大理想"[1]。优秀的中国共产党人在奋进历程中不断锤炼自身,提高觉悟,坚守理想信念。中国共产党的理想信念就是马克思主义真理信仰、共产主义远大理想,以及中国特色社会主义共同理想。

第二,践行初心、担当使命是共产党人的人生底色。中国共产党人的初心和使命就是为中国人民谋幸福、为中华民族谋复兴,始终践行初心、担当使命是共产党人永葆先进性、纯洁性的人生底色。习近平总书记指出:"党的初心和使命是党的性质宗旨、理想信念、奋斗目标的集中体现,激励着我们党永远坚守,砥砺着我们党坚毅前行。从石库门到天安门,从兴业路到复兴路,我们党近百年来所付出的一切努力、进行的一切斗争、作出的一切牺牲,都是

---

[1]《习近平谈治国理政》(第二卷),北京:外文出版社,2017年,第48页。

为了人民幸福和民族复兴。正是由于始终坚守这个初心和使命,我们党才能在极端困境中发展壮大,才能在濒临绝境中突出重围,才能在困顿逆境中毅然奋起。忘记初心和使命,我们党就会改变性质、改变颜色,就会失去人民、失去未来。"①

第三,不怕牺牲、英勇斗争是共产党人的高尚品格。不怕牺牲、英勇斗争凝结了中国共产党人无私奉献的历史品性和实践风貌。在中国共产党领导革命、建设、改革的百年奋斗历程中,无数共产党人抱着抛头颅洒热血的决心与勇气,不惜将自己的生命奉献给祖国与人民,其中涌现出了一批又一批的英雄烈士。无论是革命时期形成的红船精神、井冈山精神、红岩精神,还是新中国成立后的抗美援朝精神、"两弹一星"精神,以及改革开放以来的抗震救灾精神、抗疫精神、脱贫攻坚精神等,都生动体现了中国共产党人面临重重困难与挑战时的大无畏精神。不畏强敌、不惧风险、敢于斗争、勇于胜利的精神风骨,使得中国共产党一次次在困境中不断强大。

第四,对党忠诚、不负人民是共产党人的党性原则,坚守人民立场是中国共产党人理论与实践的基本准则。革命时期为了实现民族独立、人民解放,中国共产党人赴汤蹈火、浴血奋战;建设时期,为了改变国家一穷二白的旧面貌,中国共产党人带领人民自力更生、艰苦奋斗;改革开放新时期,为了实现人民生活富裕的目标,中国共产党解放思想、锐意改革;新时代以来,为了满足人民日益增长的美好生活需要,中国共产党坚决打好打赢三大攻坚战,不断

① 习近平:《在"不忘初心、牢记使命"主题教育总结大会上的讲话》,《人民日报》2020年1月9日,第2版。

增强人民获得感、幸福感。中国共产党百年来始终围绕人民群众这一主体,从群众中来到群众中去,始终以人民群众的利益为主,形成了许多忠于党、忠于人民的优良作风,将党性与人民性统一起来。

二、伟大建党精神是中国共产党先进性的生动写照

第一,始终代表最广大人民的利益,没有任何自己的特殊利益。"共产党人不是同其他工人政党相对立的特殊政党。他们没有任何同整个无产阶级的利益不同的利益。他们不提出任何特殊的原则,用以塑造无产阶级的运动。"[①]中国共产党代表的始终是最广大人民的根本利益,而伟大建党精神也同样立足人民立场。一方面,党始终代表最广大人民的利益,践行"以人民为中心的发展思想",在百年历程中,中国共产党始终是将人民放在首位的,一切以人民群众的需要为主,在不同的历史时期施行了许多保障民生的举措,进入新时代更是以人民对美好生活的需要为发展导向,取得了打赢脱贫攻坚战等成果,在促进人的全面发展与共同富裕上获得了实质性的进展。另一方面,中国共产党没有任何自己的特殊利益,从来不代表任何利益集团、任何权势团体、任何特权阶层的利益,始终致力于维护社会公平正义。进入新时代,中国共产党着力解决发展不平衡不充分的现实问题,并且严厉打击贪污腐败、使用特权等不公平现象,通过经济发展、制度安排、司法保障等手

[①]《共产党宣言》,北京:外文出版社,2018年,第41页。

段推进社会公平正义。

第二,勇于自我革命是中国共产党不可战胜的强大精神力量。"勇于自我革命,从严管党治党,是我们党最鲜明的品格。"[1]从成立时只有50多名党员到现在拥有950多万名党员,其中很重要的一个原因就是中国共产党在面临发展的各种问题与挑战时,正视矛盾与问题,不断自我净化、自我完善、自我革新、自我提高,全面从严治党,保持着发展的生机活力,这也正是中国共产党自我革命的实践过程。党的自我革命,一方面侧重于"改",主要通过清除腐败毒瘤、打破利益藩篱、健全监督体制来净化党的队伍,保持党的肌体健康;另一方面,则侧重于"新",通过不断找问题、补短板的学习与完善的过程,革除体制之弊,提升党在理论创新、实践创新、制度创新及各方面创新的引领力与号召力,全面增强党的执政本领。从八七会议、遵义会议、延安整风运动、党的十一届三中全会,到十八大以来开启的全面从严治党的新阶段,都体现了勇于自我革命在党的发展历程中所起到的精神力量的作用。中国共产党从新民主主义革命时期到"民主新路",到社会主义建设和改革时期坚持"两个务必"、持续加强党的先进性建设和执政能力建设,再到新时代牢记"初心使命"、全面从严治党的伟大自我革命,一代代的中国共产党人用自我革命推动社会革命取得伟大成就,从实现全国执政到巩固执政地位,再到确保长期执政。两个伟大革命相互促进、相辅相成,共同推进中华民族伟大复兴。

第三,红色血脉是中国共产党的政治本色。中国共产党在百

---

[1] 习近平:《中国共产党领导是中国特色社会主义最本质的特征》,《求是》2020年,第14页。

年奋斗历程中,红色血脉代代相传,积累下来的优良传统和成功经验是政治本色的集中体现,每一位革命英雄、每一个革命事迹、每一处革命遗址、每一种革命精神都汇聚成了最鲜亮的红色,伟大建党精神也同样是以"红"作为底色的。党的红色血脉"红"在始终以马克思主义作为科学指南,在理论创新的过程中不断焕发马克思主义真理的生机活力;党的红色血脉"红"在始终坚持中国共产党的领导,无论遇到什么风险挑战,无数共产党人都始终捍卫党的核心领导,中国共产党也以强大的执政能力与紧密联系群众的人民立场领导中华民族迎来了强起来的新时代;党的红色血脉"红"在始终存在不畏艰难与牺牲的英雄楷模,就像陈延年在就义前说的,"革命者光明磊落、视死如归,只有站着死,决不跪下",这种大无畏、为国牺牲的红色精神直到今天在脱贫攻坚楷模、抗击疫情楷模等各界楷模身上还能鲜活地感受到;党的红色血脉"红"在始终以人民群众的根本利益作为一切工作的出发点与落脚点,百年来所有实践与理论的主题都关乎人民群众,"全心全意为人民服务"是中国共产党不变的宗旨,这不仅仅是一句口号,更是中国共产党的初心使命。

三、传承与坚守伟大建党精神是实现中华民族伟大复兴的不竭动力

(一)要始终坚持理想信念

"理想信念动摇是最危险的动摇,理想信念滑坡是最危险的滑

坡。一个政党衰落,往往从理想信念的丧失或缺失开始。"[1]中国共产党的理想信念就是马克思主义真理信仰、共产主义远大理想,以及中国特色社会主义共同理想。在新的历史条件下,中国共产党面临的风险挑战形式更加多样化,面临的斗争环境越来越复杂,更要坚持理想信念,坚定正确道路与方向。

首先,要深刻理解马克思主义科学理论,奠定好理想信念的理论基础。全党要深入学习马克思主义理论,通过读原著、悟原理等方式不断提高理论修养,只有深刻理解马克思主义理论之后才能把握历史发展规律,做到真学真用,从理论学习转化为理论自觉,从理论自觉中获取全面建设社会主义现代化国家的历史自觉。还要充分利用好红色资源,通过历史教育赋予理想信念教育生动的形式。中国革命历史是最好的营养剂,要通过革命文物展览、革命故地游学、英雄事迹弘扬等方式充分利用好红色资源,提升理论素养。

其次,要抓住关键少数作为理想信念教育的重点,发挥模范带头作用。一是中共党员,习近平总书记强调对于党员干部来说要着力在抓好思想理论建设上下功夫、着力在抓好党性教育上下功夫、着力在抓好道德建设上下功夫。新时代涌现了许多优秀的中共党员,有致力于将山里的女孩送入大学以阻断贫困的张桂梅,有矢志坚守初心的红军将士郭瑞祥等,他们用实际行动坚守理想信念,起到楷模示范作用。二是青年,对于青年来说理想信念的坚定必须建立在对马克思主义的深刻理解之上,做到真学真懂真信真

---

[1] 习近平:《在庆祝中国共产党成立95周年大会上的讲话》,《人民日报》2016年7月2日,第1版。

用;建立在对基本国情的准确把握上,全面客观认识当代中国、看待外部世界。

最后,如何让正确的理想信念深入人心,最终要落实到实践上,只有实践到位才能发挥其价值。要投身到现代化建设的征程中来,用实践锤炼理想信念,实践活动不仅可以让人增长才干、接受锻炼,也会让人进一步从过程中增强信念。在践行过程中最重要的是将理论与实践相结合,将现实与历史相联系,让主观与客观相切合。只有内心有信仰,航行才有目标,脚下才有力量。

(二)要始终坚持初心使命

党的十九大指出:"中国共产党人的初心和使命,就是为中国人民谋幸福,为中华民族谋复兴。"[1]中国共产党百年历程可以说也是中国共产党不断践行初心使命的过程。在新的征程上,中国共产党更要坚守初心使命,只有坚守初心与使命,才能更好地巩固党的核心领导地位,更好地为人民服务,加快全面建设社会主义现代化国家,实现中华民族伟大复兴,为新时代的发展指明正确的目标与方向。

首先,坚守初心使命要始终毫不动摇地坚持中国共产党的领导。中国共产党的领导是中国特色社会主义最本质的特征,是中国特色社会主义制度的最大优势。要始终坚持党对一切工作的领导,发挥党总揽全局、协调各方的核心作用。在经济方面,党领导

---

[1] 《决胜全面建成小康社会夺取新时代中国特色社会主义伟大胜利——在中国共产党第十九次全国人民代表大会上的报告》,北京:中央文献出版社,2017年,第1页。

建设现代化经济体系,推动经济高质量发展,构建以国内大循环为主体、国内国际双循环相互促进的新发展格局,加强宏观政策相互协调;在政治方面,就是要坚持党的领导、人民当家作主、依法治国有机统一,用更加健全的制度体系保障人民当家作主;在文化建设方面,要牢牢掌握意识形态工作领导权、管理权、话语权,高度重视理论建设;在社会建设方面,要保证社会公平正义,让人民群众共享改革发展成果等。在各个方面、各个领域都要确保党的领导核心地位,并且以党的政治建设为统领,统筹各方面建设,增强党的执政能力。

其次,牢记责任宗旨,以坚持"以人民为中心"的发展理念来践行初心使命。要更准确地认识到人民群众在历史发展中的重要性,全面地关注到人民群众的需要。不论是经济、政治还是其他重要民生领域都要坚持"以人民为中心",全面兼顾人民群众的切实利益与现实需要。在经济方面,通过各种政策措施的制定不断满足人民日益增长的物质文化需要,维护好社会公平,解决好收入差距问题,为各种群体、个体创造实现价值的舞台;在政治方面,依法保障全体人民享有广泛的权利,扩大人民有序参与政治,加强国家机构改革,牢固树立宗旨意识,让人民群众有更多幸福感;在社会方面,推进健康中国建设,维护国家安全,健全预防化解社会矛盾体制机制,打造共建、共治、共享的社会治理格局等。只有在每一个领域都关注到了人民的需求与利益,才能真正做到"以人民为中心",更好地促进人的全面发展,更好地夯实执政基础。

最后,坚守初心使命要做到加强自身建设,不断与时俱进,进行改革创新。要以重大问题为导向,着力解决我国面临的一系列突出矛盾和问题,推进全面从严治党纵深发展,在进行伟大斗争、建设伟大工程、推进伟大事业中淬炼初心使命,进而增强"四个意识",坚定"四个自信",做到"两个维护"。牢记并践行初心与使命就要加强理论教育、思想教育、实践教育,通过理想信念教育、党史学习教育等来解决党内存在的思想滑坡、党风不纯等问题,坚定共产党人的理想信念,提升党员服务人民群众的能力。多做让老百姓看得见、摸得着、得实惠的实事,切忌面子工程等形式主义作风,要着眼长远、脚踏实地,充分发挥钉钉子精神,始终坚守人民立场,一茬接着一茬干。在为人民服务的过程中必须坚决抵制腐败,牢固树立正确权力观,保持高尚精神追求与纯洁性,做到敬畏人民、敬畏法律、德才兼备。

(三)要始终坚持光荣革命传统

在百年历程中形成的光荣革命传统,是中国共产党人提高党性修养的精神支撑,是促进中国梦实现的精神动力,在新的征程上要赓续光荣革命传统,助力中华民族伟大复兴。

首先,不断赋予革命传统新的时代内涵,既要结合历史背景深刻理解革命传统的含义,厘清其理论逻辑、历史逻辑、实践逻辑,又要善于在新的时代条件下与时俱进,回答新的时代课题,结合新的实际,创新性地表达其优秀内核,接续传承下去,走好新时代的长征路。

其次,借助历史教育形式及网络载体提升革命传统教育实效。以史明智,只有理解好共产党走过的路,明晰百年历史,才能深刻体会到革命传统的历史性、实践性、正确性,通过历史教育提高党性修养。此外,在现今网络技术发达的环境下,弘扬革命传统更要善于利用新媒体等网络载体。由于网络交互的虚拟性、多样性、复杂性,给意识形态安全造成了一定的挑战,各种社会思潮、错误导向等也会影响正确的舆论导向,所以革命传统教育更应该占领好网络阵地,通过微视频、专题报道、时政推送等板块,结合受众特点及多样需求进行精准推送,扩大革命传统的传播范围,提高教育实效。

最后,充分利用好红色文化资源进行革命传统教育。充分挖掘地方红色资源,与社会资源更好融合,开展红色资源教育实践基地与革命教育基地游学等活动,提高对革命传统的感受力与亲和力。

(四)要始终坚持推进自我革命

"在新时代,我们党必须以党的自我革命来推动党领导人民进行的伟大社会革命,把党建设成为始终走在时代前列、人民衷心拥护、勇于自我革命、经得起各种风浪考验、朝气蓬勃的马克思主义执政党,这既是我们党领导人民进行伟大社会革命的客观要求,也是我们党作为马克思主义政党建设和发展的内在需要。"[1]在新的征程上,自我革命也同样不能缺位,要以自我革命保持党的纯洁性与先进性,更加密切同人民群众的血肉联系,确保党在新的历史条

---

[1] 《以时不我待只争朝夕的精神投入工作 开创新时代中国特色社会主义事业新局面》,《人民日报》2018年1月6日。

件下保持正确的方向。

首先,坚持自我净化、自我完善、自我革新、自我提高,以问题导向推进自我革命。党在前进的道路上总会面临挑战与矛盾,必须具备敢于刀刃向内、直面问题的实践勇气,才能找到解决与提升的对策,重点突破重要领域、关键环节及人民群众反映强烈的问题,在面对问题与矛盾时应该始终坚持提升"四个自我"的能力,其中自我净化主要强调通过过滤杂质、医治病症、祛除毒瘤,不断纯洁党的队伍、保证党的肌体健康;自我完善强调通过补短板、强弱项、固根本,不断堵塞制度漏洞、完善运行机制;自我革新是把握时代大势、坚守上下求索、敢于革故鼎新;自我提高主要强调要加强党性锻炼和政治历练,不断提升政治境界、思想境界、道德境界,全面增强执政能力。

其次,以提高创新能力助力党的自我革命。面临世情、国情、党情的深刻变化,故步自封一定是极其危险的选择,所以提升各方面的创新能力是自我革命的题中应有之义。要坚决破除一切不合时宜的思想观念和体制机制弊端,随着生产力的发展,生产关系要与时俱进地调整才能发挥助力作用,加强理论创新,用最新的、最科学的理论成果武装全党。此外,实践、制度、文化等各方面创新也要协同推进。

最后,贯彻全面从严治党的要求,发挥"关键少数"的带头作用。"关键少数"就定位在领导干部身上,这个"关键少数"要做勇于自我革命的战士,通过主题教育、批评与自我批评等方式接受淬炼,不断提升党性修养与领导现代化建设的能力。

一个民族在历史的激荡之中必将锤炼出彰显民族风骨的精

神,一个政党在奋斗成长的征程之中也必将锻造出伟大的精神力量,这股精神力量不仅是中国共产党百年来积淀而来的宝贵历史经验,更是今后新征程上砥砺前行的强大动力源泉。伟大建党精神具有十分重要的历史意义与时代价值,中国共产党如今站在"两个一百年"的交汇点上,踏上了全面建设社会主义现代化国家的新征程,更要坚守与弘扬伟大建党精神,以建党精神为实现中华民族伟大复兴铸魂扎根、凝心聚气。

传承红色精神，锤炼当代青年精神品质

在人类进入 21 世纪，中国特色社会主义进入新时代的背景下，当代中国青年的人生应当怎样度过？对国家、对民族、对人类文明进步应该承担怎样的责任？这是每个有志青年需要思考的基本问题。习近平总书记两次到北京大学时都明确指出："新时代中国青年要继续发扬五四精神，以实现中华民族伟大复兴为己任，不辜负党的期望、人民期待、民族重托，不辜负我们这个伟大时代。"[1] "中国梦是历史的、现实的，也是未来的；是我们这一代的，更是青年一代的。中华民族伟大复兴的中国梦终将在一代代青年的接力奋斗中变为现实。"[2] "国家的希望在青年，民族的未来在青年。今天，新时代中国青年处在中华民族发展的最好时期，既面临着难得的建

---

[1] 习近平：《论中国共产党历史》，北京：中央文献出版社，2021 年，第 243 页。
[2] 《中国共产党第十九次全国代表大会文件汇编》，北京：人民出版社，2017 年，第 56 页。

功立业的人生际遇,也面临着'天将降大任于斯人'的时代使命。"①接续近代以来仁人志士可歌可泣、前赴后继的奋斗;继续中国共产党百年来百折不挠、英雄豪迈的奋斗;在中国共产党领导下,扎实推进中华民族伟大复兴不可逆转的历史进程;努力实现中华民族伟大复兴中国梦。这就是历史赋予当代中国青年神圣的使命。

中华民族伟大复兴事业,过去、现在和将来,都不是平坦的大道,都不是轻轻松松,靠敲锣打鼓、虚与委蛇就能实现的。一百年来,一代代中国共产党人在奋斗中表现出英勇无畏、牺牲奉献的精神,惊天地、泣鬼神。把这个事业推向前进,同样需要这样的奋斗,需要当代青年具有与先辈们同样的责任感、使命感,英雄气概、牺牲精神,过硬的本领、扎实的作风等。而决定着所有这一切优秀秉性的则是在其中起着灵魂作用的精神品质。

精神品质是一个人区别于他人的本质属性,是人的软实力,它决定着一个人的人生方向、人的全部行为取向及其后果。百年来,中国共产党在为中华民族谋复兴实践中进行百折不挠、舍生忘死的奋斗,不仅取得无与伦比的辉煌成就,而且谱写了可歌可泣的英勇壮丽的乐章。1840年以来,在国家蒙难、民族蒙辱、文明蒙尘的中国,为什么有些势力、群体对此视而不见,甚至与豺狼为伍、祸害中国人民?而有些势力、群体奋起反抗,不怕牺牲,拯救苦难的国家和民族,并进行了可歌可泣的奋斗,却一次次失败?为什么唯有中国共产党能够救中国、发展和强大中国?原因是多方面的。就

---

① 习近平:《论中国共产党历史》,北京:中央文献出版社,2021年,第243页。

中国社会各方面的主观因素而言，主要是中国共产党有着其他各方面势力、群体都没有的崇高的精神品质。这个精神品质是共产党人的灵魂，是中国共产党人区别于其他人，中国共产党区别于中外其他政党的精神标识和特殊秉性，是中国共产党能够披荆斩棘、战胜一切艰难险阻走向胜利的力量源泉。

当代中国青年要实现习近平总书记的要求，承担起推进中华民族伟大复兴中国梦的神圣使命，必须全面锤炼和打造承担使命所必须的个人精神品质，实施这个系统工程，最重要最关键的是，传承百年来中国共产党形成的系列红色精神。在百年来的奋斗中，一代代共产党人不忘初心、牢记使命，弘扬伟大建党精神，形成了中国共产党系列红色精神。红船精神、井冈山精神、长征精神、黄继光精神、焦裕禄精神、"两弹一星"精神……这些精神形成在不同的历史条件下，凝聚在不同的共产党员个人或组织上，也有着不同的具体内容。但所有这些精神都是弘扬伟大建党精神的结果，都是党的性质、宗旨的体现，因而都有贯穿其中、反映本质的灵魂，这包括：坚定的理想信念，坚强的党性，全心全意为人民服务的宗旨，艰苦奋斗、奋发图强的精神，实事求是、求真务实的作风等。这是贯穿在中国共产党系列红色精神中共同的内容，是当代青年传承红色精神、锤炼精神品质必须继承好、弘扬好的红色精神，是当代青年承担使命必须具备的精神品质。

一、坚持理想，坚定信念

习近平说："理想信念就是共产党人精神上的'钙'，没有理想信念,理想信念不坚定,精神上就会'缺钙',就会得'软骨病'"①,"长征胜利启示我们:心中有信仰,脚下有力量;没有牢不可破的理想信念,没有崇高理想信念的有力支撑,要取得长征胜利是不可想象的"②,"青年的理想信念关乎国家未来。青年理想远大、信念坚定,是一个国家、一个民族无坚不摧的前进动力"③。百年来的征程中,中国共产党能够由小到大、由弱到强,历经千难万险、克服一切艰难险阻而走向辉煌,十分重要的是有坚定明确的理想信念。中国共产党人的理想信念是指,对马克思主义科学理论的坚定信仰,对共产主义远大理想的坚定信念,对社会主义道路、对共产党领导的坚定信心。习近平说:"我们共产党人的根本,就是对马克思主义的信仰,对共产主义和社会主义的信念,对党和人民的忠诚。立根固本,就是要坚定这份信仰、坚定这份信念、坚定这份忠诚。"④青年的健康成长,青年优秀品质的修养与打造,理想信念是首要的任务。无数杰出的共产党人,为什么能够为中华民族伟大复兴伟业做出巨大贡献?为什么无论做什么职业,在什么岗位都能创造出让人景仰,令人肃然起敬的成就?为什么能使高尚的人们感动落泪?首先是他们有坚定的理想信念。夏明翰烈士说"砍头不要紧,只要主义真",杨开慧烈士说"死不足惜,唯愿润之革命早日成功",方志敏烈士说"敌人只能砍下我们的头颅,决不能动摇我们的信仰"。长征途中,为什么红军战士"风雨侵衣骨更硬,野菜充饥志越

---

① 《习近平谈治国理政》,北京:外文出版社,2014 年,第 15 页。
② 习近平:《论中国共产党历史》,北京:中央文献出版社,2021 年,第 148 页。
③ 习近平:《论中国共产党历史》,北京:中央文献出版社,2021 年,第 243 页。
④ 《十八大以来重要文献选编》(中),北京:中央文献出版社,2016 年,第 676 页。

坚"？抗美援朝中,为什么黄继光可以以血肉之躯堵枪眼？都是因为胸中有崇高的理想,这理想使共产党人不畏惧极端艰难困苦的条件;这理想使共产党人不怕敌人的飞机大炮;这理想使共产党人可以为了党的事业忍饥挨饿、视死如归;这理想可以使共产党人克服一切艰难险阻,战胜一切凶恶强大的敌人。正如邓小平同志所说,中国革命的胜利,"一靠理想,二靠纪律"①。在中国特色社会主义新时代,当代青年在锤炼自己担当使命的精神品质时,首先就要努力锻造自己崇高、坚定的理想信念。

要像革命先辈那样,不断树立和坚定远大崇高的理想。现实生活中,不少人把自己今后的生活状态称之为理想,表示要经过多少年的奋斗,努力挣多少钱,拥有什么房子、汽车,拥有多少财富,并为此做出规划进行努力。当代中国青年必须明确,这些所谓"理想"与中国共产党人所说的远大崇高理想完全不是一回事。百年历程中,无数共产党人坚持的理想、为之献身的理想,绝不是个人的生活、个人的前程、个人的美好未来。恰恰相反,共产党人为了崇高远大理想都是义无反顾地抛弃个人安逸舒适的生活,奔向荆棘丛生的革命道路,毛泽东、周恩来、蔡和森、彭湃等,他们的家庭出身都很殷实,他们在当时的"体制内"弄个一官半职,甚至高官厚禄都没有问题,但他们看到山河破碎,人民受难,他们的理想是要拯救受苦受难的同胞,是要挽救亡国灭种的中华民族。习近平在纪念朱德同志诞辰130周年大会上说:"朱德同志和无数仁人志士一样,苦苦思索和探求救国救民的道路。早在青年时期,他就表达

---

① 《邓小平文选》(第3卷),北京:人民出版社,1993年,第111页。

了'祖国安危人有责,冲天壮志付飞鹏'的远大志向。……又立下'志士恨无穷,孤身走西东。投笔从戎去,刷新旧国风'的誓言。"①这就是一代代共产党人的理想,这样的理想与中华民族的前途命运连在一起;这样的理想旨在努力为天下苍生,即中国人民谋求解放与幸福;这样的理想就是习近平总书记所说的"家国情怀"。当代青年必须树立这样的家国情怀,以天下为己任,把为人民谋幸福确立为自己的远大理想。

要像先辈那样不断树立和坚持符合人类历史规律的理想。古往今来,"理想"都是一个美好的词语,谈论和践行理想者不乏其人,但细致探究,其内容是形形色色、截然不同的。古代中国就有士人们把"大同"视为人类美好未来的理想,古希腊、罗马也有不少哲学家、思想家提出过各式各样的人类理想,欧洲十八世纪空想社会主义者更是详细描绘了人类理想社会的蓝图,但这些都不是建立在科学基础之上的。马克思主义的历史唯物主义第一次把人类历史演变建立在科学的基础之上,揭示了生产力和生产关系、经济基础和上层建筑之间矛盾运动的规律,依据这个规律得出了人类终将结束资产阶级压迫的社会,走向理想的共产主义社会的历史必然性。共产党人的远大理想是建立在马克思主义揭示的人类社会发展规律的基础之上的,一代代共产党人之所以坚守理想,为理想抛头颅、洒热血,就在于相信自己的理想的真理性,对这样理想的坚定,本质是对人类社会发展规律的坚守,是对客观真理的信仰。当代中国青年牢固树立和始终坚守理想信念,就要像革命先

---

① 《习近平在纪念朱德同志诞辰130周年座谈会上的讲话》,《人民日报》2016年11月30日。

辈那样,在深刻认识人类社会发展规律的基础上坚守作为规律反映的党的远大理想,对共产主义理想信念坚定不移。把远大理想建立在这样理性的基础之上,就会对形形色色动摇理想信念的歪理邪说有辨别能力、抵抗能力;就不会相信一些人鼓吹的西方资本主义"三权分立"、多党制是什么"普世价值";就会清楚所谓"普世价值"论本身就是违反人类历史演变客观规律的,是没有科学根据的;就会在遵循客观规律、尊重客观真理的理性基础上,始终坚守共产党人的理想信念不动摇。

要像先辈那样,对理想信念始终坚定不移、坚贞不渝。中国共产党人的远大理想是要为实现人类理想社会——共产主义而奋斗,同时,中国共产党是远大理想和现阶段共同理想的统一论者,中国共产党的具体奋斗目标,在不同历史条件下有不同的内容:新民主主义革命时期,党的奋斗目标是推翻"三座大山"的统治;今天,党的奋斗目标就是建设有中国特色的社会主义。中国共产党人为理想信念而奋斗,包括为远大共产主义理想奋斗,更要落实到为建设有中国特色的社会主义现阶段共同理想奋斗上。为理想奋斗,从来不是一帆风顺的,前进征途上,不仅有胜利的喜悦,更多的是要付出汗水、泪水、血水,乃至生命的代价。这样的特点,长期考验着人的意志品质、理想信念。百年征程中,有不少人经不起这样的考验,吃不了苦受不了累,中途畏难、脱党者有之;面对凶恶敌人胆怯、贪生怕死、投降变节者有之;受到诱惑,经不起考验,掉进"温柔陷阱",腐化堕落者有之。

百年历程的风雨考验着共产党人的忠诚,检验着共产党人的理想信念是否坚定。在硬与软、血与火、生与死的考验中,不少人落伍了、变节了、被淘汰了,但更有无数共产党人经受住了艰难困苦的考验,经受住了"温柔陷阱"的考验,经受住了名利地位、生死荣辱的考验,他们的理想信念始终坚定不移、忠贞不渝。习近平在纪念周恩来同志诞辰120周年大会上的讲话中说:"周恩来同志是不忘初心、坚守信仰的杰出楷模。周恩来同志在确立共产主义信仰时就说过:'我认的主义一定是不变了,并且很坚决地要为他宣传奔走。'他还说过:'在任何艰难困苦的情况下,都要以誓死不变的精神为共产主义奋斗到底。'周恩来同志一生都遵奉自己的誓言。不论革命力量多么弱小,白色恐怖多么残酷,对敌斗争多么激烈,政治局势多么复杂,党和国家事业面临的挑战多么严峻,担负的责任多么艰巨,个人的处境多么困难,他都始终保持坚定的理想信念和旺盛的革命精神。正如他在自我解剖时说的那样:'我做工作,从来没有灰心过。'周恩来同志对党和人民事业发展、对社会主义中国的光明前途、对复兴中华民族的伟业始终充满必胜信心。在他心中,中国共产党人的初心、共产主义的信仰坚如磐石。"[①]当代中国青年树立理想信念,就要像周恩来及无数先辈那样,无论世界形势如何变化,社会主义事业是顺境还是逆境,党的事业面临的困难风险是多是少;也无论个人的工作生活是比较顺利,还是有这样那样的困难,甚至遇到挫折、受到委屈,都决不能动摇理想信念,而是要坚定信仰,斗志昂扬、坚定不移地为理想而奋斗不止。

---

① 《习近平在纪念周恩来同志诞辰120周年座谈会上的讲话》,《人民日报》2018年3月2日。

二、忠诚于党,忠于人民

中国共产党红色精神谱系里,无论是革命战争年代,还是新中国成立后形成的红色精神内容,都贯穿着一个共同的理念,这就是忠诚于党、忠于人民。井冈山精神、延安精神、抗美援朝精神、焦裕禄精神等都承载着精神主体对党和人民的赤胆忠心。当代青年锤炼自己的精神品质,必须努力传承忠诚于党、忠于人民这一红色精神中的重要理念。

从鸦片战争开始,中国近代史演变的逻辑告诉我们,在五四运动以后的中国,有志青年能否实现自己的人生抱负,成就对国家、民族有益的事业,不负美好人生,十分关键的是,如何对待中国共产党、对待中国最广大的人民群众。一百年前的五四运动,是中国人民近代以来最彻底的反帝反封建运动,运动中的许多骨干力量是北京大学及许多学校的青年知识分子、爱国学生,他们在运动中展示的挽救中国的责任感与奉献精神,反帝反封建的革命精神,对救中国进行的艰辛努力,是永远值得尊敬的。历史的洪流滚滚向前,时代的巨浪不断淘沙。一百年过去了,在现代中国历史的星空中,在当年那些慷慨激昂、英姿勃发的五四运动领袖、健将、风云人物中,唯有以毛泽东为杰出代表的共产党人始终走在时代前列,历经风雨洗礼而凤凰涅槃,肩负民族重任,艰难前行,在苦难历程中成就辉煌,历经千难万险,初心不改,以百折不挠、坚韧不拔的奋斗实现了救中国的历史任务,带领中华民族实现了从站起来、富起来到强起来的伟大飞跃。而他们同时代的青年,当年叱咤风云、英雄豪迈的诸多五四运动领袖、风云人物,许多都是昙花一现,或被淘汰、或变质,消失在历史的长河中,有的甚至成为历史的绊脚石。抗日战争时期,多数青年在民族危亡时都热血激荡,投身于抗日战争。但当时在青年参加抗日的问题上,有两条不同的道路:一条是走向重庆,参加国民党领导的抗日;一条是奔赴延安,在共产党领导下,与中国最广大人民一起抗日。后来的结果是,前者都走上了反人民的道路,不少成为国民党反动派中反人民的一员,犯下不少罪行;后者的多数人则成为坚定的共产党人,在人民群众中生根开花,为人民解放事业做出了巨大贡献。决定着人物命运与历史地位的,除了复杂的客观原因,很重要的是,对中国共产党与中国最广大人民采取什么立场,采取什么态度。近代以来,在中国土地上最先进、最伟大,代表着中国历史的前进方向、代表着中国最广大人民的根本利益的中国共产党已经出现,在为中华民族伟大复兴进行英勇奋斗的背景下,忠诚于党、坚定地跟党走、忠于人民、为人民谋利益就成为有志青年的正确选择。习近平说:"在中国共产党的旗帜下,一代代中国青年把青春奋斗融入党和人民事业,成为实现中华民族伟大复兴的先锋力量。"①

新中国成立七十多年来,在我国社会主义建设时期、改革开放时期和社会主义现代化建设时期,青年都发挥了重要的主力军作用,许多人成为各条战线、各个行业的先锋骨干,钱学森、邓稼先等两弹元勋,在新中国成立初期都是英气勃发的青年,他们为什么能为国家建设做出突出贡献,关键是他们在青年时代做出了历史性

---

① 习近平:《在庆祝中国共产党成立100周年大会上的讲话》,北京:人民出版社,2021年,第21页。

的正确选择。他们获得了美国名校博士学位,在当时已很发达的国家里,本可以有很好的专业工作,可以有与国内相比十分优越的物质生活、工作条件,但他们放弃富有、放弃舒适,而选择回到一穷二白的祖国,选择坚定不移跟着中国共产党为中国人民的幸福而奋斗,这样的立场,这样的价值观成就了他们,也成就了共和国几代的大量优秀的科学家、教育家和各行各业的英雄模范人物。

在中国特色社会主义新时代,中华民族伟大复兴已经进入不可逆转的历史进程,当代中国青年在推进这个进程,实现中国梦的实践中,承担着极为重要的使命。要使自己成为中国特色社会主义伟大事业合格的接班人,使中华民族伟大复兴历史任务在青年一代手里扎实推进,顺利实现,青年一代首先必须打好本人素质基础,必须使自己具备承担使命必备的主观条件,这就是习近平总书记在纪念五四运动100周年大会讲话中提出的:要树立远大理想,要热爱伟大祖国,要担当时代责任,要勇于砥砺奋斗,要练就过硬本领,要锤炼品德修为[①]。而打造这些品质和本领都必须具备一个前提,这就是忠诚于党、忠于人民。锤炼忠诚于党、忠于人民的精神品质,包含两方面的具体要求:

一方面是牢固树立党的观念,打造坚定站在党的立场,坚信党的领导,坚决听党话、跟党走的精神品质。

一是要像无数共产党人和革命先辈那样,坚决拥护党的领导,充分信任党的领导,坚决维护党的领导,要通过对近代以来中国历史演变规律的深刻理解,充分认识到中国共产党的领导是中华民

---

① 参见习近平《在纪念五四运动100周年大会上的讲话》,《人民日报》2019年5月1日。

族站起来、富起来、强起来的根本保证,是中国人民获得解放、当家作主、不断走向美好生活的根本保证。要从对近代以来多种政治努力、政党实践的比较中,充分认识到党的领导是近代中国历史演变的必然结果,是在拯救中华民族的一百多年实践中,无数仁人志士付出了鲜血与生命代价得到的结论,牢固树立只有中国共产党才能救中国、发展中国、强大中国的观念,坚决反对和抵制一切怀疑、否定党的领导的观点,坚决反对和抵制宣扬西方资本主义制度多党制的观点,坚决维护党的领导,特别是坚决维护党中央权威和集中统一领导,坚决维护习近平总书记在党中央的核心、全党的核心地位,不断增强政治意识、大局意识、核心意识、看齐意识。

二是要像无数共产党人和革命先辈那样,坚定站在党的立场上。在风雨如磐、烽火连天的战争岁月,在半殖民地半封建社会条件下的中国青年,是站在帝国主义、封建主义、官僚资本主义立场,还是站在中国共产党的立场上参加党领导的新民主主义革命;在今天中国特色社会主义伟大事业实践中,是站在党的立场积极投入党领导的中华民族伟大复兴事业,还是离心离党,是关系青年人生方向的根本问题,是决定青年人生价值的根本问题。一代代共产党人、无数革命先烈英模在这个根本问题上旗帜鲜明,坚定地站在党的立场上,勇于同一切不利于党的事业的言论和行为进行斗争,当代青年必须学习、传承这个传统,通过理论学习、实践锻炼,牢固树立党的立场,在社会生活中、在错综复杂的环境中能够明辨是非,坚定地站在党的立场,维护党的主张。

三是要像无数共产党人和革命先辈那样,坚决听党的话,跟党走。在中国共产党成立百年来的历程中,许多共产党人之所以能够为中国人民解放事业、为中国特色社会主义建设事业、为改革开放和社会主义现代化建设事业建立功勋,做出重大贡献,根本在于他们始终听党的话,坚定地跟党走。无论是在党的事业顺利发展阶段,还是在处于逆境遭受挫折时;无论是党处在执政条件下,还是在新中国成立以前的新民主主义革命时期,他们都以党的意志为意志,按照党指引的方向前进。当代青年要在实现中华民族伟大复兴事业中担当大任,做出积极贡献,就要像无数共产党人、革命先辈那样,坚定不移跟党走。不仅要在实践中认真学习,准确掌握党的基本理论、基本路线、基本方略;更要在实践中认真践行、贯彻、落实,在关系政治原则、政治方向,关系人民根本利益,关系国家前途命运的问题上,坚决与党保持一致,贯彻党的指示,听从党的召唤,始终沿着党指引的方向前进。

另一方面是,要牢固树立人民至上观念,打造坚持"以人民为中心",与人民同甘共苦,努力为人民服务的精神品质。

一是要像革命先辈那样,把"全心全意为人民服务"作为自己的人生目标。这是中国共产党先烈红色精神谱系中十分重要的内容,无论是战争年代抛头颅、洒热血的革命先烈,还是社会主义建设时期兢兢业业、默默奉献的英模,他们的牺牲奉献,他们的忘我奋斗,都是基于为人民谋利益、谋幸福的人生目标,雷锋说的"要把有限的生命投入到无限的为人民服务中去",就是这种精神品质的生动写照。习近平总书记强调:人民对美好生活的向往就是我们的奋斗目标,为人民谋利益、谋幸福是党的全部工作的出发点和归宿。① 当代中国青年必须明确为中华民族谋复兴,本质就是为中国人民谋幸福,担当使命必须担当为人民谋幸福这个历史责任,必须树立为人民谋利益的人生行为导向,必须像无数优秀共产党人那样,全心全意为人民服务,而绝不是为某个利益群体、权势集团、特权阶层服务。

二是要像无数共产党人和革命先辈那样,牢固树立人民是历史的创造者,是历史的主人的观念,坚持尊重人民群众主体地位,与人民休戚与共、同甘共苦,始终植根于人民,与人民保持密切联系。马克思历史唯物主义原理揭示了人民群众是历史的主人,是推动历史前进的创造者,共产党人遵循这个科学真理,始终坚持人民至上,尊重人民主体地位,发挥人民主人翁作用,始终与人民站在一起,与人民保持密切关系,这是中国共产党具有无穷力量,不断走向胜利的力量源泉。当代青年一定要充分认识人民群众的主人翁地位,充分重视人民群众的主人翁作用,要使自己融入人民群众,植根于人民群众,始终与人民群众保持密切关系,要抵制和防止把自己看得高于群众的"精英"意识,要与人民群众感情互通、血脉相连、命运与共、生命相依。

三是要像无数共产党人和革命先辈那样,把人民的期盼、人民的意愿作为自己全部的最高标准,把人民高兴、人民满意、人民赞成、人民答应作为自己的行动准则。百年奋斗中,中国共产党人不仅践行全心全意为人民服务的宗旨,而且将为人民服务的效果交给人民评判、检验。无数共产党人和革命先辈在为人民服务的实

---

① 参见习近平《人民对美好生活的向往就是我们的奋斗目标》,《人民日报》2012年11月16日。

践中,坚持以人民的期盼、人民的意愿作为自己的导向,将人民赞成不赞成、人民高兴不高兴、人民满意不满意、人民答应不答应作为检验自己工作成败得失的标准,随时顺应人民意愿、遵循人民期盼,坚持好的、改正错的,使自己的工作、全部奋斗最大限度满足人民期待、符合人民愿望。

三、勇于负责,敢于担当

纵观百年来中国共产党英勇奋斗的辉煌历史,十分清楚的一个事实是,一代代共产党人对民族、对国家、对中国人民幸福事业具有高度使命感、责任感,为了民族复兴、人民幸福,勇于负责、敢于担当。在中华民族遭受深重灾难的旧中国,中国共产党人没有回避自己的历史责任,党一成立,就把为中华民族谋复兴作为神圣使命扛在肩上。百年来一代代的共产党人都没有回避这个神圣使命,而是怀着对民族对国家对人民高度的责任感、使命感,义无反顾地承担起救国救民的责任。

在新民主主义革命时期,为了承担救中国的责任,不少共产党人毅然抛弃自己优越的生活条件,离开自己富裕的家庭,舍弃已有的高官厚禄,如彭湃烈士把自家的土地全部无偿分给农民,朱德同志抛弃月薪700大洋的旅长职务,毛泽东、周恩来等老一辈革命家舍弃舒适安逸的家庭生活,投身于随时有生命危险的革命生涯……这些都是共产党人为民族、为人民勇于负责、敢于担当精神品质的典型表现。抗日战争时期,黄河之滨集合着一群中华民族优秀子孙,为了抗日救国放弃舒适的生活条件,奔向艰苦的延安。

当代中国青年的神圣使命是：必须使中华民族伟大复兴的历史进程不断向前，必须使中国特色社会主义伟大事业继往开来。习近平说："在实现中华民族伟大复兴的新征程上，应对重大挑战、抵御重大风险、克服重大阻力、解决重大矛盾，迫切需要迎难而上、挺身而出的担当精神。只要青年都勇挑重担、勇克难关、勇斗风险，中国特色社会主义就能充满活力、充满后劲、充满希望。"①当代青年传承红色精神，锤炼担当使命的精神品质，必须树立对国家、对民族、对人民的高度责任感，打造勇于负责、敢于担当的精神品质，要像无数革命先辈那样，决不躲避历史责任，把国家、民族、人民的需要当作自己的神圣使命。

习近平说："青年的人生目标会有不同，职业选择也有差异，但只有把自己的小我融入祖国的大我、人民的大我之中，与时代同步伐、与人民共命运，才能更好实现人生价值、升华人生境界。离开了祖国需要、人民利益，任何孤芳自赏都会陷入越走越窄的狭小天地。"②新民主主义革命时期，民族灾难深重，人民水深火热。面对这样的局面，有的人沉溺于自己的舒适生活，有的人置苦难中呻吟的人民于不顾，追求"独立主义人格，自由之精神"；有的人则挺身而出，把救国救民作为自己神圣的责任扛在肩上。今天的中国，中华民族的伟大复兴进入了不可逆转的历史进程，有志青年应该像无数共产党人、革命先辈那样，不要陷入小我的圈子中，不能脱离中华民族伟大复兴的需要，而是要把国家、民族、人民的需要当作人生奋斗的方向，把推进中国特色社会主义伟大事业作为实现人

---

① 习近平：《在纪念五四运动100周年大会上的讲话》，《人民日报》2019年5月1日。
② 习近平：《论中国共产党历史》，北京：中央文献出版社，2021年，第243页。

生价值的目标,为了这样的方向和目标,勇敢地承担起青年一代神圣的责任。

要像无数共产党人和革命先辈那样,为了国家、民族、人民的需要不怕困难、不怕艰苦、不怕牺牲。勇于负责、敢于担当是需要勇气、需要牺牲精神的,革命战争年代的井冈山时期、长征时期、抗战时期,党领导的事业都充满坎坷,充满艰难险阻,为夺取革命事业的胜利,无数共产党人在极端艰难困苦的条件下,以不畏惧、不屈服的精神勇往直前,直到把反动派消灭干净。在所有的"缺衣少粮,风餐露宿"所有的"铁窗生涯,枪林弹雨"面前,共产党人都是明知山有虎偏向虎山行,都是越是艰险越向前,都是冲锋在前、勇挑重担。

在中国特色社会主义新时代,一般而言,推进伟大事业不会再有革命战争年代那种缺衣少食的困难,不会再有面临生死考验的时刻。但是,世界正经历百年未有之大变局,国际上以美国为首的西方少数势力亡我之心不死,丧心病狂围堵、打压我们,国内多方面的建设事业也有不少的困难,不少的工作面临挑战和风险,应对这些挑战和风险,战胜所有的困难,都需要我们弘扬共产党人和革命先辈的优良传统,把党和人民的事业放在至高无上的位置,以对党和人民高度负责的精神迎着困难上,决不回避矛盾、躲开困难,而是主动克服困难、解决困难,要牢记习近平所说:"一切视探索尝试为畏途、一切把负重前行当吃亏、一切'躲进小楼成一统'逃避责任的思想和行为,都是要不得的,都是成不了事的,也是难以真正获得人生快乐的。"①要像无数共产党人和革命先辈那样,为了党和人民的事业,坚持真理,坚持实事求是的精神。中国革命、建设、改革的实践表明,为了党和人民的事业勇于负责、敢于担当,十分需要有坚持真理的勇气、坚持实事求是的品格。遵义会议前,王明"左"倾机会主义在党内占据统治地位,在对中国革命的战略指导上,在对敌军事斗争的指挥上,教条主义盛行,把苏联经验和共产国际指示神圣化,导致红军第五次反"围剿"失败,特别是湘江战役时,仍要坚持红军向湘西北与红二六军团会师的战略方针。对于这个要钻进国民党军队布下的口袋阵,可能导致红军全军覆灭的军事战略,毛泽东等同志从党和红军前途命运出发,勇敢地站出来,提出反对意见,予以制止,并提出向西往贵州方向的正确战略,在李德、博古等不接受的情况下,毛泽东同志以共产党人坚持真理、誓死捍卫真理的勇气,坚持实事求是,据理力争,敢于担当,在周恩来等同志的支持下,终于扭转红军战略上灾难性的错误,使党和红军转危为安。

在推进中华民族伟大复兴的历史进程中,前进路上各种复杂情况很多,全国不同地区、不同行业、不同单位的情况千差万别,而且常常变化,甚至出现突发的新情况,这就需要所有人员都因地制宜、科学应对,要全面、准确地理解、把握中央的方针、政策,科学地对待制度,而不能以官僚主义、不负责任的态度对待制度,不能只要中央政策、文件没有明确讲的,现行制度没有明确要求的,即使出现了严重突发情况,也仍然按照程序等待上级有了指示,有了明

---

① 习近平:《论中国共产党历史》,北京:中央文献出版社,2021年,第244页。

确文件,才采取必要的行动,而是必须实事求是勇于负责地做出合适处置。在错综复杂的国内环境下,我国意识形态建设面临复杂情况,有的大学课堂上、培训班上,还有互联网上,常常出现一些诋毁党的领导、动摇马克思主义指导地位的有害言论,当代中国青年都要有坚持真理、实事求是的精神,勇敢地站出来捍卫马克思主义指导地位,而不能袖手旁观,听之任之。

要像无数共产党和革命先辈那样,为了党和人民的事业,无私无畏,不怕受委屈,不计个人名利得失,甚至不惜牺牲个人的一切。党的百年历程中,为了党和人民利益,不少共产党、革命先辈能够勇于负责、敢于担当,是因为他们有着一个共同的优秀品质,那就是把党和人民事业放在最高位置,发现有什么事情不利于党和人民的事业时,能够做到不瞻前顾后、患得患失,能够豁得出去,哪怕个人的名利地位乃至个人的一切受到伤害也要挺身而出,敢于担当。毛泽东同志在井冈山时,在赣南闽西军事斗争中,敢于同一切不利于党和红军发展的错误主张做斗争,为此多次受到错误处理,承受委屈也从不放弃,就是因为他心中只有党和红军发展这个至高无上的目标,个人的名利地位、升迁荣辱都可以舍弃。新中国成立以后,党成为执政党,党员干部及广大群众为了党和人民的事业坚持真理,勇于负责,有一个如何让周围的人理解、赞成,如何让上级机关、上级领导肯定、支持的问题,如果事事考虑个人的名利得失,如果只担心领导、机关干部没讲过的话,自己讲了怕领导不高兴,就会出现"明知不对,少说为佳""事不关己,高高挂起"的问题。在党的十八大之前,一些地方和单位,党内政治生活不正常,政治生态不健康,公款吃喝、公款消费等奢侈之风严重,有的地方国企政策损公肥私,导致国有资产流失,部分党员同志只考虑个人的名利得失,怕得罪一些人,怕主张正义而遭到报复、祸及自身而缄口。因此,当代中国青年锤炼勇于负责、敢于担当的精神品质,必须树立无私无畏的精神,必须有为党和人民事业敢于舍弃个人名利地位的牺牲精神。习近平总书记带领全党坚定不移反腐败,实际上也是要"得罪"一些人的,对此,习近平总书记的态度是,宁可得罪这些腐败分子,决不能得罪广大人民群众。当代中国青年锤炼勇于负责、敢于担当的精神,必须认真学习践行习近平总书记的这种精神,为了党和人民利益,不怕有人反对,不怕个人名利地位的损失,不能过分爱惜羽毛。

四、艰苦奋斗,奋发图强

百年来中国共产党系列红色精神中,都贯穿着一个共同内容,就是艰苦奋斗、奋发图强的精神。无论新民主主义革命时期还是新中国成立以后各个时期,中国共产党的红色精神中,艰苦奋斗、奋发图强都是一个重要内容,当代中国青年要承担起中华民族伟大复兴的历史责任,必须传承这个红色精神,锤炼艰苦奋斗、奋发图强的精神品质。

艰苦奋斗、奋发图强是中华民族的优良传统。习近平曾说,在世界各个古老文明中,有的文明消失了,有的文明中断了、蜕变了,唯有中华文明历经几千年风雨而不衰,能够生生不息、绵延发展,这是因为这个文明有着世界其他文明所没有的文化基因、精神血脉,艰苦奋斗、奋发图强就是其中的重要内容。古往今来,这也成为中国人追求美好生活的基本途径,成为中国人信奉的成功之道与价值法则,"宝剑锋从磨砺出,梅花香自苦寒来""世上无难事,只要肯登攀""能吃苦中苦,方为人上人"等,都作为中华文明的重要精神激励着一代代中国人艰苦奋斗、奋发图强。

中国共产党是中国优秀传统文化最正确的继承者、弘扬者。党成立以来的百年历程,就是艰苦奋斗、奋发图强的历程。依靠艰苦奋斗,党在十分艰难的情况下走上农村包围城市、武装夺取政权的革命道路,建立了大量农村革命根据地;依靠艰苦奋斗,战胜难以想象的艰难险阻,完成惊天地泣鬼神的二万五千里长征;依靠艰苦奋斗,自力更生,打破国民党反动派封锁,延安军民开展生产自救运动,为抗日战争胜利提供必要物质条件;依靠艰苦奋斗,用小米加步枪打败了美式装备的蒋介石反动派;依靠艰苦奋斗,在一穷二白的基础上开展社会主义建设,短期内打破帝国主义封锁和苏联撤走专家造成的困难,形成新中国完整的国民经济体系;依靠艰苦奋斗,创造人类经济史上的奇迹,成为世界第二大经济体,国家经济发展水平、人民生活水平、科技文化水平和综合国力极大提高。艰苦奋斗、奋发图强是中国共产党百年辉煌的成功之道。

有人认为过去艰苦奋斗,是因为条件太差、物质贫乏,经过这些年的建设,现在我们的物质条件今非昔比,不需要像战争年代或新中国成立初期那样艰苦奋斗了。这种看法是完全错误的。习近平总书记强调:"在实现中华民族伟大复兴的新征程上,必然会有艰巨繁重的任务,必然会有艰难险阻甚至惊涛骇浪,特别需要我们发扬艰苦奋斗精神。"①过去我们党艰苦奋斗,勤俭节约,不断成就伟业,现在我们自然要用这样的思想来指导工作,"不论我们国家发展到什么水平,不论人民生活改善到什么地步,艰苦奋斗、勤俭节约的思想永远不能丢。艰苦奋斗、勤俭节约,不仅是我们一路走来、发展壮大的重要保证,也是我们继往开来、再创辉煌的重要保证"②。

今天,中华民族伟大复兴已经进入不可逆转的进程,当代中国青年要在这个进程中发挥积极作用,有所作为,必须继承红色精神,锤炼艰苦奋斗、奋发图强的精神品质。

首先是锤炼扎实苦干,不怕困难,积极进取,昂扬奋发的艰苦奋斗精神。中国共产党成立百年来,始终以一往无前的奋斗姿态干革命、搞建设、抓改革,在栉风沐雨、攻坚克难中开创了辉煌事业。无论遇到何种艰难困苦,风险挑战,共产党人都不畏惧、不退缩、不消沉,总是发扬艰苦奋斗的精神,勇往直前,在披荆斩棘中征服困难、攻克艰险,变被动为主动、变不利为有利,在艰难困苦中奋起,在千难万险中杀出血路,打开局面,开拓前进。当代青年应该充分认识到,今天的工作条件、生活条件比起过去确实不可同日而语,而且,随着事业发展,我们的物质条件、工作环境会越来越好,但这都不意味着,今后不需要艰苦奋斗了。必须看到在实现中华民族伟大复兴的征程中,各种困难、艰险,包括物质上、事业前进中的难题会长期存在。解决这些困难,必须具有艰苦奋斗、奋发图强

---

① 习近平:《论中国共产党历史》,北京:中央文献出版社,2021年,第245页。
② 《习近平在参加内蒙古代表团审议时强调 保持加强生态文明建设的战略定力 守护好祖国北疆这道亮丽风景线》,《人民日报》2019年3月6日,第1版。

的精神。一是要有吃苦耐劳的精神。不同时代条件下,各方面工作的特点不同。在传统农业劳动中,我们的先辈们都是完全靠人力垦荒种地,手推肩扛,体力上付出很大,需要有吃苦耐劳精神;在农业工业化、现代机械广泛用于农村的情况下,这样的体力付出不需要了,但不等于农业生产、机械操作和其他工作都完全是一个享乐的过程,不需要有吃苦耐劳精神了,应该说直到共产主义社会之前,从事各行各业都需要吃苦耐劳精神。例如,我们的科研攻关要解决"卡脖子"问题,要赶超世界先进水平,没有吃苦耐劳精神是不行的。二是要有不怕困难、百折不挠的韧劲。新时代中国特色社会主义各方面建设事业的推进都不可能是一帆风顺、一蹴而就的,都会有这样那样的困难,推进事业前进发展,就要像无数共产党人和革命先辈那样,不畏困难,迎着困难上,以坚强的毅力克服困难,坚忍不拔、百折不挠战胜难关,把事业推向前进。三是积极进取,开拓前进,这是艰苦奋斗精神的重要含义。对待事情是消极应付不思进取,还是积极进取奋发向上,这是有没有艰苦奋斗精神的重大区别。在新时代的伟大奋斗中,当代中国青年对待中国特色社会主义伟大事业,对待各行各业的岗位工作都要有积极进取、奋发向上的精神,不满足现状,不因循守旧,不得过且过,而是开拓前进,不断走向卓越。

其次是要锤炼永不懈怠、不骄不躁、卧薪尝胆、坚忍不拔的精神品质。自古以来,一个人、一个团体、一个国家往往在创业时期积极进取,百死中求得一生,艰难中走向成功,而成功之后,往往沉溺于成功的喜悦,享受成功者的果实,走上享乐、腐化之路,导致迅速败亡,李自成等农民起义就是这方面的典型。习近平说,在中国革命即将取得全国胜利之际,"毛泽东同志在党的七届二中全会上向全党郑重提出'两个务必',是经过了深入思考的。这里面,包含着对我国几千年历史上治乱规律的深刻借鉴,包含着对我们党艰苦奋斗历程的深刻总结,包含着对胜利了的政党永葆先进性和纯洁性、对即将诞生的人民政权实现长治久安的深刻忧思"。[①] 中华民族伟大复兴事业的推进需要当代青年保持,要有"宜将剩勇追穷寇,不可沽名学霸王","为有牺牲多壮志,敢教日月换新天"的精神,牢记中华民族先辈"生于忧患、死于安乐"的古训,永远保持创业时期的进取精神、向上精神,永不停步、永不陶醉,在优越的物质生活条件中永不自我消磨、永不自我沉沦,精神上永不懈怠、永远奋发向上。

其三是培养健康的生活情趣,保持艰苦朴素的生活作风。这是艰苦奋斗精神的重要含义。中华优秀传统文化中的一个重要理念就是"成由勤俭,败由奢",强调一个人、一个团体、一个政权、一个国家要勤俭持家、勤俭立身,以勤俭为美德,强调俭以养德、俭以立业,强调"富贵不能淫",不能奢侈腐化,纸醉金迷,沉溺于物质生活的享乐,更不能把这当作人生追求的目标。中国共产党不仅在革命时期就十分重视党员干部艰苦朴素生活作风的培养,在新中国成立以后,在党成为全国执政党条件下,更是把保持艰苦朴素的生活作风作为防止党员干部变质、防止党和国家政权变色的战略

[①]《党面临的"赶考"远未结束——习近平总书记再访西柏坡侧记》,《人民日报》2013年7月14日,第1版。

性任务。还在新中国成立前夕,毛泽东就提醒全党务必保持共产党人艰苦朴素的本色,"决不当李自成";新中国成立后采取一系列党内教育、整党整风形式;党的十八大后,以习近平同志为核心的党中央,在全党开展党的群众路线教育实践活动,明确把反对享乐主义、奢靡之风作为重要任务,习近平说:"节俭朴素,力戒奢靡,是我们党的传家宝。现在,我们生活条件好了,但艰苦奋斗的精神一点都不能少,必须坚持以俭修身、以俭兴业,坚持厉行节约、勤俭办一切事情。"[1]

一方面,当代中国青年要担当起中华民族伟大复兴历史责任,必须锤炼艰苦朴素的生活作风,注重俭以修身,俭以养德,保持朴素、清纯的生活方式,即使在物质水平十分发达,生活条件很充裕的情况下,也要保持艰苦朴素的生活方式,不要铺张浪费,不要讲排场、比阔气,不要豪华奢侈,要保持高尚道德情操和健康生活情趣,要经得起诱惑,增强自制力,坚决抵制享乐主义奢靡之风。习近平说:"不论我们国家发展到什么水平,不论人民生活改善到什么地步,艰苦奋斗、勤俭节约的思想永远不能丢。"[2]要养成艰苦朴素的工作作风,在工作和生活实践中养成节约、勤俭的习惯,反对铺张浪费,促进国家各方面建设事业健康发展。另一方面是俭以修身,俭以养德,以勤俭朴素生活,保持高尚的道德情操,锤炼清廉

---

[1] 《习近平在中央党校(国家行政学院)中青年干部培训班开班式上发表重要讲话强调 立志做党光荣传统和优良作风的忠实传人 在新时代新征程中奋勇争先建功立业》,《光明日报》2021年3月2日。
[2] 《习近平在参加内蒙古代表团审议时强调 保持加强生态文明建设的战略定力 守护好祖国北疆这道亮丽风景线》,《人民日报》2019年3月6日,第1版。

纯洁的做人品质,正像方志敏烈士所说,"清贫,清白朴素的生活,正是我们革命者能够战胜许多困难的地方!"①传承红色精神、锤炼艰苦朴素的生活作风,必须努力完成以上两方面要求。

---

① 《方志敏文集》,北京:人民出版社,1985年,第167页。

中国共产党人理想信念的关键特质探析

习近平总书记指出:"对马克思主义的信仰,对社会主义和共产主义的信念,是共产党人的政治灵魂,是共产党人经受住任何考验的精神支柱。形象地说,理想信念就是共产党人精神上的'钙',没有理想信念,理想信念不坚定,精神上就会'缺钙',就会得'软骨病'。"①中国共产党成立100多年来,一代代共产党人弘扬伟大建党精神,在新的实践中,激发新的精神动力,形成了中国共产党人精神谱系。从红船精神、井冈山精神、古田会议精神、苏区精神、长征精神、东北抗联精神、延安精神,到董存瑞精神、抗美援朝精神、黄继光精神、大庆精神、"两弹一星"精神、焦裕禄精神、红旗渠精神、孔繁森精神、载人航天精神、抗震救灾精神、脱贫攻坚精神等,这些精神是中国共产党人百年奋斗中用汗水、鲜血和生命铸造的,是中华民族精神的时代升华。这些精神在中国共产党百年创造的

---

① 《习近平谈治国理政》(第一卷),北京:外文出版社,2018年,第15页。

辉煌中发挥了巨大的引领、凝聚与激励作用。这些精神产生于不同历史背景之中,由不同行业、不同岗位的共产党人或党组织的伟大实践铸就,这些精神虽然具有各自不同的具体内容,但无一不具有坚定的理想信念这个共同内容,坚定的理想信念是中国共产党人精神谱系的核心和灵魂,坚定的理想信念是中国共产党能够战胜千难万险,取得中国革命、建设、改革开放和新时代伟大成就的精神力量,也是实现中华民族伟大复兴所必需的巨大精神支撑。

理想、信仰、信念并不是中国共产党独有的。古今中外,个人、民族、国家、政党或组织谈论理想、信仰、信念并确立起各自的理想、信仰、信念的现象并不少见。但是以红色精神为载体的中国共产党人的理想信念,与古今中外的个人、民族、国家、政党或组织的理想、信仰、信念相比,表现出独有的品质和特殊禀赋。

一、中国共产党人坚定的理想信念本质上是对人类社会发展客观规律的尊重和对客观真理的坚守

习近平总书记指出:"中国共产党人的理想信念建立在对马克思主义的深刻理解之上,建立在对历史规律的深刻把握之上。"[1]坚定这样的理想,本质上是对人类社会发展规律的尊重,是对客观真理的坚持与坚守。人的理想信念的根基,是人类历史的发展规律。只有奠基于历史发展规律的理想信念,才是值得人们追求、得到人们信服的理想信念。"马克思创建了唯物史观和剩余价值学说,揭

---

[1] 习近平:《论党的宣传思想工作》,北京:中央文献出版社,2020年,第360页。

示了人类社会发展的一般规律,揭示了资本主义运行的特殊规律,为人类指明了从必然王国向自由王国飞跃的途径,为人民指明了实现自由和解放的道路。"①唯物史观和剩余价值学说的提出,给社会主义思想奠定了科学理论基础。因此,"马克思主义奠定了共产党人坚定理想信念的理论基础"②。百年来中国共产党人在实践中表现出的坚定理想信念,都是建立在对自己所坚定的理想、坚守的信仰与信念的科学性、真理性基础之上的。夏明翰烈士坚定地吟出:"砍头不要紧,只要主义真。杀了夏明翰,还有后来人。"③方志敏烈士豪迈地说道:"敌人只能砍下我们的头颅,决不能动摇我们的信仰!因为我们信仰的主义,乃是宇宙的真理!"④毛泽东在谈到他终生为共产主义理想奋斗的思想观念时说,他开始读了不少孔夫子的书,后来又读了一些资本主义方面的书,信过康德哲学,直到看到《共产党宣言》才确立起对马克思主义的信仰,坚定了共产主义信念。1936年10月,他在与美国记者斯诺的谈话中说,有三本书特别深刻地铭刻在他的心中,使他树立起对马克思主义的信仰,并且说:"我一旦接受了马克思主义是对历史的正确解释以后,我对马克思主义的信仰就没有动摇过。"⑤他还提到:"到了一九二

---

① 习近平:《在纪念马克思诞辰200周年大会上的讲话》,北京:人民出版社,2018年,第8页。
② 习近平:《在纪念马克思诞辰200周年大会上的讲话》,北京:人民出版社,2018年,第16页。
③ 转引自《十六大以来重要文献选编》(中),北京:中央文献出版社,2006年,第621页。
④ 《方志敏全集》,北京:人民出版社,2012年,第141页。
⑤ 《毛泽东年谱(一八九三——一九四九)》(上),北京:中央文献出版社,1993年,第57页。

〇年夏天,我已经在理论上和在某种程度的行动上,成为一个马克思主义者,而且从此我也自认为是一个马克思主义者了。"[1]毛泽东与当时先进的知识分子一样,是在长期苦苦探寻救国救民的真理过程中,经过对各种思潮、主义的反复比较,最终找到马克思主义真理的,并由此坚定了马克思主义的理想信念。周恩来在确立共产主义信仰时就说过:"我认的主义一定是不变了,并且很坚决地要为他宣传奔走。"[2]他还说过:"在任何艰难困苦的情况下,都要以誓死不变的精神为共产主义奋斗到底。"[3]周恩来一生都遵奉自己的誓言。朱德认定只有马克思主义才是解决中国问题的真理,只有共产主义理论才能救中国,其他的路都走不通。这都表明,中国共产党人理想信念的坚定性,是建立在人类社会发展、中华民族求解放谋复兴的历史客观规律基础之上的,本质上是对真理的坚持与坚守。这样的理想信念有自己的鲜明特质,主要体现在以下几个方面。

首先,中国共产党人的理想信念根本不同于中国古代的大同理想。中华民族自古是一个对未来生活有着美好憧憬的民族。早在春秋、战国之际,我们的先人就形成了对未来美好生活的理想目标。作为传统经典的《礼记·礼运》就形象描绘了古代先人心中的理想社会图景,"大道之行也,天下为公,选贤与能,讲信修睦。故人不独亲其亲,不独子其子,使老有所终,壮有所用,幼有所长,矜

---

[1] 《毛泽东年谱(一八九三——一九四九)》(上),北京:中央文献出版社,1993年,第57页。
[2] 《周恩来年谱(一八九八——一九四九)》,北京:中央文献出版社,1998年,第56页。
[3] 《周恩来年谱(一八九八——一九四九)》,北京:中央文献出版社,1998年,第573页。

寡孤独废疾者皆有所养,男有分,女有归。货恶其弃于地也,不必藏于己;力恶其不出于身也,不必为己。是故谋闭而不兴,盗窃乱贼而不作,故外户而不闭,是谓'大同'"①。这里描绘的古代政治上的最高理想,即大同境界,应该说反映了中华民族的先人们对美好未来的追求与向往,对当时的人们具有极大的吸引力,但是这样的理想,不是基于对社会历史规律的深刻把握,没有也不可能反映社会发展规律的必然要求。《礼记》由西汉时期戴德及其侄子戴圣对秦汉以前各种礼仪论著加以辑录、编撰而成,是战国末年或秦汉之际儒家学者托名孔子答问的著作,实际上反映了儒家学者对当时社会中礼崩乐坏、天下不安,人民种种痛苦生活状况的不满及改变现状的愿望。尽管理想很美好,尽管当时及后世的不少文人士大夫大力宣传,但这样的理想社会在中国古代没有也不可能实现,只能是古代文人们的主观臆造。

其次,中国共产党人的理想信念和中国古代多次农民起义中"均贫富、等贵贱"的政治理想有着本质区别。在2000多年封建社会历史上,从秦末陈胜吴广起义开始,不少朝代多次出现过的历史活剧,即声势浩大、波澜壮阔的农民起义,其中最鼓动人心、具有极大号召力的政治纲领和政治理想便是"等贵贱、均贫富"②等思想。北宋太宗淳化四年,王小波在四川发动农民起义时提出:"吾疾贫富不均,今为汝均之。"③后来,义军首领王善又说:"天下大乱,乃贵

---

① 《礼记》,李慧玲、吕友仁注译,郑州:中州古籍出版社,2010年,第89页。
② [宋]李心传:《建炎以来系年要录》(第二册),辛更儒点校,上海:上海古籍出版社,2018年,第627页。
③ [宋]杨仲良:《皇宋通鉴长编纪事本末》(第一册),李之亮校点,哈尔滨:黑龙江人民出版社,2006年,第163页。

贱、贫富更变之时。"①"等贵贱、均贫富"思想成为饱受封建制度摧残压迫的广大农民的热切期盼,成为不少农民起义的政治纲领、政治理想。东汉末年,黄巾起义军提出,要消灭天下不平,主张自食其力、公平均等的思想。唐末黄巢大起义正式提出"天补均平"②口号,提出财富和人身平等主张。明末李自成提出"均田免粮"③口号。太平天国提出"天下多男人,尽是兄弟之辈,天下多女子,尽是姊妹之群"④,"有田同耕,有饭同食、有衣同穿、有钱同使,无处不均匀,无人不饱暖"⑤等口号。不同时期虽有不同特点的内容,但这样的理念一直在历代农民大规模起义中发挥巨大的号召力和凝聚人心的作用,是中国古代农民热切期盼和孜孜以求的政治理想。历史的结论是,农民阶级的历史局限性使他们的主张口号、政治纲领和政治理想缺乏社会发展基础条件的支撑,没有反映社会发展客观规律的必然要求。因而,这样的理想不可能真正变为现实,而只能一次次化为泡影。历代农民起义尽管有过波澜壮阔、摧枯拉朽的巨大作用,有的甚至颠覆了强大的封建王朝,但最终也只能是以一个新的封建王朝来重演历史剧目,没有也不可能使所有农民在

---

① [宋]李心传:《建炎以来系年要录》(第一册),辛更儒点校,上海:上海古籍出版社,2018年,第397页。
② [宋]司马光:《资治通鉴》,北京:中华书局,1956年,第6854页。方积六:《黄巢起义考》,北京:中国社会科学出版社,1983年,第141页。
③ [清]查继佐:《罪惟录》,(第四册),倪志云、刘天路点校,济南:齐鲁书社,2014年,第2929页。
④ [清]洪秀全:《原道醒世训》,《太平天国印书》(上册),南京:江苏人民出版社,1979年,第15页。
⑤ [清]洪秀全:《天朝田亩制度》,《太平天国印书》(上册),南京:江苏人民出版社,1979年,第409页。

封建社会制度中"等贵贱、均贫富"。

最后,中国共产党人的理想信念,与信教者对宗教的信仰是根本不同的。古今中外,都有宗教信仰。早在成文历史出现之前,即存在远古原始宗教,被称为史前宗教。到原始社会生产力发展到一定阶段后,产生了以反映人和自然矛盾为主要内容的初期状态宗教。史前宗教和原始宗教主要反映了远古人类对食物、繁殖、祖先、死亡、自然、万物及社会群体的神秘观念和祈求敬拜。后来,世界文明史上陆续形成了对全人类生活至今有着极大影响的宗教,其中最为著名的三大宗教是基督教、伊斯兰教、佛教。众所周知,这些宗教虽然信仰内容不同,有着不同的文明背景及宗教教义,但是,无论哪一种宗教,在其信徒心中,都是神圣无比、至高无上的。换言之,所有的宗教信徒对于自己信奉的宗教,都十分虔诚,充满了坚定的信仰、信念。为了这样的信仰,有的教徒可以舍生忘死、赴汤蹈火,甚至可以倾家荡产、奉献一切。毫无疑问,所有宗教信仰者对于自己的信仰都是虔诚的、坚定的,现实生活中,人们不难见到宗教信仰者对自己信仰的虔诚表现。有的人便认为这都是信仰的楷模,甚至主张共产党人也应该迷信一切。这种主张显然是极端错误的,错在把共产党人的信仰与宗教信仰者的信仰混为一谈,并将二者的根本区别也混淆了。以上各种宗教都有其产生、发展、长期存在的复杂历史与现实原因,宗教信仰者对其信仰的虔诚与坚定不容置疑。但是,我们必须清楚,这些宗教信仰本质上是人对于现实苦难无奈情况下的精神寄托。这些信仰都是人为满足精神需求而确立的。正如马克思所说,"宗教是人民的鸦片"①。由于种种原因,人们对来自自然界、人类社会的诸多现象难以理解,对于因此而引发的痛苦与苦难不能解脱,而这些宗教便满足了人的这方面的精神需求。"宗教只是虚幻的太阳,当人没有围绕自身转动的时候,它总是围绕着人转动。"②因而,这样的信仰是建立在每个信仰者主观精神需求基础之上的,而信仰的对象包括万能的神与神圣的宗教信条,也都是适应这种需要出现的,但它们不是客观世界规律作用的结果,不是反映人与自然、社会发展规律的科学。总之,宗教是建立在唯心主义基础之上的。

共产党人信仰的马克思主义理论,是关于人与自然和人类社会发展规律的科学,是宇宙的真理。共产党人对共产主义远大理想的信仰,是根据人类社会生产力与生产关系、经济基础与上层建筑这一社会基本矛盾运动规律,根据生产关系一定要适应生产力、上层建筑一定要适应经济基础规律而确立的,坚信一种社会形态必然被更高级的社会形态取代,人类社会必然走向消灭剥削、消灭压迫、每个人的自由发展是一切人自由发展条件的共产主义。共产党人这样的信仰,本质上是对人类社会发展必然规律的信仰,是对科学真理的信仰,这是古代社会的"大同理想"、古代农民起义中"等贵贱、均贫富"的政治理想,以及建立在唯心主义基础上的宗教信仰所不可比拟的,具有无与伦比的科学性、真理性。

---

① 《马克思恩格斯选集》(第一卷),北京:人民出版社,2012年,第2页。
② 《马克思恩格斯选集》(第一卷),北京:人民出版社,2012年,第2页。

二、中国共产党人坚定的理想信念,本质上是坚持人民至上的

中国共产党人坚定的理想信念,本质是以为人民谋利益、谋幸福为出发点和归宿的,体现为了人民利益、为了国家和民族美好未来奉献一切、无私忘我的精神品质。

百年来的征程中,中国共产党人始终坚持全心全意为人民服务的根本宗旨,把为人民谋利益、谋幸福作为自己全部奋斗的核心主题,作为自己一切纲领、政策、举措与行为的出发点和归宿,作为中国共产党精神谱系核心理念的理想信念,更是有着鲜明的本质特征。革命战争年代,中国共产党人树立、坚定对于中国革命必然胜利的信念和理想,是服务于当时共产党人为中国人民谋利益宗旨的。社会主义建设时期,中国共产党人践行、弘扬焦裕禄精神、雷锋精神、"两弹一星"精神,树立和坚定理想信念都落实到为中国人民谋利益谋幸福的实践之中。中国共产党人对理想的忠贞不渝,对马克思主义科学理论的坚定信仰,对实现中华民族伟大复兴伟业的坚定信念,本质上都服从、服务于践行党的全心全意为人民服务的根本宗旨,都是以为人民谋利益、谋幸福为根本出发点和归宿的,这与古今中外形形色色服从于个人、小团体、政治派别利益的信仰、信念、理想有根本的区别和本质的不同。

首先,这样的理想信念根本不同于一些以自我为中心,为了个人成名成家、功成名就而不懈努力的理想信念。古今中外,不乏许多个人成功的案例,这些成功人士自幼树立起远大的人生理想,并

为实现这样的理想进行坚韧不拔、自强不息的奋斗,有的事迹十分感人。中国古代读书人为了当官做老爷,勤学苦练,"头悬梁,锥刺股"①,"苦其心志,劳其筋骨,饿其体肤,空乏其身"②,总之,为了个人出人头地、功成名就而对人生理想有坚强信念,为理想人生而坚韧不拔。还有些人把对金钱的向往、追逐作为一生的坚定信念,为了多赚钱的人生理想,想尽千方百计,甚至铤而走险,违法乱纪。这些以自我为中心的理想、信念不可谓不执着。一些人为这样的理想信念所做的努力不可谓不坚韧。但是,这样的理想信念与中国共产党人立志为人民群众谋利益、谋幸福,为国家民族的前途命运奋斗不息的理想信念相去甚远,有的甚至对立,因而与共产党人为人民谋利益、谋幸福为出发点和目的的理想信念不可同日而语。

其次,这样的理想信念根本不同于一切与民族前途、国家命运无关,与人民幸福生活无关的团体、企业的理想。当代很多企业都十分重视企业文化建设,一些企业的文化建设里都设定了企业发展的宏伟目标,称之为企业理想,并将其确定为企业员工的价值追求,要求员工对此树立坚定的信念,树立对企业前景的信仰。这种现象不可一概而论,需要具体分析,如果这些企业理想与中国人民的幸福生活、中华民族伟大复兴的事业连在一起,这样的理想信念与共产党人的理想信念是有着共同价值取向的。如果企业的理想离开了中国人民利益、中华民族伟大复兴的事业,只是把追求产值利润、成为世界 500 强作为目标,只是把员工平均年收入多少作为

---

① [西汉]刘向撰:《战国策》,耿天勤注译,武汉:崇文书局,2007 年,第 8 页。《八家后汉书辑注》(下),周天游辑注,上海:上海古籍出版社,2020 年,第 729 页。
② [战国]孟子:《孟子·告子(下)》,哈尔滨:北方文艺出版社,2019 年,第 255 页。

目标,甚至为此不顾国家社会利益、仅仅为自己企业的利益,这种理想和价值追求本质上是服从于个人利益的,是以自我为中心的,与中国共产党人立足于为人民谋利益、为人民谋幸福,并为此牺牲个人、奉献自我的崇高理想是根本不同的。

最后,这样的理想信念与对资产阶级民主、自由、人权、法治的信仰、信念根本不同。欧美资本主义国家都宣称有着对民主、自由、人权、法治的信仰,在中国亦有一些人把这个当作他们追求的政治理想,并长期心向往之,如醉如痴。认识这种理想信念必须弄清它的本质。世人皆知,作为资本主义国家价值理念的民主、自由、人权、法治,是在文艺复兴与资产阶级革命的历史背景下形成并确立的。很清楚,洛克、孟德斯鸠、卢梭、伏尔泰这些资产阶级民主、自由、人权、法治理论的创造者,是适应欧洲资本主义生产方式变革、资产阶级政治统治的需要,服务于为资产阶级争取自由、平等、人权的政治目的的。纵观欧美发达资本主义国家近三百年来的实践,这些理念和价值观在反对封建统治,反对贵族政治,争取资产阶级利益方面发挥过积极作用,也在不同程度上促进了人民的普选权和基本自由。但从根本上说,在所有发达资本主义国家,以三权分立为架构的资产阶级国家权力,以垄断资本特别是金融资本为主体的资产阶级统治权力,使得民主、自由、人权、法治这些价值观,其基本功能表现在维护垄断资本利益,实现和保证统治阶级即精英阶级的政治权力等方面。而多数下层人民的民主、自由、人权都是海市蜃楼,资本主义国家的法治则成为维持这种秩序的坚强保障。因此,他们津津乐道、始终坚持的这种民主、自由、人权、法治信念,某些人如醉如痴地向往的这些理想,本质上是满足垄断资本权益的需要的,是服务于少数有产者的工具。诚然,资本主义的民主、自由、人权、法治在基本服务于垄断资本权益的同时,也能一定程度实现普通大众的某些自由、民主权利和人权。但人们对它的信仰、追求完全是建立在"自我中心"的个人主义价值观基础上的,与中国共产党人以为全体人民谋利益、谋幸福为出发点和归宿的理想信念、信仰,以及为了人民利益与幸福奉献自我的价值理念完全不可同日而语。因而,中国共产党人的理想信念是真正站在历史正确的一边,站在全体人民一边,从而使自己具有在真理和道义上的极大优越性。

三、中国共产党人坚定的理想信念,是崇高理想与现实奋斗相统一的

中国共产党人坚定的理想信念,不是遥不可及、虚无缥缈的空想,而是建立在把握社会发展客观规律基础之上的,与全体人民根本利益、幸福生活紧密相关的,崇高的科学理想。

首先,中国共产党人的坚定理想是包含着最高理想和现阶段共同理想的统一整体。最高理想和现阶段理想缺一不可,所谓远大理想,即实现共产主义的社会制度,这是全世界共产党人奋斗的最终目标,是马克思主义揭示的人类社会历史发展的最高阶段。中国共产党人坚信这个美好未来一定能够实现,正如习近平总书记所指出的,"实现共产主义是我们共产党人的最高理想,而这个

最高理想是需要一代又一代人接力奋斗的"[1]。所谓现阶段的共同理想,是指根据党所处的环境,党的事业所处的具体历史阶段的具体情况,规定党在不同时期的使命,实现这些使命,完成党在不同历史时期的历史任务,这是党在现阶段的理想,也是党的最低纲领。从1921年党成立之时起,百年来的奋斗中,我们党一直坚持把为最高纲领奋斗与实现党在各阶段历史任务而奋斗紧密联系在一起。习近平总书记明确提出,中国共产党人的理想,既包括共产主义远大理想,也包括建设中国特色社会主义共同理想。如果只讲现阶段中国特色社会主义共同理想,不讲远大理想,那就说不清楚中国特色社会主义从何而来,走向何方。实际上党的百年奋斗中,一代代共产党人的坚定理想,从来都包括最高理想和各阶段奋斗目标这两方面的内容,就今天而言,是最高理想与现阶段共同理想的统一,因而,绝不能把中国共产党人的坚定理想,只理解为其中一个方面,而忽视另一个方面。

其次,中国共产党人一直在为共产主义远大理想而奋斗。对远大理想的坚定追求,激励着一代代共产党人前赴后继、奋斗不息。马克思主义理论告诉我们,共产主义最高理想不仅是基于人类社会发展规律可以预见的科学理想,而且是一个一代代共产党人不懈奋斗的运动。共产主义运动自1848年《共产党宣言》问世即已开始,全世界共产党人的奋斗实践都是这个运动的内容。在中国,这样的运动从1921年中国共产党成立即已开始,这个运动的最终目标是实现共产主义,因而它本身就是共产主义理想的实践。

---

[1]《习近平谈治国理政》(第二卷),北京:外文出版社,2017年,第142—143页。

这个实践的过程也是共产主义理想逐步实现的过程。当然,共产主义远大理想的最终实现需要几代、十几代或几十代共产党人的长期接力奋斗。正如习近平总书记所说的,"在我们党九十多年的历史中,一代又一代共产党人为了追求民族独立和人民解放,不惜流血牺牲,靠的就是一种信仰,为的就是一个理想。尽管他们也知道,自己追求的理想并不会在自己手中实现,但他们坚信,只要一代又一代人为之持续努力,一代又一代人为此作出牺牲,崇高的理想就一定能实现"①,"我们不能因为实现共产主义理想是一个漫长的过程,就认为那是虚无缥缈的海市蜃楼,就不去做一个忠诚的共产党员。革命理想高于天。实现共产主义是我们共产党人的最高理想,而这个最高理想是需要一代又一代人接力奋斗的"②。百年来,中国共产党人坚持不懈,前赴后继,一直在为实现共产主义远大理想英勇奋斗,并取得了无与伦比的辉煌成就,这充分说明中国共产党人的理想信念是实实在在的,而不是虚无缥缈、遥不可及的。

再次,中国共产党人一直在为最低纲领努力奋斗。坚定的理想信念鼓舞、激励着中国共产党人,让他们经受了无数生死考验,创造了前所未有的辉煌。中国共产党在各个不同历史时期的最低纲领,是中国共产党人理想信念的题中应有之义,也是实现共产主义理想在现阶段任务的具体化。因此,在中国革命、建设、改革开放和新时代等不同时期,根据党的事业的需要,根据党所处环境的特点,确定党在现阶段的任务并努力实现这个任务,是中国共产党

---

① 《十八大以来重要文献选编》(上),北京:中央文献出版社,2014年,第116页。
② 《习近平谈治国理政》(第二卷),北京:外文出版社,2017年,第142—143页。

坚定理想信念,为实现远大理想不懈努力的基本特征。百年来的征程中,中国共产党都在马克思主义及其中国化成果指导下,制定了不同时期的最低纲领。新民主主义革命时期,党把"(1)消除内乱,打倒军阀,建设国内和平;(2)推翻国际帝国主义的压迫,达到中华民族的完全独立;(3)统一中国本部(包括东三省)为真正民主共和国"[1]作为最低纲领。在新中国成立初期,我们党把完成社会主义改造,建立人民民主专政的社会主义制度,进行社会主义建设,尽快摆脱国家一穷二白的面貌作为最低纲领。改革开放和社会主义现代化建设时期,我们党把进行多方面改革开放,创造促进社会主义生产力更快发展的、充满活力的各方面制度,建设中国特色社会主义作为最低纲领。中国特色社会主义新时代,我们党把发展和完善中国特色社会主义事业、实现国家治理体系和治理能力现代化、全面建成小康社会,以及全面开启社会主义现代化建设新征程、实现中华民族伟大复兴中国梦作为最低纲领。百年来,一代代共产党人,为实现这些最低纲领,抛头颅、洒热血,英勇奋斗、不怕牺牲,克服了难以想象的艰难险阻,战胜了难以计数的风险挑战,付出了世所罕见的艰辛努力,取得了无与伦比的辉煌成就。习近平总书记在总结红军长征胜利经验时曾深刻指出:"长征的胜利,是中国共产党人理想的胜利,是中国共产党人信念的胜利。'风雨浸衣骨更硬,野菜充饥志越坚;官兵一致同甘苦,革命理想高于天'。在风雨如磐的长征路上,崇高的理想,坚定的信念,激励和

---

[1]《中共中央文件选集(一九二一——一九二五)》(第一册),北京:中共中央党校出版社,1989年,第62页。

指引着红军一路向前。"①邓小平曾经指出:"为什么我们过去能在非常困难的情况下奋斗出来,战胜千难万险使革命胜利呢?就是因为我们有理想,有马克思主义信念,有共产主义信念。"②长征的胜利、中国革命的胜利,是共产党人坚守理想信念的胜利;社会主义革命和建设、改革开放和社会主义现代化建设、新时代中国特色社会主义的胜利,也是共产党人坚守理想信念,为理想信念奋斗的胜利。在理想信念激励下实现党在现阶段的使命,是中国共产党百年历史、百年征程的重要特征。

最后,中国共产党人坚定的理想信念体现在共产党员的具体工作中,表现在党员干部日常行为中。百年来的历程中,中国共产党人始终把坚定的理想信念落实到具体实践、具体工作、日常行为中,通过一代代共产党人,通过不同岗位共产党员的艰苦奋斗、献身精神,诠释理想信念的内涵,落实理想信念的要求,使理想信念通过共产党人的奋斗展示出来,在共产党人的奋斗中得到实现。习近平总书记指出:"革命理想高于天。实现共产主义是我们共产党人的最高理想,而这个最高理想是需要一代又一代人接力奋斗的。如果大家都觉得这是看不见摸不着的东西,没有必要为之奋斗和牺牲,那共产主义就真的永远实现不了了。我们现在坚持和发展中国特色社会主义,就是向着最高理想所进行的实实在在努力。"③在百年来党的建设实践中,共产党人有无坚定的理想,是不

---

① 习近平:《在纪念红军长征胜利80周年大会上的讲话》,《人民日报》2016年10月22日。
② 《邓小平文选》(第三卷),北京:人民出版社,1993年,第110页。
③ 《习近平谈治国理政》(第二卷),北京:外文出版社,2017年,第142—143页。

是在为崇高理想而奋斗,是完全能够从其实践中,从其对待党和人民事业的态度与行为中表现出来的。正如习近平总书记所强调的,"理想信念不是拿来说、拿来唱的,更不是用来装点门面的,只有见诸行动才有说服力。要知行合一、言行一致,保持对理想信念的激情和执着,牢固树立正确的世界观、权力观、事业观,用自己的实际行动为坚持和发展中国特色社会主义、为实现共产主义远大理想不懈奋斗"①。百年来的实践中,中国共产党强调全体共产党员不仅要坚定理想信念,更要在实践中、在具体工作岗位上、在自己的日常行为中为理想而奋斗,体现出无比坚定的理想信念。习近平总书记指出:"没有远大理想,不是合格的共产党员;离开现实工作而空谈远大理想,也不是合格的共产党员。"②检验一个干部理想信念是否坚定,"主要看干部是否能在重大政治考验面前有政治定力,是否能树立牢固的宗旨意识,是否能对工作极端负责,是否能做到吃苦在前、享受在后,是否能在急难险重任务面前勇挑重担,是否能经得起权力、金钱、美色的诱惑"③。百年来,在党的建设实践中贯彻这种理念,按照这些看得见、可操作的实在标准要求党员干部,检验党员干部的理想信念状况,使中国共产党人坚定的理想信念没有成为空洞的口号、漂亮的言辞,不是虚无缥缈、海市蜃楼般的东西,而是成为有实实在在内容的,可以衡量、可以判断的党员素质,对党的事业发挥了极大的鼓舞作用,成为中国共产党人无坚不摧的精神力量。

---

① 习近平:《在党的十九届一中全会上的讲话》,《求是》2018年第1期。
②《十八大以来重要文献选编》(上),北京:中央文献出版社,2014年,第116、340页。
③《习近平谈治国理政》,北京:外文出版社,2014年,第415页。

四、中国共产党人的理想信念,是坚定不移、不可战胜的

中国共产党人的理想信念经得起一切来自外部困境、自身失败挫折、个人利害得失的考验,是共产党人能够始终坚定不移、能够为之奉献一切的理想信念。

古今中外,一个人、一个政党或组织、一个民族或国家,宣称自己有远大理想、有坚强信念与信仰是常见现象,但综观历史与现实,无论是普通的个人,还是政党、组织、企业或国家的成员,在种种内部状况、外部环境作用下,在遇到形形色色权力、金钱、美色诱惑或遭遇失败挫折之后,或灰心丧气、或偃旗息鼓、或蜕化变质、或苟且偷安、或随波逐流、或抛弃初心。与此完全不同的是,中国共产党成立100多年来,在成立初期形成的包括坚定理想、坚持真理在内的伟大建党精神激励下,对马克思主义科学理论的坚定信仰,对共产主义远大理想的坚定信念,就成为中国共产党人的理想信念、精神支柱,对于理想信念的坚持与坚守,成为一代代共产党人至高无上的价值追求,无论时代如何变化,党自身的境遇如何变化,党员个人的生死荣辱、利害得失、状况如何,中国共产党人的理想信念都坚定不移、始终不渝。

第一,中国共产党人对理想信念的坚守,经得起国际共产主义运动状况、世界社会主义运动形势多次剧变的考验。中国共产党人为共产主义崇高理想奋斗的伟大实践,本质上是马克思主义诞生后,世界社会主义运动的重要组成部分。这一运动从1848年

《共产党宣言》问世开始,作为人类历史上最伟大的进步运动,便是国际政治舞台的重要内容,是现当代国际政治局势的重要内容,它的形成发展、兴衰成败,不仅影响着世界的格局,而且影响着世界各国社会主义运动的命运。《共产党宣言》的发表,马克思、恩格斯亲自领导国际工人运动,并创建共产主义者同盟的实践,促进了国际共产主义运动的兴起,促进了欧洲一大批共产党、工人党的诞生和欧洲工人运动的蓬勃发展,后来又在列宁领导下取得十月革命的成功。第一个社会主义国家苏联的诞生,开辟了人类历史的新纪元。

十月革命的胜利、新生的苏联社会主义制度的建立、巩固,打破了资本主义制度一统世界的局面,给全世界马克思主义信仰者以极大鼓舞,使全世界共产党人在争取民族独立、反对帝国主义斗争中看到希望,促进了一大批被压迫民族、被压迫国家中马克思主义政党的诞生,在这样的背景下成立的中国共产党,在为中华民族谋复兴、求解放的初期实践中,一方面受到苏联方兴未艾的社会主义建设成就的感召和鼓舞,一方面又得到作为全世界共产主义运动领导中心的共产国际在物质上的援助与思想理论方面的指导。这对于早期中国共产党人树立理想、为理想奋斗有着积极的促进意义。

在反法西斯战争后期,随着共产国际解散,特别是斯大林去世后的20世纪五六十年代,赫鲁晓夫上台,作了秘密报告,全盘否定斯大林,同时,对其他国家共产党大搞大国沙文主义、大党沙文主义,国际共产主义阵营分裂。在这样的背景条件下,有的国家的共产党人理想信念发生了动摇,但中国共产党人没有因为国际共产主义阵营分裂,中国共产党孤立无援而丧失信心;没有因为失去了苏联的支持帮助,包括撤走援建专家、停止援建项目等而灰心丧气,而是始终坚守共产主义远大理想,对社会主义信念坚定不移,独立自主、自力更生,在马克思主义指导下,继续探索社会主义道路,在极端困难的条件下,不断巩固社会主义制度,取得了社会主义革命和建设的伟大成就。20 世纪 80 年代末 90 年代初,由于种种原因,苏联解体、东欧剧变,社会主义遭受了前所未有的挫折,西方资产阶级政治家欣喜若狂,称之为"历史的终结",认为社会主义从此将在地球上消失,成为历史。不少国家的共产党也认为,社会主义制度没有生命力、吸引力,对社会主义、共产主义前途丧失信心,有的偃旗息鼓、解散共产党组织,有的停止活动,有的改旗易帜,纷纷把信仰马克思主义的共产党改为信奉民主社会主义的社会民主党,随后还出现了所谓"第三波民主化浪潮"。在这样的国际背景下,在世界社会主义运动进入低潮的形势下,中国共产党人的理想信念没有动摇,反而坚如磐石。邓小平指出:"一些国家出现严重曲折,社会主义好像被削弱了,但人民经受锻炼,从中吸收教训,将促使社会主义向着更加健康的方向发展。"[①]"我坚信,世界上赞成马克思主义的人会多起来的,因为马克思主义是科学。它运用历史唯物主义揭示了人类社会发展的规律。封建社会代替奴隶社会,资本主义代替封建主义,社会主义经历一个长过程发展后必然代替资本主义。"[②]"因此,不要惊慌失措,不要认为马克思主义

[①] 《邓小平文选》(第三卷),北京:人民出版社,1993 年,第 383 页。
[②] 《邓小平文选》(第三卷),北京:人民出版社,1993 年,第 382 页。

就消失了,没用了,失败了。哪有这回事!"[①]众人皆醉我独醒,沧海横流方显英雄本色,在苏联抛弃社会主义,欧洲、非洲不少国家解散共产党的国际大环境下,中国共产党人坚守理想,坚定信念,坚持走中国特色社会主义道路。30多年过去,中国特色社会主义取得伟大成就,社会主义制度在中国展现极大优越性、生命力,中国特色社会主义伟大成功令世界瞩目,中国特色社会主义的胜利,是中国共产党人坚定理想的胜利,是中国共产党人坚定信念的胜利。

中国共产党成立100多年来的实践表明:无论国际共产主义运动在世界范围内风起云涌、气势磅礴,还是内部出现分裂,甚至遭遇惨痛失败;无论世界范围内因马克思主义广泛传播使得社会主义、共产党成为新潮、时髦,使之成为被追捧的对象,而在各国纷纷建立共产党组织,兴起国际共产主义运动,还是社会主义由于种种原因出现低潮,马克思主义被认为过时,而被冷落、被抛弃,中国共产党人都始终坚守理想,坚持真理,坚定信念,坚定信仰。这与世界上一些国家的共产党、工人党,时而一跃而起,时而垂头丧气的特点是有根本区别的。

第二,中国共产党人对理想信念的坚守,经得起来自强大敌人、艰难环境、严峻风险的考验。百年来的征程中,中国共产党在前行的路上,遇到的敌人凶恶残暴,党的事业所处的环境之复杂艰难,党遇到的挑战之多之大,都世所罕见。正如习近平总书记所指出的,"世界上没有哪个党像我们这样,遭遇过如此多的艰难险阻,

---

[①]《邓小平文选》(第三卷),北京:人民出版社,1993年,第383页。

经历过如此多的生死考验,付出过如此多的惨烈牺牲"①。新民主主义革命时期,从北洋军阀到国民党反动派、日本帝国主义,对中国人民的凶恶残暴都是世所罕见的。1927年,国民党反动派背叛革命,向共产党人举起屠刀,一年左右时间共产党人三万多人牺牲,中华大地血流成河。一片白色恐怖之下,中国共产党人的理想信念没有动摇,他们从地上爬起来,擦干净身上的血迹,掩埋好同伴的尸体,又继续战斗了。第五次反"围剿"失败,红军被迫长征,湘江战役异常惨烈,英勇的红军战士几万人血染湘江,随后万里征途上,每天天上几十架飞机狂轰滥炸,地上几十万大军围追堵截,翻越几百座大山,跨过100多条河流,每300米就有一名红军战士倒下。中国共产党人"风雨浸衣骨更硬,野菜充饥志越坚;官兵一致同甘苦,革命理想高于天"②。正如习近平总书记所指出的:正是崇高的理想,坚定的信念,激励和指引着红军一路向前,"艰难可以摧残人的肉体,死亡可以夺走人的生命,但没有任何力量能够动摇中国共产党人的理想信念"③。新中国成立后,面对千疮百孔、百废待兴的状况,党领导人民开始新建设,艰苦奋斗、艰难创业。此时,又遇到"冷战"形势下的西方资本主义国家对新中国的封锁禁运,使我们只能实行"一边倒",更多地依靠自力更生。后来,又出现了苏联背信弃义,撤走专家,撕毁合同的事,各项建设事业完全依靠自己,从头开始。面对这些,中国共产党人没有畏惧退缩,而是领

---

① 习近平:《在党史学习教育动员大会上的讲话》,北京:人民出版社,2021年,第19页。
② 习近平:《在纪念红军长征胜利80周年大会上的讲话》,《人民日报》2016年10月22日。
③ 习近平:《在纪念红军长征胜利80周年大会上的讲话》,《人民日报》2016年10月22日。

导全体人民自力更生、艰苦奋斗,战胜难以想象的困难,建立起独立完整的国民经济体系,并成功研制出"两弹一星"。中国特色社会主义新时代,世界出现百年未有之大变局,美国奉行霸权主义国家战略,无理性、无底线,围堵打压中国,贸易战、科技封锁、南海挑衅、支持台独,甚至干涉我国香港、新疆等地事务,给我国的发展制造麻烦和风险。中国共产党人坚定走中国特色社会主义道路,坚定理想信念不动摇,坚定不移地推进中华民族伟大复兴事业。百年来风雨兼程,百年来苦难辉煌,百年来九死一生,百年来风华正茂,充分表明,任何凶恶敌人,任何艰难环境,任何风险挑战都不能动摇中国共产党人的理想信念,都不能阻止中国共产党人披荆斩棘、一往无前的前进步伐。

第三,中国共产党人的理想信念,经得起自身犯错误、遭遇失败挫折的严峻考验,能够凤凰涅槃,浴火重生。习近平总书记指出:"一个政党有了远大理想和崇高追求,就会坚强有力,无坚不摧,无往不胜,就能经受一次次挫折而又一次次奋起。"[1]百年来的征程中,由于种种原因,中国共产党领导的事业,从未一帆风顺,而是充满了曲折。面对挫折与失败,中国共产党人从不气馁、从不灰心、从不动摇自己的理想信念,而是一次次从失败中汲取教训,从挫折中奋起。大革命失败后,面对全国一片白色恐怖,党员人数从五万多人减为一万人左右,中国共产党仍然坚守理想,为理想而奋起,走上武装反抗国民党反动派的斗争道路,开创出农村包围城市、武装夺取政权的中国革命新道路。在历经三次党内"左"倾错

---

[1]《习近平谈治国理政》(第三卷),北京:外文出版社,2020年,第519页。

误,特别是王明"左"倾机会主义导致党和红军极大损失,中国革命几乎陷于绝境的情况下,以毛泽东为主要代表的中国共产党人从未动摇理想、从未丧失信念,而是在理想信念的指引和激励下,于九死一生中使党和红军确立起正确政治路线、军事路线,确立毛泽东在党和红军中的领导地位,于危难中挽救了党,挽救了红军,挽救了中国革命。"文化大革命"中的极左错误给党和社会主义建设造成了极大损失。"文化大革命"结束后,在人民生活水平尚处在较低水平,我们与一些发达资本主义国家存在很大差距的情况下,中国共产党人对共产主义的理想信念没有动摇,而是坚定理想,坚定中国特色社会主义信念,解放思想、实事求是,坚持四项基本原则,实行改革开放,使社会主义优越性极大发挥出来,成功走出了一条中国特色社会主义道路。正如习近平总书记所强调的,中国共产党"几经挫折而不断奋起,历尽苦难而淬火成钢,归根到底在于心中的远大理想和革命信念始终坚定执着,始终闪耀着火热的光芒"[①]。第四,中国共产党人的理想信念,经得起荣辱得失、冤枉委屈的考验。古今中外不乏一些理想主义者,在对待某种思想理念、宗教教义、国家制度的态度上,也曾树立明确的理想信念,表现出对自己理想信念的信誓旦旦,但一旦个人的境遇出现问题,或者他所信仰的思想价值观同国家制度、政党纲领相背离,使他遭遇厄运,便掉头转向或者放弃,此类例子,比比皆是。与那些建立在个人利害得失基础上的理想信念有着本质区别,中国共产党人具有坚定的理想信念。有坚定理想信念的共产党人完全不计较个人的

[①] 习近平:《在纪念红军长征胜利80周年大会上的讲话》,《人民日报》2016年10月22日。

利益得失,在实现理想的奋斗中完全处于无我的境界,无论个人境遇出现什么情况,都一如既往的信念坚定。

在土地革命战争中,毛泽东把马克思主义原理与中国革命实际相结合,坚持真理,在实践中提出一系列正确的政策主张,不仅没有被当时"左"倾机会主义的中央领导人接受,而且受到"左"倾错误领导人的无理打压,多次或被撤销职务或被错误批判。从个人来说,受到很大的委屈、受到很不公正的待遇,但毛泽东始终没有因为个人被误解、受冤枉、受委屈而稍减对革命事业的热忱和对党的事业的责任感,而是始终坚守革命理想,坚定对党的事业的忠诚,主动、积极地研究中国革命规律,随时就关系革命前途命运的重大问题提出正确建议。习近平总书记在纪念周恩来诞辰120周年座谈会上谈到,周恩来一生都遵奉自己的誓言,不论革命力量多么弱小……担负的责任多么艰巨,个人的处境多么困难,他都始终保持坚定的理想信念和旺盛的革命精神,"正如他在自我解剖时说的那样:'我做工作,从来没有灰心过'"[1],他从不计较个人地位和得失。邓小平一生中三起三落,都是被错误批判、错误处理,但个人受委屈、被冤枉,丝毫没有动摇他坚定的理想信念。习近平总书记在纪念邓小平诞辰110周年座谈会上指出,"在此后七十多年的革命生涯中,无论个人处境如何艰难,无论革命道路如何坎坷,邓小平同志都坚信马克思主义的科学性和真理性,坚信社会主义、共产主义的光明前景"[2]。面对"文化大革命"的挫折,他信念执着,

---

[1] 习近平:《在纪念周恩来同志诞辰120周年座谈会上的讲话》,《人民日报》2018年3月2日。
[2] 习近平:《论中国共产党历史》,北京:中央文献出版社,2021年,第79页。

从不消沉,将坏事又变好事,开创了改革开放的新局面。

毛泽东、周恩来、邓小平等老一辈中国共产党人在任何境遇下,都不计较个人荣辱得失、生死祸福,都具有坚定不移的理想信念,为我们树立了光辉的榜样。这是中国共产党人理想信念的典型特征,充分表明这种理想信念是一切与功利和个人得失挂钩的所谓"理想信念"所不可比拟的。

(原载《观察与思考》2023 年第 3 期)

四

思想政治理论课"显性教育与隐性教育相统一"的内在规律

习近平总书记在学校思想政治理论课教师座谈会上强调,思想政治理论课要"坚持显性教育和隐性教育相统一"[①]。这一论断的提出,既是对思想政治理论课实践经验与规律的总结,也为思想政治理论课的改革创新提供了根本遵循。显性教育与隐性教育始终存在于教育实践中,但是如何在思想政治教育中处理好二者的关系,探寻显性教育与隐性教育相统一的内在规律,增强思想政治理论的实效性,提升教育质量,意义重大。

---

① 习近平:《思政课是落实立德树人根本任务的关键课程》,《求是》2020年第17期。

一、思想政治理论课实现显性教育与隐性教育相统一的必要性

首先,是实现立德树人根本任务的客观需要。习近平总书记强调:"人才培养一定是育人和育才相统一的过程,而育人是本。人无德不立,育人的根本在于立德。这是人才培养的辩证法。办学就要尊重这个规律,否则就办不好学。要把立德树人的成效作为检验学校一切工作的根本标准"①,"高校思想政治工作,面上看做的是学生思想政治工作,实际上将影响一代青年的思想观念、价值取向、精神风貌"②。立德树人是教育的根本任务,落实这一根本任务是对教育本质问题的鲜明回答。立德树人应贯穿整个教育过程,包含在各门课程之中。"显性教育"与"隐性教育"作为两种功能不同、各具优势的教育形式,在长期的教育实践中各自发挥着自身的功能,共同致力于实现立德树人这一教育的根本任务。习近平总书记指出:"我们办中国特色社会主义教育,就是要理直气壮开好思政课,用新时代中国特色社会主义思想铸魂育人。"这就要求我们在贯彻落实立德树人这一根本任务的过程中,充分发挥思想政治理论课的关键作用,旗帜鲜明地开展思想政治理论课,用好课堂教学这个主渠道,提升思想政治教育亲和力和针对性,满足学生成长发展的需求和期待。同时,推进实现立德树人,要充分发挥

---

① 习近平:《在北京大学师生座谈会上的讲话》,《人民日报》2018年5月3日。
②《习近平关于青少年和共青团工作论述摘编》,北京:中央文献出版社,2017年,第38页。

隐性教育的作用,充分挖掘其他课程和教育方式中所蕴含的思想政治教育资源。习近平总书记讲:"思政课不仅应该在课堂上讲,也应该在社会生活中来讲。"对于立德树人而言,其他各门课程也有着重要的责任。其他各门课程应当守好自己的责任田,遵循教学规律,在传授专业知识的同时突出育德的功能,与思想政治理论课同向同行,将价值观教育贯彻落实到各门课程与学生生活之中,以此来增强思想政治教育的潜隐性与亲和力,达到立德树人的目的。

因此,立德树人作为教育的根本任务,是显性教育与隐性教育相统一的前提。无论是旗帜鲜明的以思想政治理论课为主要形式的显性教育,还是让学生在潜移默化的过程中知晓价值理念的隐性教育,都共同致力于立德树人这一根本的教育任务。"坚持显性教育和隐性教育相统一,就是坚持根本、盘活形式。"①具体来说,实现立德树人的根本任务不仅要发挥思想政治理论课的关键作用,而且要挖掘其他课程与教育方式中所蕴含的思想政治教育资源,促进思想政治教育资源与其他各门课程资源的协调联动,形成以思想政治理论课为核心,以其他各门课程中的隐性教育资源为支撑的课程体系,推动显性教育与隐性教育的统一。

第二,是增强思想政治理论课实效性的现实需要。当前,我们正处在全面深化改革的关键时期,社会主义现代化建设进入了新的发展阶段,社会形势发生了全面而深刻的变化。社会主义市场经济在为我国发展带来生机与活力的同时,也冲击着我国的社会

---

① 胡大平:《坚持显性教育和隐性教育相统一　全面提升高校立德树人水平》,《思想理论教育导刊》2019 年第 7 期。

思潮,促使价值观日益多元化,各种拜金主义、享乐主义、利己主义思潮出现,也随之产生诸多思想问题与社会问题,对当前思想政治教育工作提出了严峻的挑战。长期以来,思想政治教育主要通过课堂进行理论教育,而推动学生自主思考的互动交流及价值观引导相对较少,学生缺乏一定的道德判断能力,价值观念判断意识薄弱。这也使得重视显性、忽视隐性的教育方式弊端不断凸显,为此必须要改善思想政治教育方法,实现显性教育与隐性教育的统一,提高思想政治教育的实效性。

实现显性教育与隐性教育的统一,能够满足教育对象的内在需求,实现学生个体的全面发展。具体来说,显性教育是指正规的课堂教育,有一定的计划性,教育方式一般以灌输为主,具有一定的直接性、公开性和强制性。[1] 长期以来,显性教育作为思想政治教育的主要方式,具有突出的优势与特点,为青少年思想道德素质的提高做出了重要贡献。首先,教育方式的直接性。这种直接明确、简明扼要的教育方式,能够使受教育者最快、最大限度地获取知识,明确发挥显性教育的价值引导功能。第二,教育内容的计划性。在内容设定上依据学生的现实需要及德智体美劳综合培育的教学要求,有规划地设定教育目标、教学课时、教学内容及教学计划,大大增强了教育的科学性、规范性、系统性,更好地加强价值观教育,确保思想政治理论课的思想性和理论性。第三,教育者的主导性。在显性教育的过程中,教育者处于主导地位,教育目标明确。显性教育也有其不足之处,而隐性教育恰恰可以弥补之。在

---

[1] 陈志章:《美国社会隐性教育研究》,北京:中国社会科学出版社,2017年。

现实情况下,显性教育往往容易忽视调动受教育者的积极性和主动性,产生教育主体与客体之间的矛盾,导致受教育者产生逆反心理。与之相反,隐性教育恰恰能弥补这一缺点,能够充分尊重教育对象的主体性。隐性教育在教育方式上能够避免直接的说教,根据学生内在的发展需要与心理需求,从学生自身切实关心的现实问题入手,使受教育者能够在多种形式中,依据自身的需要来获取教育内容,既能体现显性教育的价值引导功能,又能体现隐性教育的潜移默化的特性,使受教育者能够自觉主动地接受教育内容,在显性教育与隐性教育相统一的过程中更加积极主动地思考,满足受教育者个体全面发展的需要。

显性教育与隐性教育各自具有不同的特点与优势,只有摒弃二者的缺点,将双方的优点最大化,促使双方优势互补,实现显性教育与隐性教育的统一,才能够切实增强思想政治教育的实效性。

第三,思想政治理论课改革创新的迫切需要。习近平总书记在学校思政课教师座谈会上指出:"推动思想政治理论课改革创新,不断增强思政课的思想性、理论性和亲和力、针对性。"[1]坚持显性教育与隐性教育相统一,能够创新思想政治理论课教学模式、突出思想政治理论课思想性和理论性、保障思政课的亲和力与针对性,是实现思想政治理论课改革创新的必要前提。显性教育与隐性教育的划分不是绝对的,而是相对的,二者具有不同的特质和优势,只有取长补短,实现显性教育与隐性教育的统一,才能够切实提高思想政治理论课的吸引力、感染力。思想政治教育能否取得

---

[1] 习近平:《思政课是落实立德树人根本任务的关键课程》,《求是》2020年第17期。

预期成效,一是要看教育的内容、方法、形式能否满足学生个体的需要。我国传统的思想政治教育,以教师、课堂讲授、理论灌输为核心,主要采取以思想政治理论课、主题报告为主要形式的显性教育方式,虽然在以往的教育实践中发挥了一定的作用,但是仍然存在一定的局限性。单向的理论灌输,忽视学生自身的主观需求与主体性,缺乏教育主客体之间的平等沟通,这种教育方式往往只能培养出创造意识差、缺乏批判思考的被动接受型学生。二是要看学生个体能否接受相应的教育内容。随着生活环境与生活方式的改变,学生思想的独立性与自主性更加突出,平等意识与民主意识不断增强,以往纯粹突出显性教育的思想政治教育方式已经难以满足学生自身的思想发展诉求。恩格斯曾经指出:"我们的理论是发展着的理论,而不是必须背得烂熟并机械地加以重复的教条。越少从外面把这种理论硬灌输给美国人,而越多由他们通过自己亲身的经验(在德国人的帮助下)去检验它,它就越会深入他们的心坎。"[①]这种显性教育方式,一旦运用不当,会让学生产生对思想政治教育的抵触心理,难以接受相应的教育内容,使得思想政治教育难以取得成效。而运用隐性教育的方式,能够很好地以学生喜闻乐见的形式,在潜移默化的过程中促使受教育者接受教育内容,达到教育目的。

在隐性教育中,受教育者缺乏对所受教育的明确感知,往往处于一种无意识的状态,教育目标是以内隐的形式,在潜移默化的过程中被受教育者获得。在这种隐蔽性很强的隐性教育的过程中,

---

① 《马克思恩格斯文集》(第10卷),北京:人民出版社,2009年,第562页。

没有明确目标的压迫,没有明确的主客体的划分,受教育者能够以轻松愉悦的心态接受教育内容,避免了直接的理论说教所产生的逆反心理。习近平总书记曾经强调"要加强传播手段和话语方式创新,让党的创新理论'飞入寻常百姓家'"①。这就要求思想政治工作者要创新教学形式,实现显性教育与隐性教育的统一,既要突出坚持马克思主义思想指导,发挥课堂教学的主渠道作用,突出思想政治理论课的思想性、理论性;又要尊重学生个体差异,围绕学生,服务于学生,创设教学情境,充分挖掘其他课程与教学方式中所蕴含的思想政治教育资源,保障思政课的亲和力与针对性。由此,显性教育与隐性教育各具特色,坚持显性教育与隐性教育相统一,能够实现优劣互补,避免纯粹以显性教育为主要方式的思想政治理论教育所出现的弊端,更好地适应新时代的新问题、新情况、新要求,推动思想政治理论课改革创新。

二、实现"显性教育与隐性教育相统一"应遵循的规律

第一,理直气壮开办思想政治理论课。习近平总书记强调:"思政课要做思想政治教育的显性课程。有人提出把思政课变成隐性课程,完全融入其他人文素质课程中,这是不对的。我们办中国特色社会主义教育,就是要理直气壮开好思政课。"②这就要求我们必须理直气壮开办思想政治理论课,任何隐晦、间接的教育方式

---

① 习近平:《举旗帜聚民心育新人兴文化展形象　更好完成新形势下宣传思想工作使命任务》,《人民日报》2018年8月23日,第1版。
② 习近平:《思政课是落实立德树人根本任务的关键课程》,《求是》2020年第17期。

都不能完成这一教育任务。坚持理直气壮、旗帜鲜明地办好思想政治理论课,符合马克思主义理论的鲜明特点。《共产党宣言》明确指出:"共产党人不屑于隐瞒自己的观点和意图。"①因此,进行马克思主义理论教育,要秉持这一鲜明态度。"理论只要说服人,就能掌握群众;而理论只要彻底,就能说服人。"②坚持理直气壮办好思想政治理论课是马克思主义理论特征与我国现阶段所取得成就的必然要求。毛泽东指出:"我们必须坚持真理,而真理必须旗帜鲜明。我们共产党人从来认为隐瞒自己的观点是可耻的。我们党所办的报纸,我们党所进行的一切宣传工作,都应当是生动的,鲜明的,尖锐的,毫不吞吞吐吐。这是我们革命无产阶级应有的战斗风格。"③马克思主义理论深刻揭示了科学的世界观与方法论,阐明了人类社会发展的一般规律,这一彻底的科学理论,自然要旗帜鲜明、理直气壮地传授给民众,才能发挥其应有的价值。

坚持理直气壮办好思想政治理论课的规律具有现实底气。党的十八大以来,我们党和国家取得了举世瞩目的成就,实现了从站起来、富起来到强起来的伟大历史飞跃,中国共产党带领人民所取得的这一切成就,昭示了中国特色社会主义道路的光明前景,使中国梦从可能变为必然,既为思想政治理论课提供了更多、更有说服力的现实素材,也为理直气壮、旗帜鲜明地办好思想政治理论课带足底气。因此,强化显性教育与隐性教育相统一的同时,必须坚持理直气壮办好思想政治理论课这一规律,突出显性教育的重要地

---

① 《马克思恩格斯选集》(第1卷),北京:人民出版社,2012年,第435页。
② 《马克思恩格斯文集》(第1卷),北京:人民出版社,2009年,第11页。
③ 《毛泽东选集》(第4卷),北京:人民出版社,1991年,第1322页。

位。推进思想政治理论课的改革创新,我们在凸显隐性教育所应发挥的优势外,决不能为了一味地创新而忽略了显性教育所应发挥的作用。否则,只会使思想政治理论课失去其自身的底线,迷失办好思想政治理论课的初衷。

第二,推进思政课程与"课程思政"同向同行。习近平总书记在全国高校思想政治工作会议中明确强调:"要用好课堂教学这个主渠道,思想政治理论课要坚持在改进中加强,提升思想政治教育亲和力和针对性,满足学生成长发展需求和期待,其他各门课都要守好一段渠、种好责任田,使各类课程与思想政治理论课同向同行,形成协同效应。"[1]推进思想政治教育改革创新,必须要充分挖掘其他课程与教学方式所具有的思想政治教育资源,使思想政治理论课与其他课程之间实现同向同行、同频共振。

坚持推进思政课程与"课程思政"同向同行的规律,既要发挥思政课程的主渠道作用,保证思想政治理论课的底色;又要高度重视课程思政的功能与作用,促使思政课程与"课程思政"同向同行、形成合力。一方面,要坚守思政课程的主渠道地位。习近平总书记讲:"学校是意识形态工作的前沿阵地,可不是一个象牙之塔,也不是一个桃花源。"[2]办好思政课至关重要。不能仅仅满足于专业知识的传授而轻视对学生价值观的引导,不能用学理性弱化政治性,应该坚持育人为本,德育为先,才能够捍卫思想政治理论课的底色,强化思想政治教育的价值引导功能。另一方面,要牢牢把握

---

[1] 习近平:《把思想政治工作贯穿教育教学全过程 开创我国高等教育事业发展新局面》,《人民日报》2016年12月9日。
[2] 习近平:《思政课是落实立德树人根本任务的关键课程》,《求是》2020年第17期。

课程思政的创新理念。各学科课程要充分挖掘自身所蕴含的丰富的思想政治教育资源,为思想政治理论课提供更多、更实用的素材,切实增强思想政治教育的亲和力。习近平总书记在学校思想政治理论课教师座谈会上,从思想政治理论课改革创新的角度,指出"要坚持显性教育和隐性教育相统一,挖掘其他课程和教学方式中蕴含的思想政治教育资源,实现全员全程全方位育人"[①]。长期的教学实践告诉我们,思想政治教育仅仅依靠显性教育是远远不够的,要提高思想政治理论课的质量,增强思想政治理论课的实效性,必须实现显性教育与隐性教育的统一,凸显课程的价值育人功能,实现立德树人的根本任务。事实上,其他各门专业课程中都承担着立德树人的职责,都蕴含着德育的价值引导作用。各学科教师要强化课程思政的育人理念,结合各学科自身的特色,将相关的德育要求及社会主义核心价值观融入于各学科专业课的教学设计之中,在教学中突出教育引导,发挥各门专业课的育人导向功能,促使"课程思政"成为思政课程的得力辅助,推进思政课程与"课程思政"同向同行。因此,要落实立德树人的根本任务,切实提高思想政治教育的质量,就必须牢固树立"课程思政"的教育理念,充分发挥每门课程的育人功能,挖掘其背后所蕴含的思想政治教育资源,促使思政课程与"课程思政"同向同行,以此实现显性教育与隐性教育的统一。

第三,实现学校与社会之间的协同育人。毛泽东指出:"思想政治工作,各个部门都要负责任。共产党应该管,青年团应该管,

[①] 习近平:《用新时代中国特色社会主义思想铸魂育人 贯彻党的教育方针落实立德树人根本任务》,《人民日报》2019年3月19日。

政府主管部门应该管,学校的校长教师更应该管。"[1]推进思想政治教育工作,实现思想政治教育的改革创新,强化显性教育与隐性教育的统一,不仅需要发挥思想政治理论课的优势,还要依托学校和社会的支持与保障,贯彻落实全员全过程全方位的合力育人思想。

坚持学校与社会之间的协同育人的规律,就要推进学校教育教学与社会氛围积极营造之间的相互协同。人不是生活于真空之中的,思想政治教育工作具有社会性,展开与推进思想政治教育离不开社会的协同。只有充分发挥学校与社会各自的优势,实现二者之间的协同育人,才能贯彻落实立德树人的根本任务,做好思想政治教育工作。一方面,要继续发挥课堂教学的主渠道作用,各学校党委要强化育人意识,密切联系思想政治理论课教师,积极引导其他各科教师结合本学科优势充分挖掘思想政治教育资源,为"课程思政"建设提供长效的支持与引导。另一方面,从社会宏观角度而言,要着力营造良好的社会氛围,积极优化教育教学环境。"要建立党委统一领导、党政齐抓共管、有关部门各负其责、全社会协同配合的工作格局,推动形成全党全社会努力办好思政课、教师认真讲好思政课、学生积极学好思政课的良好氛围。"[2]学生存在于社会生活之中,会潜移默化地受到社会观念、社会中人际交往关系的影响。"社会是个大课堂"[3],"社会实践、社会活动以及校内各类学生社团活动是学生的第二课堂,对拓展学生眼界和能力、充实学

---

[1]《毛泽东文集》(第7卷),北京:人民出版社,1999年,第226页。
[2] 习近平:《用新时代中国特色社会主义思想铸魂育人 贯彻党的教育方针落实立德树人根本任务》,《人民日报》2019年3月19日。
[3]《习近平关于青少年和共青团工作论述摘编》,北京:中央文献出版社,2017年,第55页。

生社会体验和丰富学生生活十分有益"①。相较于作为显性教育手段的学校教学,社会往往具有诸多隐性教育的资源。只有充分挖掘社会中存在的思想政治教育资源,积极营造良好的社会氛围,才能为思想政治理论课提供切实可用的素材,增强思想政治教育的吸引力,促使思想政治教育与时俱进。总之,只有实现学校教学与社会之间的相互补充、优劣互补,切实坚持遵循学校与社会之间协同育人的规律,才能为思想政治教育的改革创新注入不竭的动力。

三、显性教育与隐性教育相统一的实现路径

习近平总书记强调:"基础教育是全社会的事业,需要学校、家庭、社会密切配合。"②办好思想政治教育离不开三方的合作与支持。只有促进家庭、学校、社会三者之间的协调联动,确保目标一致,充分发挥三者各自的优势与特色,才能充分挖掘三方各自所蕴含的"显"与"隐"的教育因素,实现优势互补,切实增强思想政治教育的实效性。

第一,家庭应与学校保持一致,形成教育合力。教育效果的好与坏深受家庭与学校教育的影响,父母是孩子的启蒙教师,家庭教育是孩子人生中的第一个课堂,学生的成长离不开家庭的影响。在家庭生活中,表面来看并不存在思想政治教育的内容,但是家庭成员之间的人际交往,父母的性格、品质及为人处世的方式,都会

---

① 《习近平关于青少年和共青团工作论述摘编》,北京:中央文献出版社,2017年,第55页。
② 习近平:《全面贯彻落实党的教育方针 努力把我国基础教育越办越好》,《人民日报》2016年9月10日。

潜移默化地影响着学生价值观的塑造。只有利用好家庭中所蕴含的隐性教育因素,重视家庭教育,才能更好地培育学生的品德,守护孩子的成长。

习近平总书记特别注重家教和家风的重要作用,指出"广大家庭都要重言传、重身教,教知识、育品德,身体力行、耳濡目染,帮助孩子扣好人生的第一粒扣子,迈好人生的第一个台阶"[①]。一方面,家长要重视自身对孩子的影响,充分重视家庭教育中的隐性教育资源,将积极的人生态度和美好的道德观念传导给学生,在潜移默化的过程中培育孩子的道德。另一方面,教师要拓宽与家长联系的渠道与途径,积极与学生家长取得沟通,使家庭与学校保持一致,紧密联系,形成教育合力,更好地、全方面地了解学生的差异,实现因材施教,切实增强思想政治教育的针对性。

第二,各级学校要把握好课堂教学主渠道与校园文化建设的协同,形成显性教育与隐性教育的统一。一方面,学校要坚守课程育人的教育理念,充分发挥好课堂教学的主渠道作用,重视课堂教学所带来的直接的价值引导优势与功能。同时,学校要鼓励与践行思政课程与"课程思政"同向同行的教育理念,引导各科教师树立育人为本的理念,充分挖掘各学科课程所蕴含的思想政治教育资源,多方协同扩大思想政治教育的影响与优势。另一方面,各级各类学校要更加注重校园文化建设,优化教育教学环境,发挥好校园文化中的隐性教育资源。习近平强调:"要更加注重以文化人以文育人,广泛开展文明校园创建,开展形式多样、健康向上、格调高

[①] 习近平:《习近平谈治国理政》(第二卷),北京:外文出版社,2017年,第11页。

雅的校园文化活动,广泛开展各类社会实践。"①广泛开展各项校园文化建设的实践活动,加强校风、学风建设,促使学生在校园文化活动中实现道德培养,达到润物细无声的目的;完善各项制度规范建设,促使学生在各项规章制度的约束下,树立规则观念,自觉遵守纪律。总之,只有协同好课堂教学与校园文化建设这两种教育手段,才能够在显性教育与隐性教育的统一中实现育人的教育本体功能。

第三,扩宽思想政治教育空间,着力优化社会氛围。思想政治教育不应仅仅局限在课堂教学之中,应该积极扩展课堂教学之外的教育领域,促使社会与学校之间达成一致,从而形成"全天候全方位全过程"的育人模式。一方面,利用好各种媒介载体来营造社会氛围。将体现社会主义核心价值观与美好品德的人和事融入大众传媒与互联网之中,打破思想政治教育的空间界限,传递隐性教育资源,促使学生在优良的社会氛围中不断完善道德观念。另一方面,思想政治理论课教师也要积极了解学生在课堂外的日常生活与人际交往,使思想政治教育能够贴近实际、贴近生活,提升思想政治教育的针对性和实效性。

家庭、学校、社会发挥着不同的教育功能,各自具有"显"与"隐"的教育因素,只有推进三者间的协同,形成全方位的育人格局,实现显性教育与隐性教育的统一,才能增强新时代人才培养工作的实效性。

---

① 习近平:《把思想政治工作贯穿教育教学全过程 开创我国高等教育事业发展新局面》,《人民日报》2016年12月9日。

思想政治理论课价值性与知识性相统一的实现路径

习近平总书记在学校思想政治理论课(以下简称"思政课")教师座谈会上强调,"推动思想政治理论课改革创新,不断增强思政课的思想性、理论性和亲和力、针对性"[1],同时强调要坚持政治性和学理性、价值性和知识性、建设性和批判性、理论性和实践性、统一性和多样性、主导性和主体性、灌输性和启发性、显性教育和隐性教育相统一,这是新时代思想政治理论课创新发展的根本遵循。其中,坚持知识性和价值性相统一,就是要寓价值观的引导于知识传授之中。这两者的统一不仅揭示了思想政治理论课具有传授知识与价值引领的双重属性,而且还回答了"培养什么人、怎样培养人、为谁培养人"这一根本性的问题,彰显了思想理论课的独特优势与本质属性。厘清二者统一的内在逻辑与实现路径,能够更好

---

[1] 习近平:《思政课是落实立德树人根本任务的关键课程》,《求是》2020年第17期。

地把握真理尺度与价值尺度的辩证关系,更好地推动立德树人任务的实现,为思想政治理论课教学问题的解决及创新发展提供可行的思路与方法。

一、价值性与知识性相统一是思政课教学效果的必然要求

2019年3月18日学校思想政治理论课教师座谈会上,习近平总书记明确指出:"要坚持价值性和知识性相统一,寓价值观引导于知识传授之中。"这一论述深刻阐述了思想政治理论课教学过程中价值性与知识性的辩证关系,不仅将两者的关系提升到思想政治理论课程教学规律的高度,而且为推动思想政治理论课改革创新提供了基本遵循。

第一,价值性与知识性相统一是党领导的思政教育实践中积累的宝贵经验。毛泽东指出:"不论是知识分子,还是青年学生,都应该努力学习。除了学习专业以外,在思想上要有所进步,政治上也要有所进步,这就需要学习马克思主义、学习时事政治。没有正确的政治观念,就等于没有灵魂。"[1]中国共产党从成立之初就开始加强马克思主义理论的学习,不仅重视理论本身的学习,更重视理想信念等价值观教育,比如在中央苏区要求党员干部努力提高政治水平,时时学习马克思列宁主义理论,来保证党的方针正确,同时要"以最坚韧不拔的意志来坚持党的正确方针。任何困难情形,

---

[1] 《毛泽东文集》(第7卷),北京:人民出版社,1999年,第226页。

绝不动摇,而改变自己的方针"①。既要掌握相关理论,又要提高思想觉悟,加强正确价值观的培育。思想政治教育在马克思主义同中国具体实际相结合的过程中承担起了用马克思主义基本理论、党的基本路线方针、政策等来教育武装广大人民群众的任务,兼顾了"学习马克思主义、学习时事政治"的知识性与促进思想政治进步的价值性。在思政课教育教学的探索中逐步确立具有中国特色的思想政治教育体系,是中国共产党的政治优势和优良传统。邓小平指出:"学生把坚定正确的政治方向放在第一位,这不仅不排斥学习科学文化,相反,政治觉悟越是高,为革命学习科学文化就应该越加自觉、越加刻苦。"②江泽民强调:"加强理论教育、思想教育和政治工作的目的,就是要引导和帮助青年学生树立正确的世界观、人生观、价值观,打下科学理论的基础,确立为建设有中国特色社会主义而奋斗的政治方向。"③胡锦涛指出:"坚持学习科学文化与加强思想修养的统一。"④习近平既强调,"掌握马克思主义理论的深度,决定着政治敏感的程度、思维视野的广度、思想境界的高度"⑤,又号召青年"把正确的道德认知、自觉的道德养成、积极的道德实践紧密结合起来"⑥。进入新时代,在进行思政理论课的建

---

① 项英:《三年来坚持的游击战争》,载王辅一《项英传》,北京:中共党史出版社,1995年,第280页。
② 《邓小平文选》(第2卷),北京:人民出版社,1994年,第104页。
③ 《江泽民文选》(第1卷),北京:人民出版社,2006年,第372页。
④ 胡锦涛:《在庆祝清华大学建校100周年大会上的讲话》,北京:人民出版社,2011年,第10页。
⑤ 中共中央宣传部编:《习近平总书记系列重要讲话读本》,北京:学习出版社、人民出版社,2016年,第34页。
⑥ 《十八大以来重要文献选编》(上),北京:中央文献出版社,2014年,第280页。

设时也要承前启后,遵循教育规律,坚持知识性与价值性相统一,使我们培养的人能够完成"两个一百年"奋斗目标的历史伟业。

第二,价值性与知识性相统一是落实立德树人根本任务的必然要求。思想政治理论课同其他学科的课程内容相比较,知识性是共有的,但其突出和特殊之处就在于其价值性内容,这也是思政教育本质属性的集中体现,并且思政课的课程体系就内在地包含了两者的统一。习近平总书记在学校思想政治理论课教师座谈会上强调,"办好思政课,最根本的是要全面贯彻党的教育方针,解决好培养什么人、怎样培养人、为谁培养人这个根本问题"[1]。思想政治理论课是落实立德树人根本任务的关键课程。为了做到立德树人,思想政治理论课既要传播马克思主义科学理论,使受教育者做到"四个正确认识",即正确认识世界和中国发展大势、正确认识中国特色和国际比较、正确认识时代责任和历史使命、正确认识远大抱负和脚踏实地,又强调要认同和践行社会主义核心价值观,明大德、守公德、严私德,其才方能用得其所。无论是贯彻党的教育方针、落实根本任务,还是思政课的本质属性,都要求价值性与知识性相统一,融价值引导于知识传授之中,兼顾理论与实践、知识与信仰,才能更好地将"德"立住,将"人"树稳,更好地培养"勤学、修德、明辨、笃实"的社会主义事业的建设者和接班人。

第三,价值性与知识性相统一是思想政治理论课创新发展的现实诉求。"知识是载体,价值是目的,要寓价值观引导于知识传授之中。"[2]既不能只强调知识性,也不能只做空洞的价值观说教,

---

[1] 习近平:《思政课是落实立德树人根本任务的关键课程》,《求是》2020年第17期。
[2] 习近平:《思政课是落实立德树人根本任务的关键课程》,《求是》2020年第17期。

而是要实现知识性与价值性相统一。当前在思政课发展的过程中还存在着知识性与价值性相分离的现象,这也就为两者的统一提供了现实课题,存在的两类错误倾向是需要用两者的统一来纠正和回击的。一种是片面强调知识性而忽略价值性的错误倾向,教师只进行理论灌输,学生们死记硬背,将思政课变成了单纯的理论课,使其失去了吸引力与价值性。习近平总书记讲:"在思政课教学中也不能只强调知识性,不能为了应付考试让学生死记硬背知识点,而不注重对学生价值观的引导。学生有兴趣才会记忆,这种记忆是牢靠的,没有兴趣死记硬背就是死知识。"①思政课进行的知识传授应该是具有灵魂的,这个灵魂就是内容所承载的价值性。另一种错误倾向则是夸大了价值性而忽略知识性。习近平总书记指出:"只有空洞的价值观说教,没有科学的知识作支撑,价值观教育的效果也会大打折扣。"②对在教学的过程中遇到的一些问题或者事例我们不能仅仅从价值层面进行简单评判,而应该用透彻的学理分析回应学生,以彻底的理论说服学生,用真理的强大力量引导学生。这也就意味着思想政治理论课并不是单纯的政治宣传。除此之外,在教学实际中还存在着价值观教育难以深入人心、价值性与知识性不一致等错误倾向,这些存在的问题都在呼唤知识性与价值性相统一。在教学过程中只有两者相统一,深耕教材内容,紧密联系时政,密切关注学生需求,把思想政治理论课讲得有意思并且有意义,才能激发课程活力,促进学生全面发展。

---

① 习近平:《思政课是落实立德树人根本任务的关键课程》,《求是》2020年第17期。
② 习近平:《思政课是落实立德树人根本任务的关键课程》,《求是》2020年第17期。

二、价值性与知识性相统一的辩证关系

习近平总书记强调,要"坚持价值性和知识性相统一"[①],"寓价值观引导于知识传授之中"[②]。理清二者之间的关系是推进两者统一的前提和基础,简单来说,思想政治理论课中知识性是基础,价值性是核心,两者相互联系、相互促进才能真正实现教育的价值。

第一,两者相互包含,具有目标上的一致性。列宁指出:"只有了解人类创造的一切财富以丰富自己的头脑,才能成为共产主义者。"古罗马哲学家卢克莱修说:"心灵中的黑暗必须用知识来驱除。"高尔基讲:"只有知识才能使我们成为具有坚强精神的、诚实的、有理性的人。"实践证明,同样一堂课、同样的教育对象,传授的知识含量不同,教育效果会大相径庭。爱因斯坦说:"用专业知识教育人是不够的","要使学生对价值有所理解并且产生热烈的感情,那是最基本的"。因此,从内容本身来看,无论是社会主义道德规范和法律基础知识、马克思主义基本原理,还是中国近现代史、党的科学理论,这些理论在传达给学生基本内容的同时,通过理论证明、实践证明和相互印证,传递自身的正确性和科学性,从而赢得学生对马克思主义的信仰、对社会主义的信念及对党的信任。既要重视知识性又要重视其价值性,知识教育中如果没有蕴含价

[①] 习近平:《思政课是落实立德树人根本任务的关键课程》,《求是》2020 年第 17 期。
[②] 习近平:《思政课是落实立德树人根本任务的关键课程》,《求是》2020 年第 17 期。

值观的引导,那将是枯燥的、没有生命力的。知识性与价值性相互包含,思想政治理论课的理论内容本身就包含着价值诉求。我们讲党史、国史、基本原理等理论知识并不是单纯为了讲知识而讲知识,更重要的是传递其中蕴含和渗透的对于学生发展有益的价值取向,引导学生树立马克思主义的立场、观点、方法,坚定其道路自信、理论自信、制度自信、文化自信;而价值性中也包含着知识性,就以社会主义核心价值观为例,个体在认同并践行"爱国、敬业、诚信、友善"的正确价值观时,内在地就隐含了其对社会主义核心价值观内容的理解与掌握。两者在思想政治理论课开展过程中相互包含,你中有我,我中有你。教师教给学生的知识,多年以后可能会过时,可能会遗忘,但教给学生的为人处世的道理是学生一生的财富,会让他们终生难忘。思政课无论是理论阐释,还是价值观引领,都是希望培养德智体美劳全面发展的建设者和接班人,避免培养"单向度"的人。也就是说两者最终的落脚点都是立德树人,具有一致的目标。

第二,两者相互促进,具有功能上的互补性。"思政课重在塑造学生的价值观,这一点必须牢牢抓住。强调思政课的价值性,不是要忽视知识性,而是要通过满足学生对知识的渴求加强价值观教育。"[1]首先,价值性是思政课的核心,处于根本性的地位,可以说思政课的现实力量就在其价值性上。思政课的价值性既显现于思政课堂上学生们提升自身素质,又隐含于每一个个体在社会中独立行动所传递和表现的精神符号,显性价值与隐性价值相融合是

---

[1] 习近平:《思政课是落实立德树人根本任务的关键课程》,《求是》2020年第17期。

一个漫长的过程。此外,知识性是思想政治理论课的基础,思政课作为一门课程首先必然是具有知识属性的,要以彻底的理论说服学生、引导学生,只有这样才能更好地从"知"的阶段向"行"的阶段转化。最后,价值性和知识性是理解和把握思想政治理论课的基本范畴,两者的功能、地位是不同的。知识性为价值性提供基础和前提,价值性为知识性提供动力和方向,价值寓于知识,知识阐释价值,两者相互促进、相互制约。不存在没有价值的知识,也不存在缺乏知识基础支撑的价值观,个体对知识的接受会受制于价值观的制约,而价值观的引导也会促进对知识的理解与实现。

三、价值性与知识性相统一的实现路径

实现价值性与知识性的统一,要立足学科属性,把握学科特色,以课程内容、教师队伍、教学评价方式等为着力点,不断探索实践价值性和知识性相统一的有效路径。

第一,推动思想政治理论课由"认知体系"向"信仰体系"转化,为思政课知识性与价值性相统一指明正确方向。思想政治理论课实现由"认知体系"向"信仰体系"的转化,就是要运用灌输性与启发式相结合的教学模式,不仅重视知识的接受程度,更关注知、情、意、行的统一,将以理服人与以情动人深入结合,致力于培养学生的马克思主义信仰。信仰对个体的影响比知识对个体的影响更加深刻持久,所以只有在教学体系上做到根本转变,而不是用学理性弱化政治性,才能为知识性与价值性的统一提供正确的导向和充分的前提。这种转变是需要从教育内容、教育主客体、教育环境、

教育方式等各个方面着手去实现的。在教育内容上要强调兼顾价值性与真理性,既遵循根本又与时俱进,充分挖掘一切有教育价值的教育资源,善于将统一的教材体系转化为有针对性的教学体系。在课程中不仅要有准确全面的知识讲授,还要有激发学生情感共鸣的活动内容和实践。在教育主客体上要尊重学生的主体地位,发挥教师的主导作用,两者之间形成良好融洽的关系、平等自主的交流,才能使教学更贴近学生的实际和需要,进而将知识与价值引导更好地融入学生的生活中。在教育环境上要转变只有思政课用一己之力进行价值引导的局面,充分调动一切合力,营造"大思政"格局,让价值观教育无处不在,潜移默化地影响学生的成长成才。在教育方式上,简单的口头阐述无法更好地将知识性与价值性传递到学生心里,教学手段和方法也要与时俱进,要因生而异,处理好内容提供与智能化、生动化表达之间的关系,更好地将价值引导融入知识传授之中。参与思政教育活动中的各方面各主体积极转变,推动从认知到信仰的教学体系转变,推动知识性与价值性更好统一。

第二,提高思政课教师综合素质,为思政课知识性与价值性相统一提供合格的"引路人"。"办好思想政治理论课关键在教师。"[1]高质量的思想政治理论课,必须是教师主导地位和学生主体地位充分发挥、良好互动的过程,必须要有高素质的教师队伍来支撑和保障,才能理直气壮讲好思政课。因此,思政课教师不仅要清楚课程目标,更要清楚自己的职业定位。首先,作为教育者,教师

---

[1]《习近平谈治国理政》(第三卷),北京:外文出版社,2020年,第330页。

要先受教育,做到专业精、视野广、思维新。"教师承载着传播知识、传播思想、传播真理,塑造灵魂、塑造生命、塑造新人的时代重任。"①思政课教师要明确思政课教学知识性与价值性的双重要求,丰富自己的知识体系。只有具有深厚的专业理论基础,深耕教材,充分利用好一切教育资源,对自己所讲内容高度认同,才能将理论课的知识性讲好讲透深入人心,才能"努力成为先进思想文化的传播者、党执政的坚定支持者,更好担起学生健康成长指导者和引路人的责任"②。除了专业知识,思政课教师"视野要广",习近平总书记讲,"思政课教师要有知识视野,除了具有马克思主义理论功底之外,还要广泛涉猎其他哲学社会科学以及自然科学的知识"③,既要有历史视野又要有国际视野。思政课教师也不能仅仅讲授抽象的概念,还需要结合时政、运用多种技术手段等创新形式进行表达,做到"思维要新"。其次,教师要提高政治站位,做到政治强、情怀深、自律严、人格正,为引导学生树立正确的价值观树立典范。思政课教师要明确自己的职业在立德树人中的历史使命,那就是思政课教师不仅是知识的传递者,还是价值的承载者和示范者,所以由里到外、一言一行、课上课下,教师都应该发挥正能量的影响。"对马克思主义的信仰,对社会主义和共产主义的信念,只有首先在思政课教师心中扎下根,才能在学生心中开花结果。"④"政治要强"就是让有信仰的人讲信仰,只有教师增强"四个意识"、坚定"四

---

① 习近平:《思政课是落实立德树人根本任务的关键课程》,《求是》2020年第17期。
② 《习近平谈治国理政》(第二卷),北京:外文出版社,2017年,第379页。
③ 习近平:《思政课是落实立德树人根本任务的关键课程》,《求是》2020年第17期。
④ 习近平:《思政课是落实立德树人根本任务的关键课程》,《求是》2020年第17期。

个自信"才能将思政课讲得有底气。"情怀要深",教师要心怀祖国与民族,心怀教学与学生,关心国家大事,关注社会热点与学生需要,以初心和热忱投入到教学之中。"把对家国的爱、对教育的爱、对学生的爱融为一体,心中始终装着学生,让思政课成为一门有温度的课。"①"自律要严"及"人格要正"都是强调思政课教师要言行一致,用堂堂正正的人格与积极向上的行为感染学生。最后,思政课教师在教学过程中要坚持问题导向,促进学生健全人格及思想的自我建构。思政课教师在教学过程中要注意针对学生关注的热点难点问题及重大理论与现实问题进行讲解和突破,坚持问题导向。面对比较突出的热点问题,可以组织学生们进行讨论、辩论,学生在自我认知的基础上发表自己的观点、听取他人的意见,既有助于教师了解学生思想实际,又能够帮助学生及时调整错误思想倾向、廓清思想迷惑,在交流互动中促进学生对自我价值观进行反省、调整,在原有基础上促进价值观的自我建构。除了在课堂讲授理论知识,还可以通过走出校园参观、参与志愿活动、录制微视频、课前分享等形式开展多种实践活动,"学习是成长进步的阶梯,实践是提高本领的途径"。从学生感兴趣的内容到学生愿意参与的实践,从理论衔接到实践,从知识性过渡到价值性,更好推动学生进行价值观的自我建构。

第三,改革传统的评价方式,为思政课知识性与价值性相统一提供科学的效果评价。"有什么样的评价指挥棒,就有什么样的办学导向"②,要"从根本上解决教育评价指挥棒问题,扭转教育功利

---

① 习近平:《思政课是落实立德树人根本任务的关键课程》,《求是》2020年第17期。
② 《习近平谈治国理政》(第三卷),北京:外文出版社,2020年,第348页。

化倾向"①。无论是对教师教学的评价还是对学生接受程度的评价,传统的评价方式都较为单一刻板,无法更好地激发教育主客体参与思想政治教育的积极性与创造性。对于学生来说,传统的评价方式就是以闭卷考试为主,一方面无法对学生价值接收效果进行全面、动态的考察,另一方面则是单一的考核方式容易让学生形成死记硬背、应付考试的学习态度,无法将思政课传递的知识与价值入脑入心。对于老师来说,传统的效果评价也是体现在学生的分数上,这样也容易造成老师唯知识化教学的错误倾向,另外学生的分数关系到教师的职称等利益,也易造成教师教学的功利化倾向。"坚决改变简单以考分排名评老师、以考试成绩评学生、以升学率评学校的导向和做法。"②作为价值引导的思政课如果只盯住知识点死记硬背,那么立德树人的任务又如何实现?所以要改变传统的评价方式,无论是对于教师还是对于学生都要进行动态的、多样的、持续性的评价。不仅要有试卷考试的形式,还要有实践活动的考察,不仅要有老师的评价,还要有其他主体的评价。"健全立德树人落实机制,扭转不科学的教育评价导向。"③科学的效果评价模式能够激发学生参与到思政的实践活动中,并且做到入脑入心,进一步推动知识性和价值性在个体身上更好地达到统一。

第四,发挥协同育人作用,为思政课知识性与价值性相统一创造良好的环境。首先,要处理好思想政治理论课与其他课程之间的关系。"要挖掘其他课程和教学方式中蕴含的思想政治教育资

---

① 《习近平谈治国理政》(第三卷),北京:外文出版社,2020 年,第 348 页。
② 《习近平谈治国理政》(第三卷),北京:外文出版社,2020 年,第 349 页。
③ 《习近平谈治国理政》(第三卷),北京:外文出版社,2020 年,第 348 页

源,实现全员全程全方位育人。"①思想政治理论课和其他各门课程在促进知识性与价值性相统一方面,只有形成协同效应,才能发挥最大的效果。铸魂育人并不只是思政理论课的任务,其他各门课程也要守好一段渠、种好责任田。因此,其他专业课,在主要讲授具体知识的基础上也要结合专业特点,把价值观渗透其中。思想政治理论课是价值观的显性教育,而其他各门课程则是发挥隐性价值观教育的作用。其次,学校要通过创设多种形式的文化实践活动及提供优质服务,发挥带动作用。学校作为学生集中接受思政教育的活动场所,应该通过创设多彩的马克思主义宣传活动,为学生提供理论结合实际的平台,学生在正能量的氛围中也会坚定正确的价值导向,并进一步信服思政课的内容。最后,要推动思政小课堂与社会大课堂相结合,实现全过程育人。思政课课堂上学习到的理论知识只有转变为实践力量才能发挥更持久的作用,所以社会环境也是合力的一部分,无论是良好家风的培养还是社区民生建设,或是大街小巷张贴的社会主义核心价值观的标语,都是在传递课堂之外的正确价值观。不管是社会先进模范表彰还是各类志愿宣传活动,也都发挥着正面引导的作用。另外在互联网迅速发展的时代,还要格外关注网络思想政治教育的问题。"树立互联网思维,推动思想政治工作传统优势与信息技术高度融合,使互联网成为开展思想政治教育的新平台。"②要利用好这一思想政治教育的新领域,通过线上的宣传教育,学会利用网言网语,贴近学

---

① 习近平:《思政课是落实立德树人根本任务的关键课程》,《求是》2020年第17期。
② 《十八大以来重要文献选编》(下),北京:中央文献出版社,2018年,第488页。

生实际去弘扬网络正能量,为学生成长成才营造风清气正的网络空间。所以协同育人合力的充分发挥拓展了思想政治教育的范围与形式,进一步为知识性与价值性相统一创造了良好的条件,注入更多动力。

大中小学道德观教育一体化的实现路径探索

2019年3月18日,习近平总书记在学校思想政治理论课教师座谈会上强调:"在大中小学循序渐进、螺旋上升地开设思想政治理论课非常必要,是培养一代又一代社会主义建设者和接班人的重要保障。"[1]道德观教育作为思想政治教育的重要组成部分,也应践行一体化原则。尤其是在我国社会急剧转型、党和国家事业全面推进、中国特色社会主义进入新时代的关键时期,推进道德观教育一体化至关重要。习近平总书记曾说,"只要中华民族一代接着一代追求真善美的道德境界,我们的民族就永远健康向上、永远充满希望"[2],充分说明道德之于个人、国家、社会都具有基础性意义。所以学校要把学生道德品质教育放在重要的位置,加强道德修养,使学生形成正确的道德观。在《伦理百科辞典》中,强调道德观是

---

[1] 习近平:《思政课是落实立德树人根本任务的关键课程》,《求是》2020年第17期。
[2]《习近平关于社会主义文化建设论述摘编》,北京:中央文献出版社,2017年,第143页。

"对社会道德现象和道德关系的整体认识和系统看法"[1]。道德观教育的最终目的不是为了道德而道德,而是对社会道德现象和道德关系有整体的认知,从而更好地生活。推进道德观教育一体化,就是要使大中小学各阶段的道德观教育能够根据学生身心发展特点、思想和实际接受能力科学划分教育目标,准确规范教育内容,使道德观教育纵向衔接、横向贯通,螺旋上升,更好地促进青少年全面健康成长。

一、充分认识大中小学道德观教育一体化的积极意义

学生的成长过程由若干各具特点的道德发展阶段构成,每个阶段的教育目标、内容应该是螺旋上升一以贯之的。正如习近平总书记讲的那样,"人的成长、成熟、成才不是一蹴而就的,而是一个渐进的过程,就跟人的生理发育一样,所以要把这几个阶段都铺陈好"[2]。因此推进大中小学道德观教育一体化不仅有助于培养学生形成健康的道德人格、落实立德树人根本任务,而且有利于构建一体化的育人体系。

第一,有利于培养学生完整健康的道德人格。习近平总书记强调,"努力做到每一堂课不仅传播知识、而且传授美德,让社会主义核心价值观的种子在学生们心中生根发芽"[3],使"我们培养的人

---

[1] 徐少锦、温克勤:《伦理百科辞典》,北京:中央广播电视出版社,1999年,第1060页。
[2] 习近平:《思政课是落实立德树人根本任务的关键课程》,《求是》2020年第17期。
[3] 习近平:《思政课是落实立德树人根本任务的关键课程》,《求是》2020年第17期。

要能够完成'两个一百年'的伟业。这就是教育的历史责任"①。道德观教育的最高指向是人的发展,需要以学生发展为目的,进行系统性培育和引导,使他们发展成兼具主体性与公共性的完整的健康的人。每个学生的道德发展都是由若干相互连接的道德发展阶段构成的,如果各教育阶段出现了分裂和脱节,道德评价缺位,唯分数论,就难以使学生形成完整、健康的道德人格,也就无法真正促进人的发展。只有尊重学生成长规律,满足学生道德发展需要,科学设置每个阶段道德观教育内容,才能使青少年学生身心得到健康发展。

一体化的道德观教育能使学生对道德现象和道德关系做出正确的道德判断。一个人只有知道什么应该,什么不应该,在内心中对道德有所敬畏,才能做出正确的道德判断和具有真正的道德责任。习近平总书记强调,教师要"用自己的学识、阅历、经验点燃学生对真善美的向往"②,"增强学生的价值判断能力、价值选择能力、价值塑造能力,引导学生健康成长"③。学生通过教材学习到了丰富的道德知识,并不等同于在心中树立起了正确的道德判断标准并依据这个标准去衡量自己的行为。应将一体化判断标准考虑进教学内容的设计,确保学生可以运用道德知识,对现实生活中的道德问题做出是非善恶的道德评价或判断。只有让学生进行正确的道德判断、自觉的道德养成和积极的道德实践,才能使学生形成正

---

① 习近平:《思政课是落实立德树人根本任务的关键课程》,《求是》2020年第17期。
② 《习近平关于青少年和共青团工作论述摘编》,北京:中央文献出版社,2017年,第34页。
③ 《习近平关于青少年和共青团工作论述摘编》,北京:中央文献出版社,2017年,第34页。

确的道德观。基于"立德"的首要前提和"树人"的根本旨归,持之以恒地推进大中小学道德观教育一体化,对促进学生完整健康道德人格的形成意义重大。

第二,有利于落实立德树人的根本任务。学生作为未来中国特色社会主义的建设者和接班人,他们的道德素质关系到中国特色社会主义现代化建设能否顺利进行,所以加强学生的道德观教育至关重要。习近平总书记说:"世界上最难的事情,就是怎样做人、怎样做一个好人。要做一个好人,就要有品德、有知识、有责任,要坚持品德为先。"[①]国家发展在于人才,人才培养在于德育为先。"因为德是首要、是方向,一个人只有明大德、守公德、严私德,其才方能用得其所。"[②]"人无德不立,育人的根本在于立德。这是人才培养的辩证法。办学就要尊重这个规律,否则就办不好学。"[③]对于人才的定义和培养不能仅仅以知识的传授为终极目标,还要注重对学生的道德滋养,时刻秉持"德才兼备,以德为先"的育人要求。当前,受到应试教育制度的影响,道德观教育的内容与角色让位于知识教育,道德评价缺位,日益呈现出"唯分数化""唯升学率"的弊端,使道德教育处在"说起来重要,干起来次要,忙起来不要"的被动局面。道德观教育在各学段的教育过程中并没有受到应有的尊重和认可,培养出来的学生也呈现出知行分离、"高分低能"的畸形状态。学生只有具备健康的道德人格,正确的道德判

[①] 《习近平关于青少年和共青团工作论述摘编》,北京:中央文献出版社,2017年,第91页。
[②] 《习近平关于社会主义文化建设论述摘编》,北京:中央文献出版社,2017年,第142页。
[③] 习近平:《在北京大学师生座谈会上的讲话》,《人民日报》2018年5月3日。

断能力,才能正确分析和解决问题,才能成为有大爱大德大情怀的人,才能肩负起时代的责任。因此,推进大中小学道德观教育一体化有利于国家对人才的培养。

第三,有利于构建科学的育人体系。习近平总书记指出:"道德建设,重要的是激发人们形成善良的道德意愿、道德情感,培育正确的道德判断和道德责任,提高道德实践能力尤其是自觉践行能力。"[1]大中小学道德观教育一体化是党中央基于落实立德树人根本任务,全面贯彻落实党的教育方针所做出的重大战略决策,对于推进大中小学品德教育工作健康、持续、稳定发展,形成科学育人体系具有重要作用。推进道德观教育一体化,一是它打破了多年来道德观教育学段分裂、内容脱节、条块分割的碎片化道德教育体制,实现了按照学生道德发展特点及成长规律,合理设置教育内容,制定科学考核方法,使各学段道德观教育成为一个循序渐进、螺旋上升的科学育人体系。二是各学段道德观教育实现资源共享、方法互鉴、过程互学,有利于改善各学段道德观教育的教学效果、提高育人质量、推进科学合理的道德观教育。三是道德观教育渗透于教育教学的各个环节,贯穿于学校、家庭和社会教育的各个方面,形成家校社会教育的一体化,全社会都担负起青少年成长成才的责任。习近平总书记指出:"办好教育事业,家庭、学校、政府、社会都有责任,谁都不是旁观者,谁都不能置身事外。"[2]长期以来,

---

[1] 《习近平关于社会主义文化建设论述摘编》,北京:中央文献出版社,2017年,第137—138页。
[2] 《习近平关于注重家庭家教家风建设论述摘编》,北京:中央文献出版社,2021年,第69页。

人们把学校看作教育实施的主要场所,将教师看作实施的主体。在终身学习型社会,无人不是教育者,无处不是教育场所,教育乃是全社会的责任。全社会树立起一体化的育人理念,对构建起科学合理的育人体系意义深远。

二、推进大中小学道德观教育一体化的现实挑战

习近平总书记反复强调,"要全面落实立德树人根本任务,推进育人方式、办学模式、管理体制、保障机制改革,建立促进学生身心健康、全面发展的长效机制"[1],才能有利于人才培养,应对道德观教育一体化面临的挑战。

第一,各学段道德观教育课程目标设置有待进一步完善。首先,各学段教育目标设置存在断裂化问题,缺乏承上启下、纵向衔接、横向贯通,难以成为一个紧密的目标体系,也难以在实际教育中贯彻一体化要求。其次,在设计教育目标时,我们应该明确,教育目标是为人而设计的,为的是满足个人的成长需要和社会的发展需求。因此教育目标的设计首先要立足于人的思想实际,实事求是。但是目前教育目标的设计已出现"无我化"、悬空化趋势,过度强调高尚的道德准则而忽视了个体自身利益的满足,容易让人们产生道德观教育就是要人损己利他的错误观念。而且大力倡导舍己为人、无私奉献的"圣人"理想会使道德观教育始终停留在理想化的云端,不接学生的地气,亦不接社会的地气。

---

[1]《习近平谈治国理政》(第三卷),北京:外文出版社,2020年,第348—349页。

第二,大中小学教材编写及课程标准的制定各自独立,且教材内容存在重复、脱节、倒挂、缺失等问题。目前各学段教材编写的教育部门各自为政的问题依然存在,缺乏合作意识,一体化的管理还有待进一步推行实施,没有形成有效的合作互动机制,导致各学段教材顺承性不明显,连接性不突出。而且就课程标准的制定而言,目前的情况是中学和小学有各自独立的成文标准,而大学还没有制定,即使是具有成文标准的中小学两个学段之间也缺乏内在的联系和过渡,所以这在无形中阻断了大中小学道德观教育一体化的进程。教材内容的重复、脱节问题亟待改善。如高中阶段的必修课程与大学阶段的《马克思主义基本原理》等存在大部分的重复,这样会降低学生们学习的热情,也加大了教育的难度。虽然目前义务教育阶段德育教材统一更名为《道德与法治》,但是义务教育阶段的课程内容与高中阶段的教材《思想政治》、大学阶段的思想政治理论课又是各成体系,仍存在内容递进不明显、前后衔接不顺畅的问题。另外学段间内容"倒挂"现象也日渐引起人们的关注。小学讲共产主义,大学讲人际关系、讲礼仪,这种倒置现象就是课程内容在操作层面出现的问题。德育课堂中教育途径单一化、各学段教育过程独立化问题亟待解决。学校教育被认为是道德观教育的主渠道,甚至是唯一途径,对于家庭教育、社区教育、社会教育等其他教育途径的道德教育资源不予挖掘,从而既增大了学校教育的难度,也弱化了道德观教育的效果。最后,各学段的道德观教育过程各自为战,相互独立,缺乏沟通。由于各学段教学任务的不同及时间、空间等因素的阻隔,各学段德育教师各管一段的现象仍然普遍,他们都在积极探索本学段教育的有效途径,但缺乏相互之间的资源共享和经验交流,从而没有形成一个大中小学德育教师"面对面""心连心""手拉手"的一体化有机整体,而是"背靠背"的沉默断裂局面。

第三,对学校及师生的道德观教育效果评价体系有待优化。首先,学校及教师对学生的评价"唯分数论"。由于受到应试教育制度的影响,尤其在中考和高考中,对于学生道德品行的评价仍然是以考试为主,这就使得鲜活的道德准则和价值原则变成了学生口中可以流利背诵的知识点,只要在试卷上完美地写出,高分就是对学生道德最高的"赞扬"。这就是太过于重视诊断性评价和终结性评价而忽视发展性评价所造成的不良局面。但是道德观教育不仅要走脑,更要走心,只有洗涤心灵的道德观教育,才能真正取得效果。我们不可仅仅以一张试卷来评价学生,而是要着眼于其整个发展过程,以发展的眼光评价每一位学生。其次,教育部门对教师及学校的道德观教育评价"唯业绩论"和"唯升学论"。目前学校对教师道德教育工作的评价仍然缺乏系统有效的评价制度和机制,主要是看教师所教班级学生的上线率、及格率等,但是教师是否真正在教学中做到了立德树人,是否关注到了每个学生的成长需求,是否对教育教学方法进行了创新探索和有效运用,是否使学生形成正确的道德观等其实都应该被考虑在内。

三、大中小学道德观教育一体化的实现路径

第一,构建一体化目标体系。教育目标是对教育活动开展所

达到的效果的要求,也是我们开展教育活动的方向指引。为更好推进道德观教育一体化进程和为道德观教育一体化指明方向,要以道德观教育的总目标为指导,具体化、细化各学段分目标。道德观教育的总目标就是用习近平新时代中国特色社会主义思想铸魂育人,全面贯彻落实立德树人根本任务,努力培养德智体美劳全面发展的社会主义建设者和接班人。其中"立德"是根本前提,"树人"是根本旨归。在制定各学段具体教育目标前要先将国家道德观教育的根本要求和总体目标吃透、悟透,抓住其关键点和核心,在总目标的宏观指导和统筹规划下进行各学段具体教学目标的制定,形成大中小学道德观教育课程目标一体化局面。

要以教育规律和学生成长规律为指引,求实、求真,制定各学段分目标。各学段学生的思维水平、认知发展及心理需求均不相同,因此,各学段道德观教育目标的制定切不可"一刀切""平均化",要注意目标设计的层次性、渐进性、发展性要求。"小学阶段重在培养学生的道德情感"[1],让其心中有德。这一阶段的学生年龄尚小且缺乏自制,道德认知需靠外部的教育予以启发和引导,所以本阶段的教材编写要以生动性的语言、直观性的图画、生活化的事例教会学生最基本的道德规范和行为准则。"初中阶段重在打

---

[1] 《中共中央宣传部 教育部关于印发〈新时代学校思想政治理论课改革创新实施方案〉的通知》,中华人民共和国教育部,http://www.moe.gov.cn/srcsite/A26/jcj_kcjcgh/202012/t20201231_508361.html,2020年12月18日。

牢学生的思想基础"[1],让其心中服德。要善于通过实践体验加之理性思维的分析,学会面对复杂的社会生活和多样的价值观念,做出正确的道德判断和道德选择。"高中阶段重在提升学生的政治素养"[2],开始培养政治品德。要使学生在原有的思想道德水平之上,加强对道德知识的理性学习,旨在培养学生政治认同、科学精神、法治意识和公共参与等核心素养。"大学阶段重在增强学生的使命担当"[3],让德化其心中。要引导学生在道德意志的磨炼中形成坚定的道德行为,并在纷繁复杂的道德环境中,针对学生面临的现实道德问题设立道德目标,使同学们将自己的道德认知和情感与时代相结合,形成坚定的理想信念并内化到自己的态度体系之中。

第二,构建一体化内容体系。一体化道德观教育内容的设计要以学生为根本,根据不同学段、不同年龄层次学生的思想道德水平和政治理论修养适龄地设计道德观教育内容,以承认和遵循人的本性,尤其是学生的心理特征为起点,从习俗规范的模仿到社会准则的遵从,再到美德伦理的追求,从他律到自律,由较低层次到

---

[1] 《中共中央宣传部 教育部关于印发〈新时代学校思想政治理论课改革创新实施方案〉的通知》,中华人民共和国教育部,http://www.moe.gov.cn/srcsite/A26/jcj_kcjcgh/202012/t20201231_508361.html,2020 年 12 月 18 日。
[2] 《中共中央宣传部 教育部关于印发〈新时代学校思想政治理论课改革创新实施方案〉的通知》,中华人民共和国教育部,http://www.moe.gov.cn/srcsite/A26/jcj_kcjcgh/202012/t20201231_508361.html,2020 年 12 月 18 日。
[3] 《中共中央宣传部 教育部关于印发〈新时代学校思想政治理论课改革创新实施方案〉的通知》,中华人民共和国教育部,http://www.moe.gov.cn/srcsite/A26/jcj_kcjcgh/202012/t20201231_508361.html,2020 年 12 月 18 日。

较高层次循序渐进地开展、实施,才能提高道德观教育的层次性、差异性,避免颠倒性、悬空性、"倒挂"现象的出现,真正提高道德观教育的有效性。不能中小学阶段一味地教导"见义勇为""大公无私""奉献社会",而大学阶段却一再强调"谦逊有礼""诚实守信""文明有序"等,要始终以学生为根本,恰当地、适龄地编写教育内容,建构循序渐进、螺旋上升的教育结构体系,促进大中小学道德观教育的一体化衔接。

以知识为载体,递进设计教学内容,避免出现无意义重复。大中小学的道德观教育内容是一个庞大的知识体系、逻辑体系和实践体系,其中包含了社会公德、职业道德、家庭美德、个人品德教育,且每一部分也都有各自内在的价值规定、实践要求,这就要求在编写教材之前要对将要被写进教材的内容进行纵向梳理和横向贯穿,提炼出每一学段学习的核心内容。当然在这一过程中由于某条教学主线的贯穿,难免会遇到不同学段教学内容的重复,或者为了保证教学结构的完整性而加入某些相似主题或者重复主题的内容,但是我们要避免的并不是在层次上有递进的必要重复,而是在内容上一味堆砌的无意义重复。以诚信教育为例,在三年级下册、四年级下册、五年级上册、八年级上册中都分别提到了有关诚信的内容,但是内容的递进性不够强。八年级所讲的诚信的重要性在五年级中都有提过,只是没有详细展开;践行诚信的措施中,不随意许诺、信守承诺等在四年级也都已提过,而且其他措施像"运用诚信智慧""珍惜个人诚信记录"的做法对学生的可实践性不够强,因此,要侧重可实践可操作的具体措施,打牢学生的思想基础,才不会出现"中小学落课""大学补课"的局面,也才能保证教育效果和一体化教育的顺利开展。

以机制为保障,统一编审教育内容,避免出现脱节现象。目前大学与中小学的教材编制机构是分开的,甚至义务教育阶段1—9年级就由三个不同的研制组来分别编写1—2年级、3—6年级、7—9年级的课程标准和内容。因此,加快推进大中小学道德观教育的有效衔接,第一就要打通大中小学教材编写机制之间的沟通壁垒,"建立大中小学思政课教材主编和主要编写人员联席沟通制度,定期研究各学段教材编写内容"[1]。第二,让统一的专家委员会共同编写和审核各个学段的德育教材,"健全一体化教材建设的编审专家库,加强编写人员与审核专家的沟通交流,发挥审核专家的指导作用"[2]。第三,加强教材编写部门与大中小学思政课教师的交流、沟通,明确在教材使用和教学活动开展过程中的问题,"建立一体化教材建设监测反馈机制,跟踪研判评估教材使用情况,为加强教材研究和修订完善提供支撑"[3],从而实现社会集体要求与各学段学生个性化要求的统一。只有在保证教材内容整体性的基础上做好各个学段的递进与分层工作,才能使各学段间纵向衔接、横向贯

---

[1] 《中共中央宣传部 教育部关于印发〈新时代学校思想政治理论课改革创新实施方案〉的通知》,中华人民共和国教育部,http://www.moe.gov.cn/srcsite/A26/jcj_kcjcgh/202012/t20201231_508361.html,2020年12月18日。
[2] 《中共中央宣传部 教育部关于印发〈新时代学校思想政治理论课改革创新实施方案〉的通知》,中华人民共和国教育部,http://www.moe.gov.cn/srcsite/A26/jcj_kcjcgh/202012/t20201231_508361.html,2020年12月18日。
[3] 《中共中央宣传部 教育部关于印发〈新时代学校思想政治理论课改革创新实施方案〉的通知》,中华人民共和国教育部,http://www.moe.gov.cn/srcsite/A26/jcj_kcjcgh/202012/t20201231_508361.html,2020年12月18日。

通,成为一个活的、动态的德育体系。

第三,构建一体化评价体系。要善用过程性、发展性评价模式。过程性、发展性评价模式旨在打破过去终结性评价模式的弊端,不以一次偶然的结果、个别的行为或者分数的多少进行仓促的评价,而是强调对学生的道德养成进行全面的记录与追踪,着眼于学生道德形成与发展的全过程,进行动态、全面、客观的评价。避免把教育的重点放在升学率上,甚至使德育课堂让位于其他知识性教育的科目,集中力量提高学生学习成绩,而全然不顾学生的道德养成。这就要求德育教师在平时的教学活动中要摒弃终结性评价观念,善于留意每位学生的道德行为,积极发挥评价机制的鼓励与导向作用,做到及时反馈,加强后续的追踪解决,在评价过程中进行教育、发挥作用、保障效果,在发展过程中实现进步,达到改进完善的目的,这对于学生良好道德品质的形成及自我发展有着重大的意义与作用。过程性和发展性评价模式不仅为道德观教育提供了科学的评价范式和标准,有助于道德观教育过程的顺利开展与实施,还有利于满足学生的心理成长需要和保护其人格尊严,从而充分发挥学生的积极性和主动性,取得最佳的德育效果。

要开发多元性、多样性、全面性评价方法。我们要遵循过程性、发展性评价模式,但是也要根据各学段、各类不同学校的差别具体问题具体分析,坚持普遍性和特殊性的统一,积极探索适合不同学段和学生的多元评价方法。如打破过去单一评价主体的弊端,积极采用包含教师评价、学校评价、学生自我评价、同学间相互评价、家长评价、社区评价等多元评价主体在内的评价方法,还可以积极利用现代融媒体技术和信息化终端,建立成长数据平台,全面地记录和追踪每位学生的成长经历、道德状况、道德评价等内容,这样即使学生升学也可以使其有前期的道德状况参考,从而为下一学段的教师进行更有针对性的道德观教育奠定基础和前提。

思想政治理论课内容衔接一体化探析

思想政治理论课(以下简称"思政课")是落实立德树人根本任务的关键课程,涉及"培养什么人、怎样培养人、为谁培养人"这一根本问题。要科学分析思政课内容衔接存在的问题,探索思政课内容模块、实践教学内容体系、教师队伍建构来促进思政课内容的有效衔接,从而推进大中小学思政课一体化建设,实现思政课的政治引领和价值引领作用。

一、思想政治理论课内容衔接的重要性

"十年树木,百年树人",教育是民族振兴、社会进步的重要基石,是"国之大计,党之大计"。[①] 2019 年 3 月 18 日,在学校思想政

---

① 《习近平在全国教育大会上强调:坚持中国特色社会主义教育发展道路培养德智体美劳全面发展的社会主义建设者和接班人》,《光明日报》2018 年 09 月 11 日。

治理论课教师座谈会上，习近平总书记指出："在大中小学循序渐进、螺旋上升地开设思想政治理论课非常必要，是培养一代又一代社会主义建设者和接班人的重要保障。"①同年8月14日，为了落实落细习近平新时代中国特色社会主义思想和关于大中小学思政课体系建设的指导思想，中共中央办公厅、国务院办公厅印发《关于深化新时代学校思想政治理论课改革创新的若干意见》(下文统称为《意见》)，《意见》指出，思政课是落实立德树人根本任务的关键课程，发挥着不可替代的作用。应"统筹大中小学思政课一体化建设"②，这也明确指出了当前我国思政课改革的重要方向和目标。思政课内容是思政课的重要组成部分，是建设大中小学思政课一体化的重要环节。因此，循序渐进的思政课内容的有效衔接既是构建完整思政课体系的需要，同时也是实现学生全面自由发展的现实需要。

(一) 建立完整思政课体系的需要

"思想政治教育内容既是思想政治教育过程的构成元素，又是思想政治教育过程的主体性元素。"③学校是学生接受系统化、规范化、科学化教育的重要场所，而思政课是学校对学生进行思想政治

---

① 习近平：《用新时代中国特色社会主义思想铸魂育人　贯彻党的教育方针落实立德树人根本任务》，《人民日报》2019年03月19日。
②《中办国办印发〈意见〉：深化新时代学校思想政治理论课改革创新》，《人民日报》2019年08月15日。
③ 王立仁、张小秋：《思想政治教育内容体系的整体建构》，《思想理论教育》2014第3期，第52—56页。

教育的主要渠道。大中小学开设思政课,教师要讲授思政课,而思政课的开设和讲授都是围绕着思想政治教育内容所展开的。因此,建构循序渐进、螺旋上升的大中小学思政课体系,就是建构循序渐进、螺旋上升的思政课内容体系。在我国,义务教育阶段、普通高中教育阶段、高等教育阶段都相应地开设了思想政治教育类课程,从小学到大学,是一个完整的思想政治教育体系。素质教育和核心素养的培养都是思政课教育的首要任务,从基础教育阶段到高等教育阶段,受教育者的身心发展在不同阶段有各自的特点,现实生活中遇到的问题也各不相同。只有根据受教育者身心发展的特点,再结合社会生活当中的热点问题,将大中小学思政课内容统一规划,避免出现内容无效重复或内容模块疏漏,形成完整的思政课内容体系,才能建构完整的思政课体系。只有使思政课内容更加具体、具有针对性,才能使思政课更加具有亲和力和吸引力,理论才能发挥实际的作用,才容易被学生接受,才具有说服力和实效性。"理论只要说服人,就能掌握群众;而理论只要彻底,就能说服人。"[1]因此,科学合理地规划思想政治教育的内容,促进思政课内容的有效衔接,从国家和社会发展的需要出发,针对受教育者身心发展的特点和实际问题不断进行改革和创新,是建立完整大中小学思政课体系的重要渠道。

---

[1]《马克思恩格斯选集》(第一卷),北京:人民出版社,2012年,第9—10页。

(二)实现学生全面自由发展的需要

习近平总书记指出,"青少年阶段是人生的'拔节孕穗期',最需要精心引导和栽培"①。我们需要根据学生的身心发展特点来制定思想政治教育内容,使大中小学思想政治理论课无缝衔接,架构一个完整的德育体系,提高学生的思想道德素质,实现学生全面自由的发展。就学生个人而言,只有具有坚定的理想信念,用爱国主义、集体主义、社会主义的思想武装头脑,学习和生活才有强大而持久的动力;只有具有优良的品德,才能更好地适应社会生活和拥有融洽的人际交往关系。根据皮亚杰认知发展阶段的研究,儿童和青少年的认知发展是分阶段的,新的心智能力的出现是每个新阶段到来的标志,而这些新的心智能力使得人们能够以更为复杂的方式来理解世界。为了使学生能够得到自由全面的发展,需要根据人的思想品德形成和发展规律,根据思想政治教育规律,根据各个年龄阶段学生不同的内在因素和外在条件,分阶段分层次地制定思想政治教育内容。但是,分阶段、分层次并不意味着将内容完全割裂开来,而是要有循序渐进、螺旋上升的内容体系。因此,思想政治理论课在内容设置方面各阶段要科学衔接过渡,避免出现内容断层、内容重复和只重视内容忽视实践的情况,这些都不利于实现学生全面自由的发展。为此,促进思想政治理论课内容科

---

① 《习近平主持召开学校思想政治理论课教师座谈会强调:用新时代中国特色社会主义思想铸魂育人 贯彻党的教育方针落实立德树人根本任务》,《人民日报》2019年03月19日。

学有效衔接,对于实现学生全面自由发展和培养合格的社会主义建设者和接班人极其重要。

二、思想政治理论课内容衔接存在的问题

与时俱进地开设好思政课,就要用习近平新时代中国特色社会主义思想铸魂育人,推动思想政治教育内容不断改革创新,使深奥的理论能够"接地气",从而达到用生动的课堂吸引人、用真理的力量说服人、用人格的魅力感染人的效果。创新思政课内容,要合理分析和解决思政课在贯通方面存在的问题,使其有效衔接,从而提高人们的思想道德素质,培养出担当民族复兴大任的时代新人。现阶段,思想政治理论课在内容衔接过程中仍然存在相关矛盾和问题,亟待解决。

(一)课程内容设置上重复较多

随着思想政治教育内容研究不断横向扩展和纵向延伸,科学性、整体性安排学校思想政治教育的内容成为共识。通过对比高中和大学的思政课课程内容,很容易发现二者在内容上存在简单无效重复的现象,例如:高中《经济生活》第一章中的货币、商品、价值规律等知识点与大学《马克思主义基本原理概论》第四章第一节中的商品经济与价值规律内容有所重合;高中《文化生活》第三单元中的中华文化与民族精神知识点与大学《思想道德修养与法律基础》中第五章第二节吸收借鉴优秀道德的内容有所重合;高中

《生活与哲学》中的所有知识点与大学《马克思主义基本原理概论》中第一章、第二章、第三章重合,特别是哲学的基本问题、唯物论、认识论、辩证法等。

首先,为了实现高中和大学思想政治理论课内容的有效衔接与合理过渡,简单概念和知识点的重合是合理和必需的,也可称之为有效重复。但是,高中阶段与大学阶段的培养目标是不一样的,思政课内容的编排和讲授应循序渐进,逐渐有所升华与提高,不能一味地简单重复。高中阶段是让学生"知其然",而大学阶段是让学生"知其所以然"。

其次,思政课内容除了教材展示的教学内容、素材,还包括教师对思政课内容的解读和拓展。习近平总书记强调:"办好思想政治理论课关键在教师,关键在发挥教师的积极性、主动性、创造性。"[1]如果在大学阶段还是按照高中阶段只是简单地讲授"是什么",而没有理论的升华和思维的提高,那么,思政课的教学目标就很难实现,这将严重影响高中和大学思政课内容的衔接,阻碍大中小学思政课一体化的形成,影响思想政治教育课的教学质量。

(二)课程内容的缺失与断层

"思想政治理论课是落实立德树人根本任务的关键课程"[2],要

---

[1]《习近平主持召开学校思想政治理论课教师座谈会强调:用新时代中国特色社会主义思想铸魂育人 贯彻党的教育方针落实立德树人根本任务》,《人民日报》2019年03月19日。

[2]《习近平主持召开学校思想政治理论课教师座谈会强调:用新时代中国特色社会主义思想铸魂育人 贯彻党的教育方针落实立德树人根本任务》,《人民日报》2019年03月19日。

坚持在改进中不断加强。在我国,大中小学都有开设思想政治教育类课程,形成一个完整的思想政治课理论体系至关重要。目前我国思政课内容存在缺失断层现象,主要从以下三个方面来分析。其一,其课程内容本身的缺失与断层,即由于课程内容设置存在问题,导致思政课有些内容出现衔接中断现象。如高中思政课包含的有些知识点,需要进一步深化和升华,而大学思政课教学内容的设置中却未有体现。通过对比高中《生活与哲学》和大学《马克思主义基本原理概论》课程内容相关设置,我们可以看出,有些在大学思政课需要深化的重要知识点,在高中阶段缺乏基础知识的奠基。例如,大学《思想道德修养与法律基础》中法律方面的知识在高中少有涉及。再比如,高中阶段的知识初中完全没有涉及,初中阶段的知识在高中阶段完全不涉及。对比可知,高中阶段的《生活与哲学》在初中没有任何奠基,高中阶段也严重缺失初中阶段关于学生身心发展的知识,例如学生的情感和情绪管理、师生关系的处理等等。通过对比初中和小学阶段的思政课内容——《道德与法治》,我们可以发现小学阶段缺乏对初中关于国家制度、国际社会和经济改革与创新等知识点的铺垫,使得初中阶段的部分思政课内容太抽象和难以理解;初中阶段也缺失对小学阶段关于中华传统文化的深入教学,使得这一模块的思政课内容在初中阶段出现断层。其二,课程内容设置缺乏一体化的贯通,没有充分结合不同阶段学生身心发展的特点和需要来设置思政课内容。在大学阶段的《思想道德修养与法律基础》中有涉及对大学阶段学生身心发展的教育内容,例如人的自我价值和社会价值、人生观、职业观、家庭观等的教育。初中阶段学生逐渐进入青春期,因此思政课内容有涉及学生青春期心理教育的内容。小学阶段,结合学生身心发展特点,比较注重学生思想道德情感的培养,例如讲文明、守规则、如何交朋友等。但是目前在高中阶段,由于高考的因素,思政课缺乏对高中学生身心健康教育的内容,而知识性的内容占据主要地位。办好思想政治理论课就要充分发挥思政课培养社会主义建设者和接班人的作用,重视学生不同阶段身心发展特点,贯通不同阶段思政课内容一体化的有效衔接,避免对学生身心发展引导的缺失,从而造成思政课教育的缺失和断层。其三,学生自身知识的缺失与断层,即高中思想政治课程虽已开设,但是由于升学压力、重视程度等各种原因,导致出现"有名无实"的情况,高中阶段文科生群体接受系统的思想政治课教学,能够引起学生的重视与学习,相反在理科生群体当中,由于分科的原因,思想政治课就成了学生和家长眼中的"副课",学生和家长不重视该课程的学习,上课课时较少,这种情况将导致学生从高中阶段就已经出现知识缺失和断层。思政课内容在衔接上出现缺失和断层现象,就会使高中和大学在内容衔接上不顺畅。这些问题解决不好,学生进入大学后进一步学习思政课就会面临困境,从而影响教学效果,达不到大中小学思政课一体化建设的初衷。

(三)课程内容设置中实践性内容的缺失

思政课内容除了教材上的知识性内容,还应该包括实际生活中的实践性内容。习近平总书记在思想政治理论课教师座谈会上指出,思政课"要坚持理论性和实践性相统一,用科学理论培养人,重视思政课的实践性,把思政小课堂同社会大课堂结合起来"[1]。各个阶段思政课内容的衔接不仅强调教材内容的衔接,还包括实践性内容的衔接,思想政治教育才能做到知行合一。根据人的认知结构和生理心理发展特点,各个学段思政课培养目标各不相同,但都具有衔接性和过渡性。小学阶段以儿童的社会生活为主线,应该注重学生道德情感的培养,帮助其养成良好的行为习惯。初中阶段根据学生的成长需要,要逐步帮助其树立正确的世界观、人生观、价值观。高中阶段的培养目标与大学阶段的培养目标具有差异性与衔接性。高中阶段主要应注重基础性知识的灌输和培养学生的社会参与意识,高等教育阶段应在理论知识升华的基础上更加注重实践,让学生"内化于心,外化于行"。2017年普通高中思想政治课程标准强调实践体验,在课堂讲授中"基于必修课程强调实践体验的要求,采取内容与活动相互嵌入的组合方式"[2],其目的是逐渐培养学生的实践意识、社会参与意识和合作沟通能力。大学思想政治理论课不仅要强调课堂的实践体验活动,更多的是要具备课后的社会生活实践体验。例如,高中《政治生活》在让学生了解基本的政治常识基础之上,又培养学生的社会参与意识,而大学思政课也将提高学生的社会参与能力、培养担当民族复兴的时代新人作为重要目标,但是大学阶段并未在教材内容当中体现出实践性,这就导致衔接出现问题,出现理论与实践失衡的现象。从

---

[1] 《习近平主持召开学校思想政治理论课教师座谈会强调:用新时代中国特色社会主义思想铸魂育人 贯彻党的教育方针落实立德树人根本任务》,《人民日报》2019年3月19日。
[2] 中华人民共和国教育部:《普通高中思想政治课程标准》(2017年版),北京:人民教育出版社,2018年,第9页。

目前来看,我国高校思想政治理论课存在止步于课堂,并未完全走出课堂的现象,缺少更多的实践体验,表现出理论性内容与实践性内容衔接失衡的现象。

三、思想政治理论课内容衔接的建议

无论是高等教育阶段还是基础教育阶段,都要注意思想政治课程内容开设的科学性与整体性,都要加强思政课的思想性、理论性和亲和力、针对性。不仅要安排好各个阶段各自内容的设置与联系,还要注意各个阶段之间内容的有效衔接与贯通,使思想政治教育的德育功能更好地发挥,使大中小学的思想政治理论课课程体系更加完善,从而推动思政课建设内涵式发展。

(一)建构整体的思政课内容体系

做好思政课各个阶段内容的有效衔接,是建设大中小学思政课一体化的重要内容,能够避免思政课内容碎片化,加强其关联性和整体性,使得思想政治教育内容呈现由易到难、由浅入深的螺旋上升趋势,从而建构整体的思政课内容体系。首先,应该加强顶层设计,明确思政课内容的构成,整体规划思政课内容讲授的模块,使思政课内容高度聚焦、力量一体推进。《意见》指出,思政课应该"系统开展马克思主义理论教育,系统进行中国特色社会主义和中国梦教育、社会主义核心价值观教育、法治教育、劳动教育、心理健康教育、中华优秀传统文化教育"①,这无疑进一步明确了思政课的内容体系的内涵。其次,按照不同学段学生的身心特点和发展规律制定教育目标。制定思政课教育的总体目标,并将总体目标划分为各个学段的分目标,使得思政课课程目标呈现出循序渐进和螺旋上升的趋势。目标决定内容,内容是目标的具体化,根据各学段思政课的目标,再根据各学段学生的认知水平和身心发展的特点,将模块化的思政课教育内容科学合理地设置为各学段思政课课程内容。如社会主义核心价值观教育的模块,可以在不同的学段有不同的课程内容来诠释。小学阶段属于启蒙阶段,应当注重对学生形成美好道德情感的引导;初中阶段学生的逻辑思维比较强,属于打牢思想道德素质和科学文化素质基础的阶段,侧重引导学生对创新理论形成朴素的感性认知,加强有关党、国家和人民的教育,厚植爱国主义情怀,使其长大成为担当民族复兴大任的时代新人;高中阶段学生的抽象思维能力已经逐渐形成,要重视提高对学生核心素养的培养,使其形成强烈的政治认同;大学阶段是培养社会主义建设者和接班人的关键阶段,要加强对大学生的责任感和使命感的培养,使其坚持党的领导,拥护社会主义,树立"四个自信"。只有建构完整的思政课内容体系,才能避免思政课理论碎片化,才能使思政课内容有效衔接,使思政课内容更加合理有序,最终实现理论体系向教学体系、知识体系向价值体系的有机转变,才能真正形成大中小学不同学段一体化衔接。

---

① 《中办国办印发〈意见〉:深化新时代学校思想政治理论课改革创新》,《人民日报》2019年8月15日。

(二)建构实践性内容衔接体系

　　思想政治教育学科是一门实践性很强的学科,从实践中来,到实践中去。这就要求学生不仅要掌握所学知识,还要使所学知识内化于心外化于行,学会用所学知识去分析和解决现实问题。《意见》指出,要"坚持开门办思政课,推动思政课实践教学与学生社会实践活动、志愿服务活动结合,思政小课堂和社会大课堂结合"[①]。在基础教育阶段,根据学生学习和生活主要是在学校中度过,并且他们的年龄也未满18周岁的特点,组织他们进行一些感性直观的教育实践活动,例如,通过学习雷锋做好事、"小小志愿者"、"今天我当家"、参观红色基地等活动来让学生进行实践,将所学知识运用于实际生活当中,培养其担当精神和爱国情怀。高等教育阶段,学生们普遍已经年满18周岁,可以参加一些社会活动,比如"三下乡"社会实践活动等。目前我国很多高校已经开始创新思政课的教学方式,比如"青年红色筑梦之旅",这是一场有感情、有力量且生动的思政课,真正做到了入脑、入耳、入心。因此,在高等教育阶段可以多为学生提供一些实践机会,各地政府应当支持和鼓励党政机关、企业和事业单位等与高校合作建立长期稳定安全的实习基地,提供实习岗位,鼓励学生参加社会实践活动,提高学生的公民意识、政治参与意识和法治意识等。随着我国高校思想政治教育课程的改革与发展,高校思想政治理论课建设也在不断推进,更

---

① 《中办国办印发〈意见〉:深化新时代学校思想政治理论课改革创新》,《人民日报》2019年8月15日。

加重视实践性,并且将实践的学分纳入课程学分的评定体系当中,将学生日常表现也纳入考察范围。加强基础教育阶段和高等教育阶段思政课实践性教学内容有效衔接,尽快使其落实、落细,成为一个系统化、制度化的思政课教学内容是非常重要的。教学的实践性原则,使学生真正有所收获,学生只有将所学的知识运用于实践,才能检验学生思想道德素质和科学素养是否真正提高,才能真正达到思政课的教育目标,才能真正提高思想政治教育的实效性。

(三)建立一支高素质的思政课教师队伍

学校思想政治教育工作是一个需要合力完成的重要工程,推动形成全党全社会努力办好思政课、教师讲好思政课、学生学好思政课的良好氛围,尤其要发挥教师的积极性、主动性、创造性。教师承担着塑造灵魂、塑造人的历史重任。思政课课堂质量与教师技能水平如何将直接影响思想政治教育的效果,所以建设一支高素质思政课教师队伍至关重要。思政课教材中包含的素材和信息是思政课课程内容的主体,除此之外,教师对思政课内容的讲授是思政课课程内容的重要组成部分。习近平总书记指出,"办好思想政治理论课关键在教师,关键在发挥教师的积极性、主动性、创造性"[1],促进思政课内容的有效衔接关键在教师。在我国很多学校,思政课专任教师占学校教师队伍的比例较低,且在基础教育阶段

---

[1] 《习近平主持召开学校思想政治理论课教师座谈会强调:用新时代中国特色社会主义思想铸魂育人 贯彻党的教育方针落实立德树人根本任务》,《人民日报》2019年03月19日。

得不到很高的重视,思政课被认为是"副课",存在认为思政课教师谁都能胜任的不良风气。若思政课教师专业性不强,将会使思政课内容不能得到更好的诠释和讲授,进而达不到思政课的实效,严重阻碍思政课立德树人根本任务的实现。因此,要"建设一支政治强、情怀深、思维新、视野广、自律严、人格正的思政课教师队伍"①是非常必要的,要配齐建强思政课专职教师队伍,加大对思政课专任教师的培养,建立一支素质优良的思政课教师队伍。高素质的思政课教师,可以将思政课内容给学生讲清楚、讲明白,使学生更容易接受和消化,从而避免出现思政课内容知识断层和缺失的情况,有利于思政课内容的有效衔接。在高等教育阶段,思政课教师承担着全校思政课的讲授,高素质的教师队伍能更好地把握理论性、专业性更强的思政课内容,使学生更能体会到马克思主义基本理论的思维奥妙,感受到在党的带领下我国走向中国特色社会主义道路的艰辛。因此,高素质的教师队伍,对思政课内容的讲授和诠释是思政课内容的重要组成部分,是促进思政课内容衔接的重要因素,也是建设一体化思政课体系的重要推动力。

总之,推动大中小学思政课一体化建设就要明确思政课内容衔接一体化的重要作用,统筹推进大中小学思政课内容的有效衔接,打破各学段固有的分层与隔断,树立整体思维,形成循序渐进、螺旋上升的思政课内容体系,满足不同学段学生身心发展需要,实现思政课立德树人的根本任务。

(原载《白城师范学院学报》2020年第3期)

---

① 《中办国办印发〈意见〉:深化新时代学校思想政治理论课改革创新》,《人民日报》2019年8月15日。

思想政治教育价值浅析

思想政治教育是阶级社会特有的政治现象和教育实践活动,是教育的重要组成部分,是教育的阶级性的集中表现。

思想政治教育价值即思想政治教育对社会和个人发展需要的满足。它包括两方面的含义:一是作为教育活动的思想政治教育价值,二是作为思想政治教育成果形式的人的思想品德与行为的社会价值。思想政治教育价值表现为两种形态:精神形态的价值,即提高了人们的思想觉悟,转变了人们的观念,起到调动积极性和提升稳定性的作用;物质形态的价值,即直接参与物质生产活动创造价值,由精神境界导致工作效率提高,促进了财富创造,带来直接的经济效益。

思想政治教育价值是巨大的,意义是深远的。现就高校思想政治教育价值联系实际谈谈看法。

首先,思想政治教育价值有其自身的特点:一是内隐性与外显性的统一,二是间接性与直接性的统一。其次,思想政治教育价值在高校中表现为多方面的,这里主要就大学生的生活和心理方面谈谈观点。高校大学生生活主要体现在后勤方面。现在的后勤工作都趋于社会化,后勤工作的总体趋势向集团化发展。现今各大高校招生规模不断扩大,都在积极推进高校后勤社会化改革,加大了高校学生公寓开发及旧学生宿舍改造的力度,但这项改革也给高校思想政治教育带来了许多新问题、新挑战。

高校后勤社会化后的学生思想政治工作,应采取一些措施。应以组织建设为龙头,以教育管理为重点,以创新为着力点,以营造高品位的校园精神为载体,以学生自我教育为纽带,以学生全面发展为目标,大力加强大学生思想政治教育。要切实让思想政治教育占领公寓这一块学生集中、思想交流直接的区域。要使学生与学校信息交流的渠道得到疏通,使学生中的很多问题在萌芽状态就得到解决。为适应信息技术的发展和普及对高校思想政治教育的新要求,进一步拓展思想政治教育的新领域,高校应将思想教育网络化,增强吸引力,提高点击率。高校学生公寓应本着"规范化、品牌化、特色化"的原则,组织开展形式各样、风格迥异、层次丰富的校园文化建设活动,着力构建格调健康、积极向上的校园文化,努力把学生公寓建成融"思想教育、行为指导、生活服务、文化活动"等功能于一体的教育基地,使其真正成为青年学生丰富生活、陶冶情操的乐园,锻炼身体、增强体质的场所和凝聚人心、融洽情感的驿站。

为适应后勤社会化带来的新情况,各高校的思想政治教育还应注意发挥大学生的主体能动性,使大学生多一些自主性、多一些自我管理的层面。

在高校中要加强后勤社会化后对学生思想政治教育的领导，要有一定的措施。应进一步完善领导体制和工作机制，切实增强学生思想政治教育的时代感和有效性。同时，要切实加强学生公寓教育和管理队伍建设。还应切实加强学生公寓安全保卫工作。由于高校办学规模的不断扩大，后勤化也在不断扩大，思想政治教育也应做到深入细致。

将思想政治教育与实际相结合，与高校的具体情况相结合，这才是思政课的意义之所在。高校思想政治教育的另一方面是大学生心理健康教育。江泽民同志曾提出："一个民族的新一代没有强健的体魄和良好的心理素质，这个民族就没有力量，就不可能屹立于世界民族之林。"他在庆祝清华大学建校九十周年大会上的讲话中，特别强调大学生"要努力使自己既具有优良的思想政治素质，又具有过硬的科学文化本领，既具有强健的体魄，又有健全的心智"。所以，加强大学生心理健康教育工作是新形势下全面贯彻党的教育方针、实施素质教育的重要举措，是促进大学生全面发展的重要途径和手段，是高校思想政治教育的重要组成部分。

近年来，大学生心理健康教育得到推进和加强，但还不能适应形势发展。所以，要进一步提高认识，增强大学生心理健康教育工作的紧迫感。认识是行动的先导，加强高校大学生心理健康教育，关键在于认识的提高。高校作为培养社会主义事业建设者和接班人的重要阵地，全面推进素质教育是其必然的重要工作目标。实践证明，心理素质是人才素质的基础，大学生没有良好的心理素质便无法完成学业，更无力承担未来建设祖国的责任，从这个角度讲，心理素质直接影响大学生全面素质的提高，关系到高校能否完成造就德智体美等全面发展的社会主义事业建设者和接班人这一根本任务,关系到中华民族的未来。

当前,世界正在发生深刻的变化,中国正在完善和发展社会主义制度的自我变革,社会情况发生了复杂而深刻的变化。面对新形势新情况,要努力促进人的全面发展。大学生是一个承载社会、家长高期望值的特殊群体,自我定位高,成才的欲望非常强烈,但心理发展尚未成熟、稳定,大学生的发展压力普遍加大。从这个角度讲,加强大学生心理健康教育是时代发展的要求,是经济和社会的发展对高素质人才的呼唤。

大学生心理素质健康重点在立足教育。新的世纪需要新的思路,在新思路指导下的实践才能有新的发展。立足教育,主要是指大学生心理健康教育的对象是全体在校学生,以提高全体学生的心理素质为出发点,着力帮助全体学生了解心理健康的基本知识,优化个性心理品质,增强心理调适能力和适应社会生活的能力,促进学生心理素质与思想道德素质、文化素质、专业素质和身体素质的协调发展。

综上所述,高校后勤社会化和当代大学生的心理问题是现今的热点问题,也是大家所关心的问题。所以,它也应是思想政治教育价值的体现,思想政治教育的价值是巨大的,潜力是无限的!

(原载《白城师范高等专科学校学报》2002 年第 3 期)

社会主义核心价值体系的民生导向

目前学术界关于社会主义核心价值体系的探讨,主要是从该体系的科学内涵、思想表现、时代特征、理论维度和实践转化等几个方面进行。这些探讨对于提升公众对社会主义核心价值体系的理解和认同具有不可替代的作用和意义。但上述学者的研究都存在一定的不足之处,那就是没有深刻认识和科学把握社会主义核心价值体系的民生导向问题。

本文认为,中央确立建设社会主义核心价值体系的战略目标,主要目的是通过这种理念系统在全社会营造马克思主义理论的学习热潮、中国特色社会主义共同理想的追求热潮、以爱国主义为核心的民族精神和以改革创新为核心的时代精神的宣传热潮、社会主义荣辱观的教育热潮。在所有这些基本的价值规定中,唯有民生视角是解读社会主义核心价值体系的基础和关键,因为党在社会主义初级阶段的主要任务是解放生产力和发展生产力,只有把一种理念系统最终演化成一种具有实际意义的功能系统、一种社会生产和生活的动力系统,这种价值系统才具备了真正的意义。否则,空谈"价值体系",以理论来论证理论,只会堵塞学术发展的道路,耽搁社会发展的进程。我党在社会主义初级阶段提出建设社会主义核心价值体系的战略目标,其主要的民生功能是实现政治的稳定、经济的发展、社会的和谐和文化的凝聚力,其最终的目的是实现中华民族在21世纪的伟大复兴。

一、社会主义核心价值体系的政治民生导向——诠释政治发展的合理内涵

所谓"政治民生"就是指政治层面的人民生计,它是由广大人民群众的政治权利需求和政治参与诉求组成的综合的政治评价体系。政治民生所要解决的主要问题就是通过各项政治体制改革,引导广大人民群众有序政治参与,维护和扩大广大人民的民主权利。胡锦涛在党的十七大报告中曾明确指出:"要坚定不移的发展社会主义民主政治,扩大社会主义民主,更好保障人民权益和社会公平正义。"[1]在社会主义初级阶段,人民民主是社会主义的本质和生命,发展社会主义民主政治是我们党始终不渝的奋斗目标。改革开放32年来,我们积极稳妥地推进政治体制改革,使人民政治参与的积极性空前提高,人民权利的真实性得到了很大的保障,中国社会政治民生发展的总体趋势是稳定的。但随着改革开放的进一步深化和社会主义市场经济的逐步推进,政治民生领域的诸多因

---

[1] 胡锦涛:《高举中国特色社会主义伟大旗帜,为夺取全面建设小康社会新胜利而奋斗》,北京:人民出版社,2007年。

素开始显现出不适应和不和谐的状况。

影响我国社会政治民生发展的国内因素有如下几点。一,在政治体制的某些具体运行机制方面存在一些问题,比如人民代表大会制度在具体运作中出现的问题;共产党领导的多党合作和政治协商制度在具体操作过程中出现的党内腐败现象;基层民主自治制度在基层选举过程中出现的"贿选"和"暴力选举"现象;民族区域自治制度在推行过程中出现的无视民族差别的草率处理状况。二,由正式制度供给不足引发的政治参与渠道不畅的问题,比如改革开放以来我国社会出现的国家行政机关及公务人员为谋取不当利益,对其他国家机关工作人员行贿的行为;越级上访行为;以游行和围攻政府机关为特征的抗议和暴力对抗行为。这些非制度利益表达行为一般是由正式的利益表达制度结构的不健全或不均衡,利益表达主体的整体素质不高和经济地位偏低、政治效能感脆弱,以及利益表达语境中社会结构的断裂引起的。从总体上看,我国社会出现的非制度利益表达行为可以分为三类:"一类是在社会有正常的利益表达渠道的背景下,公民不愿、不会、不能利用这些渠道,由此在表达中所表现出来的情绪化行为;第二类是在现存政体中制度规范僵化,制度不完备、不充足或缺乏的背景下,公民在争取自身利益中表现出的行为;第三类是在社会既有的正常制度背景下,公民采取的非常态的行为。"[①]三,由于我国的法制建设起步较晚,法律数量和法律质量矛盾比较突出,影响当代中国法治的现代化进程,进而不利于维护社会政治民生的稳定。从改革开

[①] 方江山:《非制度政治参与——以转型期中国农民为对象分析》,北京:人民出版社,2000年,第39页。

放的外在民生环境上看,国际政治压力依然严峻且不确定因素逐渐增多。虽然和平与发展仍然是时代主题,但世界并不安宁,影响和平与发展的不稳定因素逐渐增多,导致我国政治民生安全问题凸显。

由于上述因素的存在,我国在建设有中国特色的社会主义和贯彻科学发展观的过程中就必须牢固地坚持马克思主义的政治民生思想,就必须坚定不移地走中国特色社会主义的民生道路。只有这样,我们才能保持住今天来之不易的政治民生的安定局面;只有这样,我们才能在国际国内纷繁复杂的政治民生环境下把我国社会的政治稳定继续推向深入。由此可见,维护政治民生的和谐稳定是社会主义核心价值体系首要的和最基本的功能,离开了政治民生的稳定,其他的民生功能便成了无源之水、无本之木。

二、社会主义核心价值体系的经济民生导向——实现经济发展的良性特征

所谓"经济民生",是指经济层面的人民生计。经济民生主要解决广大人民群众最关心的衣食住行问题,让群众具备从事其他活动的基本物质条件,引导广大人民群众最终走向富裕安康的道路。解决经济民生要以生产力的发展为前提。马克思指出:"生产力的这种发展……之所以是绝对必需的前提,还因为如果没有这种发展,那就只会有贫穷、极端贫困的普遍化;而在极端贫困的情况下,必须重新开展争取必需品的斗争,全部陈腐污浊的东西又要

死灰复燃。"[1]只有生产力发展,创造日益丰富的生活资料,使人摆脱贫困状态,才能使人能够在基本满足生存需要的前提下追求享受和发展。没有生产力的发展,就没有更多的资源来实现我们要达到的目的。因此,解决民生问题必须重点解决经济发展问题。为此,社会主义核心价值体系为我国经济民生事业的发展指明了前进的方向。社会主义核心价值体系主要通过以下几个方面来实现经济发展的良性走向:

第一,通过明察不断变化的国际民生经济体系,大力提高中国的综合国力。国家的综合实力是维护国内政治民生安全的前提和基础。尤其是在国际政治斗争中,国家的综合实力是国家政治民生安全的支撑和保障。而中国影响力的主要来源,仍然是迅速增长和超大规模的经济力。因此,全力保证本国的经济发展和人民生活水平的不断提高,便成为改革开放以来我党面临的最重要的经济民生任务。

第二,通过自觉抑制民生机会主义倾向,建立和维护良好的市场经济秩序。社会主义核心价值体系作为社会主义道德规范、伦理准则和精神境界提升的综合,如果能够内化为市场主体内在的价值观念,将会有效地抑制人们的民生机会主义本性。社会主义核心价值体系能够提升人们的思想觉悟和精神境界,能使市场主体在维护民生公共设施、防止国有资产流失等方面承担起应有的责任和义务。民生机会主义被有效抑制,良好的市场经济秩序就容易建立和维护。

---

[1]《马克思恩格斯选集》(第1卷),北京:人民出版社,1995年,第387页。

三、社会主义核心价值体系的社会民生导向——保持社会发展的和谐局面

所谓"社会民生",就是社会层面的人民生计。社会民生所要解决的是与老百姓生活、生存和发展密切相关的各种社会问题,目的是为广大人民群众安居乐业、幸福生活提供良好的社会条件和社会保障。胡锦涛在党的十七大报告中明确指出:"必须在经济发展的基础上更加注重社会建设,着力保障和改善民生……努力使全体人民学有所教、劳有所得、病有所医、老有所养、住有所居,推动建设和谐社会。"[1]近年来,为了让改革发展成果更多体现到改善民生上,我们党从人民最关心、最直接、最现实的问题着手,相关政策密集出台,国家财政向与百姓利益密切相关的领域倾斜,使一些重大民生问题开始得到有效解决。从宏观上讲,社会主义核心价值体系的民生促进作用主要表现在以下两个方面:

1.整合社会民生资源。主要是从资源学的角度把物质性民生资源和精神性民生资源有效地结合起来。所谓物质性民生资源,是指在资源的社会形态上可以最终表现为物的存在方式的资源;所谓精神性民生资源,是指以意识、感觉、思维等认知个体内心体悟为主要存在形态的社会资源。此种资源以观念、思想、感情等方式展现自身,又以其精神的烘托力和感染力影响着民生社会的存在、稳定和发展。精神性民生资源广泛存在于社会民生的现实征

---

[1] 胡锦涛:《高举中国特色社会主义伟大旗帜,为夺取全面建设小康社会新胜利而奋斗》,北京:人民出版社,2007年。

途中。在一定条件下,精神性民生资源会成为凌驾于物质性民生资源之上的支配力量。在特定条件下,一个社会可供分配的精神性民生资源以下列方式存在着:文化传统、价值观念、思维方式、风俗习惯、社会舆论等。社会主义核心价值体系的最大社会功效就是能够把各种物质性民生资源和精神性民生资源有效地整合起来,这种结合会使整个社会朝着互帮互助、艰苦朴素、风雨同舟、脚踏实地、和睦共处、互利双赢的民生局面发展。

2.整合民生意识形态。作为一种观念体系,民生意识形态是指"与政治生产和生活的价值追求密切相关的一套思想和理论体系,这种思想和理论体系的功能在于,以特定的民生信仰为基础而对特定的政治体系提供民生认同、认证、解释或批判,设计出理想的生活图景并试图付诸实施"[1]。在现代社会,民生意识形态的力量不可小觑,胡锦涛曾经指出:"民生意识形态是减少正式制度安排的服务费用的最重要的非物质性制度安排。"[2]在全球多元民生意识形态共生共存的境遇下,社会主义民生意识形态能够有效地降低中国社会正式规则的制定和实施成本,进而推动民生社会在良性的轨道上前行。社会主义核心价值体系的建立将会使我国居高不下的社会民生运行成本有所降低。一方面,随着社会主义核心价值观念的内化,市场监管部门的道德水准、自律意识会大大增强,干扰民生社会运行、以权谋私等不合理行为的空间会大大缩

---

[1] 陈成文、邱国栋:《论社会主义核心价值体系是社会主义意识形态的本质体现》,《贵州师范大学学报(社会科学版)》,2009年第1期,第59页。
[2] 胡锦涛:《高举中国特色社会主义伟大旗帜,为夺取全面建设小康社会新胜利而奋斗》,北京:人民出版社,2007年。

小。另一方面,在社会主义民生观念的支撑下,每一个市场主体都会自觉地遵守市场规则,自发维护市场运行秩序,社会制度的运行会更有效率,社会民生绩效会更加明显。同时,社会职能部门的合并和精简,会大大节约社会民生资源,这就使得我国社会相对薄弱的公民教育、医疗卫生、社会保障等领域,会得到更多的社会资源,整个社会的福利水平也会大大提高,社会公正将会在许多领域得到鲜明体现。

四、社会主义核心价值体系的文化民生导向——优化文化市场的生态功能

所谓"文化民生"就是指文化层面的人民生计。文化民生所要解决的是老百姓最迫切的文化需求问题,既包括人民群众的精神支柱问题,也包括人民群众的文化话语表达权问题。在当今中国,文化的跨越发展是以实现人的全面发展为终极目标,以解放文化生产力、满足人的精神文化需求为出发点的。只有不断关注人民群众的精神文化需求问题,并通过大力发展社会主义先进文化,加强社会主义精神文明建设,实施"文化民生"工程,才能不断提高整个中华民族的民众素质。胡锦涛在党的十七大报告中指出:"丰富精神文化生活越来越成为我国人民的热切愿望,要坚持社会主义先进文化前进方向,兴起社会主义文化建设新高潮,激发全民族文化创造活力,提高国家文化软实力,使人民基本文化权益得到更好保障,使社会文化生活更加丰富多彩,使人民精神风貌更加昂扬向上。"为此,党中央领导全国各族人民从各个方面进行了不懈努力。

党的政策的支持和学术界的努力使得中国的民生文化市场取得了很大的发展,民生文化领域的先进成果更是层出不穷。但我们也应该看到,伴随着民生文化市场的勃兴,各种虚假繁荣和文化腐败现象也大行其道。主要表现有:民生文化盗版现象严重;知识产权侵权案频发;借发展民生文化事业非法侵占耕地的现象时有发生;民生文化权力腐败现象增多……所有这些都昭示着优化民生文化市场的必要性和紧迫性。进行民生文化市场优化,最关键的是进行民生市场优化教育。民生市场优化教育需要从普及民生文化市场知识、培养民生文化市场情感和树立民生文化市场观念三个方面入手,构成三位一体的民生文化市场优化教育体系。社会主义核心价值体系的提出为我国民生文化市场的优化提供了前所未有的机遇。具体来讲,坚持社会主义核心价值体系的民生文化优化功能,必须做好以下几个方面的工作:

1.普及民生文化生态知识,关键是要树立正确的民生文化市场观念,要认识到人类民生文化的精神性价值与人类自身的生存密切相关,离开了民生文化的滋养,人的存在便无从谈起。如果我们继续延伸民生文化的虚假繁荣,继续蔑视知识资本的原生性价值,使得人的类本质在精神层面上持续衰落,则不仅违背了历史的规律,也践踏了"文化—人类"的生态互动原理。近几年众多的高校著作、论文侵权案就深刻地印证了这一点。

2.培养民生文化生态情感,首先要通过生态补偿教育唤醒人们的生态补偿潜意识,使人们意识到人类保护民生文化环境不仅仅是为了获得可持续发展的道德环境,也是内心生态补偿潜意识的本能需求。其次要深化人们对民生文化生命的敬畏感。敬畏文化的价值意味着对生命自身神圣性的深刻体认。康德曾说过：世界上有两种东西让我们深深敬畏，那就是我们头顶的星空和人们心中的文化道德律。可以说，敬畏之心源于人对自身有限性和宇宙无限性的本真认识。由于工具理性思维方式的影响，人愈来愈变得自恃己能，把民生文化领域看作凭借人类理性和技术就能够征服的对象，有的人甚至把民生文化市场当成发财致富的工具。因此要解决民生文化生态危机，解决现代人类文明的深层弊病，首先需要解决现代人骄纵的心灵危机，重新培育起对民生文化生命的敬畏，使人们认识到自身的有限性、科学认知的有限性，时刻对宇宙星空、地球生命和民生文化价值怀抱一种虔诚的敬畏之心，对生生不息的民生文化渊源充满由衷的无限敬意。

3.树立民生文化生态观念。首先要反对"消费主义"观念，树立节约意识。消费主义作为一种民生文化意识形态和生活方式，最本质、最核心的内容是消费至上的观念。中国要走民生文化可持续发展的道路，就要克服消费主义、享乐主义思想的影响，树立节约意识，合理利用民生文化资源，有效保护民生文化资源，使人类的自我实现和幸福得到连续和可靠的保障。其次要从中华民族传统民生文化中汲取生态伦理思想的精华。儒家创始人孔子提倡仁爱万物，主张"不时不食"。儒家反对竭泽而渔的民生文化短期行为，提出"取之有度""取物不尽""用之有节"的生态道德和可持续发展的思想，他们在肯定人在自然界中具有最高价值的同时，也肯定了民生文化在人类进化之链上具有的崇高价值。人类必须将人伦道德扩展到整个民生文化系统,确立与文化生态共生共存的大生命观,并强调民生文化环境的补偿事关人类自身精神性成果的保留、继承和发展,其意义非同一般。

(原载《理论导刊》2010年11月)

五

新时代全面深化改革必须坚持马克思主义指导地位

改革开放是党大踏步赶上时代的重要法宝,是坚持和发展中国特色社会主义的必由之路,是决定当代中国命运的关键一招,也是决定实现"两个一百年"奋斗目标,实现中华民族伟大复兴的关键一招。40年来改革开放积累的宝贵经验是党和人民弥足珍贵的精神财富,对新时代坚持和发展中国特色社会主义有着较为重要的指导意义,必须长期坚持。习近平在庆祝改革开放40周年大会上的讲话总结了这方面的诸多经验,其中重要的是,必须坚持马克思主义指导地位,不断推进实践基础上的理论创新。

始终坚持以马克思主义指导改革开放,推动改革开放的前进,是我国改革不同于苏联、东欧国家改革的一个特征,也是我国改革能够取得成功、能够开创出中国特色社会主义道路,能够使中国的社会主义焕发出生机和活力,实现综合国力不断增长,使中华民族伟大复兴事业能够迎来从站起来到富起来、强起来的伟大飞跃的重要原因。过去40年的实践中,一开始就明确我们的改革是坚持和发展中国特色社会主义制度的改革。是要根据马克思主义关于生产关系一定要适应生产力,上层建筑一定要适应经济基础关系的原理,调整改革我们的经济、社会各方面制度;是要改革体制中不适应生产力发展的内容。正是在马克思主义原理指导下,我们党确立了走自己的路,建设有中国特色的社会主义道路,我们党明确了我国社会主义处于初级阶段,确定了社会主义初级阶段党的基本路线,明确了我国经济改革的目标是建立健全社会主义市场经济体制和运行机制,逐步形成了全面发展中国特色社会主义的经济、政治、文化、社会、生态文明的"五位一体"总任务。40年来我国改革开放的成功,中国特色社会主义事业的成功都是中国共产党坚持和发展马克思主义科学理论,并在实践中推动理论创新的结果。没有科学理论的指导、没有马克思主义不断中国化、时代化,就不会有中国改革开放的成功,就不会有中国今天的综合国力、国际地位和人民的美好生活。

新时代推进我国改革开放,必须坚持这个基本经验,坚持以当代中国马克思主义指导全面深化改革。坚持以马克思主义指导我国的改革开放,绝不是意味着我们的改革只能在原有书本里找办法,绝不是要我们在改革实践中对马克思主义采取教条主义的态度,简单地照抄照搬。相反,坚持以马克思主义指导改革开放,要求我们必须以马克思主义态度对待马克思主义,正确地理解和实现马克思主义对全面深化改革的指导。过去的经验和新的实践告诉我们,在这方面必须把握以下要点:一是推进全面深化改革,必须坚持马克思主义揭示的人类社会发展规律原理，真正以辩证唯物主义、历史唯物主义作为认识改革、提出改革方案、明确改革任务的科学武器，坚持马克思主义关于生产力与生产关系、经济基础与上层建筑关系的原理。特别是坚持贯彻在马克思主义理论体系中的立场、观点和方法。二是把马克思主义当作发展的理论、开放的理论，以马克思主义态度对待马克思主义，在实践中推动马克思主义理论创新和发展，不断在解决新问题的实践中推进马克思主义的时代化、中国化，丰富马克思主义。三是要明确习近平新时代中国特色社会主义思想就是21世纪的马克思主义、当代中国的马克思主义，这个科学理论回答了我们坚持和发展的是什么样的中国特色社会主义，以及怎样坚持和发展中国特色社会主义的问题，从而也回答了我们进行的改革是什么样的改革，以及如何全面深化改革的问题。在全面深化改革中坚持以马克思主义为指导，关键是要坚持以习近平新时代中国特色社会主义思想为指导。特别是在以下几个关系改革成败的方面，要切实体现这个科学理论的指导：

首先，全面深化改革需要加强顶层设计，新时代的改革面临的是社会主义市场经济的新环境，是经济全球化、世界经济高度一体化的国际背景，是我国经济社会已有较大发展情况下，各方面不同于几十年前的新的条件。在这种全新背景下推进全面深化改革，不允许出现大的失误，更不允许出现颠覆性的错误。习近平总书记强调，"全面深化改革是一项复杂的系统工程，需要加强顶层设计和整体谋划"①。党的十八大后成立中央全面深化改革领导小组,后来改为全面深化改革委员会,在对全国性改革任务进行总体研究、科学设计、出台方案的过程中,都坚持以马克思主义科学理论,特别是习近平新时代中国特色社会主义思想为指导。实践的逻辑告诉我们,只有这样,才能保证我们的改革内容准确,才能使我们改革的结果能够应对各种挑战、防范各种风险,才能使改革措施形成的新制度、新体制更加规范、科学,才能保证中国特色社会主义事业的健康发展。

其次,全面深化改革的推进需要高度凝聚共识,形成在改革方面的最大公约数。就改革的必要性、改革方案具体内容形成共识,这是我们过去改革的成功经验,也是今后全面深化改革顺利推进的一个前提。有了这个前提,就能减少改革阻力,就能防范各种可能的风险。习近平总书记说:"凝聚共识很重要,没有广泛共识,改革就难以顺利推进,也难以取得全面成功。"②他强调,推进改革"要做好统一思想,凝聚共识的工作"③。用什么来凝聚共识?40年来的实践表明,我们只能以马克思主义理论为指导,用习近平新时代中国特色社会主义思想武装头脑。以这个科学理论为武器看待形势、看待实践中出现的问题,分析这些问题,提出解决这些问题的改革思路、方案。全党全社会形成共同的理念、共同的思维方式、共同的价值取向,才能保证在改革问题上取得共识,而学习马克思主义科学理论,用习近平新时代中国特色社会主义思想武装党员、

---

① 《习近平关于全面深化改革论述摘编》,北京:中央文献出版社,2014年,第38页。
② 《习近平关于全面深化改革论述摘编》,北京:中央文献出版社,2014年,第45页。
③ 《习近平关于全面深化改革论述摘编》,北京:中央文献出版社,2014年,第43页。

群众头脑,我们才可能具备共同的理念、共同的思维方式、共同的价值取向。

其三,全面深化改革,必须把握好各方面改革及改革与中国特色社会主义事业各方面事业协调的问题。中国特色社会主义事业"五位一体"的任务是一个大局,改革各方面任务是一个大局,不仅"五位一体"任务要统筹协调、全面推进,改革各方面的任务之间,改革与"五位一体"各方面任务之间也必须当成一个整体,统筹考虑、协调推进,不可顾此失彼,不能东一榔头西一棒槌。这是我国40年改革的重要经验,也是今后全面深化改革必须坚持的原则。习近平多次强调,必须注意改革的系统性、协调性,处理好改革、发展、稳定的关系。改革是一场深刻的革命,必然引起社会各方面关系变动、各方面利益调整,如果处理不好,会导致某些利益群体严重受损而产生不满情绪,甚至影响社会稳定。我国历史上一些变法改革,当代世界一些国家的改革,都出现过这样的情况,有的甚至导致严重的社会动荡、动乱,乃至国家的混乱。40年来,我们党坚持以马克思主义系统论原理认识和推进改革,把改革的实施放在中国特色社会主义事业这个大局中统筹考虑,兼顾中国特色社会主义全局的方方面面。新时代全面深化改革,必须坚持这个方略,正确处理改革、发展、稳定的关系,确保改革措施的出台不会影响社会稳定,不会导致相关利益群体的严重矛盾,同时还要考虑改革自身的相互协调,经济体制、政治体制、社会管理体制、文化体制改革、生态文明体制改革、民生与社会保障体制改革都要顾全大局,瞻前顾后。注意此改革与其他改革内容、举措、时机的有机协调。只有在马克思主义辩证唯物主义、历史唯物主义原理指导下，正确把握改革与建设各方面相互关系；只有在习近平新时代中国特色社会主义思想指导下，协调各方面改革内容、目标指向，才能兼顾各方面的平衡、协调，才能使改革的过程成为推进中国特色社会主义整体事业的过程，成为巩固中国特色社会主义制度、促进经济社会全面发展的过程。

其四，实现全面深化改革正确目标，必须坚持以马克思主义科学理论为指导。过去40年改革实践中，我们党一直清醒地明确和定位改革的目标，不是为改革而改革、不是漫无目的乱改，邓小平同志提出要按照"三个有利于"确定改革内容，习近平总书记明确指出我们改革的目的是通过改革，不断促进我们解放思想，解放和发展生产力，解放和增强全社会的活力、创造力。习近平强调，改革必须使广大人民群众多受益、受惠，必须以人民有更多获得感、幸福感、安全感为改革对与错的价值判断标准。这些目标的设定本身就是根源于马克思主义关于生产关系一定要适合生产力，上层建筑一定要适合经济基础的原理；根源于马克思主义关于社会主义制度作为先进的制度，应该体现在更能促进生产力的发展，更能促进人的积极性、主动性、创造性的原理；根源于马克思主义"以人民为中心"的原理。只有坚持以这样的马克思主义原理、立场为指导，坚持以习近平关于"以人民为中心"的一系列论述为指导，我们确定的改革任务、改革内容，改什么，如何改等等才是准确的；才会使我们的改革真正体现为中国人民谋幸福的宗旨；使各方面改革的过程，成为全体人民不断获得更美好生活的过程；使全面深化改革的结果更多地造福于广大人民群众,让广大人民群众在改革中受益更多、受惠更多,从而通过改革获得更多更美好的幸福生活。

(原载《光明日报》2019年6月10日)

马克思主义科学理论指导是我国改革成功的重要经验与原则

习近平总书记指出:"改革开放极大改变了中国的面貌、中华民族的面貌、中国人民的面貌、中国共产党的面貌。中华民族迎来了从站起来、富起来到强起来的伟大飞跃!中国特色社会主义迎来了从创立、发展到完善的伟大飞跃!中国人民迎来了从温饱不足到小康富裕的伟大飞跃!中华民族正以崭新姿态屹立于世界的东方!"①世人皆知,当时与中国几乎同时进行改革的,还有苏联、东欧的一些社会主义国家。但是,苏联、东欧社会主义国家改革的结果是:红旗落地,党的领导地位丧失,社会主义制度变成了资本主义制度。有的国家如苏联、南斯拉夫还导致了国家的解体,这些国家的综合国力、人民生活水平几十年停滞不前。中国改革的巨大

---

① 习近平:《在庆祝改革开放40周年大会上的讲话》,北京:人民出版社,2018年,第17页。

成功,与苏联、东欧国家改革的失败形成鲜明对比,其中一个非常重要的原因是,改革的指导思想不同,导致了改革的方向、内容、路径的不同,而这些不同导致了结果的极大不同。[①] 中国改革的成功,首先在于我们始终坚持马克思主义的指导地位不动摇,并以马克思主义态度对待马克思主义,推动理论创新和实践创新。

一、马克思主义是我国开启改革开放伟大实践的精神动力

我国改革开放起始于党的十一届三中全会。在粉碎"四人帮",结束"文化大革命"之后,全党全国人民共同的心愿是要集中精力进行经济建设,努力为社会主义现代化而奋斗。问题是,如何更好地搞好经济建设?选择什么路径建设社会主义现代化?当时的情况告诉全党,简单恢复"文革"前的所有做法,或者照搬苏联社会主义建设的做法,包括实行单一公有制,实行高度集中的指令性计划经济等等,显然是不利于更快更好地发展生产力的。在回答这个时代之问的探索中,出现了以真理标准讨论为基本载体的思想解放运动。正是在马克思主义真理的指引下,中国共产党人认识到:为使社会主义制度优越性充分发挥,社会主义现代化事业更快更好地发展,我们必须在马克思主义指导下认真研究和对待社会主义如何搞这个问题;必须使党的思想路线回到马克思主义立场上,坚持解放思想实事求是;必须对不利于社会主义优越性发挥

---

① 于慧颖:《新时代全面深化改革必须坚持马克思主义指导地位》,《光明日报》2019年6月10日。

的经济管理体制、运行机制,甚至脱离社会主义初级阶段实际的纯而又纯的单一所有制形式进行改革;同时必须根据和平与发展这个时代主题的新情况,根据当代世界经济全球化、一体化这个规律的要求,开启对外开放,在对外开放中与一切国家进行经济及各方面交流并且充分合作;必须在交流与合作中,大胆引进发达国家的资金、技术、经营管理经验,从而促进社会主义现代化建设。于是中国大地上出现了波澜壮阔的改革浪潮,在马克思主义指导下,中国共产党带领全国人民,总结规律,分析国情,探索新路,在政治、经济、文化各个方面改革经济体制和机制,使之更加充满活力,使之更加符合社会主义本质的要求。正如习近平总书记在庆祝改革开放40周年大会上所说:"40年来,我们始终坚持解放思想、实事求是、与时俱进、求真务实,坚持马克思主义指导地位不动摇,坚持科学社会主义基本原则不动摇,勇敢推进理论创新、实践创新、制度创新、文化创新以及各方面创新。"[1]这造就了40年来中国经济的持续高速增长,中国道路的伟大成功。这清楚地表明,没有马克思主义指导出现的真理标准讨论,没有因此展开全党的思想解放,改革开放的政策就出不来;没有马克思主义科学社会主义理论指导下对社会主义制度优越性、社会主义本质的深刻认识,没有马克思主义关于生产关系与生产力相适应的原理指导我们调整改革生产关系中某些与生产力水平不适应的内容,今天的中国道路、理论、制度、文化中的内容就不可能形成。

  40年来的改革实践中,整个改革的内容确定、方案选择,甚至

---

[1] 习近平:《在庆祝改革开放40周年大会上的讲话》,北京:人民出版社,2018年,第10页。

方式与时机的选择,都是在马克思主义理论,马克思主义认识论、方法论指导下进行的。

首先,从"摸着石头过河"来说,这是邓小平同志肯定我们改革的一个成功经验,特别是改革初期,农村家庭联产承包责任制的实行,是基层广大群众实践、实验、探索的结果。但事实也告诉我们,所有这些基层的创造,由个别典型经验到整体制度的转变,由点到面的全面推广,都是我们党在马克思主义科学理论指导下,总结规律、形成科学认识、形成全面性改革方案的结果。习近平总书记说:"摸着石头过河,是富有中国智慧的改革方法,也是符合马克思主义认识论和实践论的方法。"[1]我们的所有改革,都是采取试点探索、投石问路的方法,先行试点、尊重实践、鼓励探索,"取得经验、看得很准了再推开"[2]。这个"看得很准",就是用马克思主义理论指导分析整体情况后,找到规律。没有马克思主义理论的指导,就不可能找到规律,不可能看得很准,正如习近平总书记深刻指出的那样:"摸着石头过河也是有规则的,要按照已经认识到的规律来办"[3],"而不是脚踩西瓜皮,滑到哪里算哪里"[4]。所以我们党领导改革,一直是在马克思主义科学理论指导下按照规律推进的,即使是"摸着石头过河"这个方法,本身也是在科学理论指导下,认识规律、遵循规律的方法。

---

[1] 中共中央文献研究室编:《习近平关于全面深化改革论述摘编》,北京:中央文献出版社,2014年,第43页。
[2] 中共中央文献研究室编:《习近平关于全面深化改革论述摘编》,北京:中央文献出版社,2014年,第43页。
[3] 中共中央文献研究室编:《习近平关于全面深化改革论述摘编》,北京:中央文献出版社,2014年,第43页。
[4] 《习近平关于全面深化改革论述摘编》,北京:中央文献出版社,2014年,第43页。

二是马克思主义科学理论对改革实践的指导作用,还体现在整个改革过程推进中,需要就改革的必要性、改什么、改革的伟大意义取得共识。凝聚共识,就是要形成推进改革的合力;明确改革的目的,就是要使我国社会主义制度不断完善和发展,焕发社会主义的生机和活力;明确改革最核心的内容,就是要坚持和完善党的领导,不能偏离这一条;明确改革的过程中改什么、不改什么,就是要确定,有些不能改的,再过多长时间也是不能改的,不能把这说成是不改革。这里所说的改什么,不改什么,哪些东西必须改,哪些东西决不能改,确认的根据是什么? 以什么样的标准来确定改与不改的内容? 最根本的就是,以马克思主义及中国化的全部成果,包括毛泽东思想、中国特色社会主义理论体系,特别是习近平新时代中国特色社会主义思想为指导,分析经济社会发展的需要,明确改与不改的内容。

几十年来一些人总是鼓吹中国的改革要完全地向西方资本主义制度靠拢,企图使中国实行苏联戈尔巴乔夫那样的改革,在中国实行政治多元化、多党制、三权分立那一套。这些有害主张,从思想理论根源来说,都是反马克思主义的,都是以西方资本主义所谓政治学说为指导提出来的。我们党坚决拒绝和抵制这样的改革主张,本质上是从维护中华民族、中国人民根本利益、美好前途出发的;同时也是以马克思主义及其中国化成果为指导,科学分析中国的历史与现状,中国特色社会主义制度发展规律得出的科学结论。正如习近平总书记所说:"不断推进改革,是为了推进党和人民事业更好的发展,而不是为了迎合某些人的'掌声',不能把西方的理论、观点生搬硬套在自己身上。"①要从我国国情出发、从经济社会发展的实际出发,有领导有步骤推进改革,不求轰动效应,不做表面文章,始终坚持改革开放正确方向。中国改革开放是我们党的一次伟大觉醒,理论上清醒,政治上才能坚定,发展上才能目标明确。40年的实践表明,我们只能用马克思主义科学理论指导实践,用这个科学理论帮助干部群众认识改革的必要性。只有用这个理论才能讲清楚我们社会主义实践为什么必须改革,为什么必须进行这些内容而不是别的内容的改革。在这个理论指导下,广大干部群众统一了认识,就能理解改革、积极参与改革、支持改革,这才是我们这些年在面对许多难度很大的改革时,得以克服困难、取得成功的原因。因此马克思主义科学理论,是指导40年中国改革不断克服阻力、推向前进、取得胜利的思想武器。

二、马克思主义是我国经济体制改革成功的科学指南

经济体制改革是我国社会主义改革的重点任务和中心环节,40年的实践表明,这个重点任务和中心环节的成功,是中国共产党以马克思主义为指导,总结历史经验教训,探索中国特色社会主义初级阶段中国特色社会主义经济制度、经济运行机制的结果。

首先是关于社会主义初级阶段的基本经济制度,过去我们简单理解社会主义原则,超越阶段超越生产力发展水平,急忙过渡,建成了比较单纯的公有制经济。改革开放后,我们正是根据马克

---

① 《习近平新时代中国特色社会主义思想三十讲》,北京:学习出版社,2018年,第97页。

思主义关于生产关系一定要适合生产力的原理,从我国经济发展水平还落后,我们还处于社会主义初级阶段这个实际出发,调整生产关系,寻找适合当前生产力情况的所有制形式。从80年代初允许个体工商户出现,到80年代中期逐渐放开私有经济发展,包括引进外资,发展中外合资合作经济等,这几十年实践的前进,都是在马克思主义认识论原理指导下进行探索取得的,也正是在这样的实践与探索中,逐步形成了今天这样以公有制为主体、多种所有制经济长期并存共同发展的中国特色社会主义基本经济制度。今天,中国特色社会主义的基本经济制度,坚持以公有制为主体,多种所有制经济长期并存、共同发展,实行按劳分配为主体、多种分配方式并存,坚持最终实现共同富裕的目标,这既是马克思主义经典作家有关科学社会主义原理指导的结果,也是我们党在马克思主义关于生产关系一定要适合生产力发展原理指导下,分析社会主义初级阶段改革,对中国特色社会主义基本经济制度进行创新的结果。

其次是关于我们的经济管理体制和运行机制,这是经济发展配置资源的制度设定。过去的实践使我们认识到,脱离实际,不尊重经济规律,实行高度集中的指令性计划经济,只由政府部门的行政手段配置资源,会使经济严重缺乏活力,使市场主体、劳动者主体都缺乏积极性、创造性。从80年代初开始,我们党尊重价值规律,以马克思主义关于价值规律的理论引领我们认识经济管理体制的目标模式,经过计划为主市场为辅、计划与市场并重、到最终确立社会主义市场经济体制和运行机制的经济改革目标。这既是我们党运用马克思主义价值规律的结果,也是我们党推进马克思主义理论创新,产生了邓小平理论,形成了"市场经济,资本主义可以搞,社会主义也可以搞"的科学认识的结果。并且随着社会主义市场经济体制及运行机制的确立,特别是通过对新体制机制运行状况的分析,根据马克思关于社会主义国家政权的重要职能是组织社会化大生产和促进经济发展等思想,我们更进一步认识到,在经济发展中一定要发挥市场在配置资源方面的决定性作用,同时要更好地发挥政府的积极作用,并推动这方面体制机制的不断规范和完善。我们不再单纯教条地依靠政府配置资源的指令性计划经济体制,也不再简单照搬西方资本主义国家的自由市场经济模式,而是坚持搞社会主义市场经济,把看不见的手与看得见的手的作用都有机结合起来,创造和形成有中国特色的社会主义市场经济体制。这个体制与机制从认识论根源说正是马克思主义的辩证唯物主义,它是这个科学认识论指导的结果。

三是农村、企业及社会领域所有改革的成功,是马克思主义及中国化成果指导的结果。40年的农村改革,从家庭联产承包责任制到统分结合的经营体制,到公司加农户的市场经济运行机制,再到所有权、经营权、使用权分离基础上的现代化农业经营模式,我们党始终根据科学社会主义原理的要求,以马克思辩证唯物主义为指导,分析农村情况,坚持社会主义基本经济制度,尊重市场规律,逐步形成了适合当代农村情况,使农村能更快更好地发展生产力,走向现代农业的经济管理体制和运行机制。在国有企业改革中,始终坚持以巩固和壮大国有经济,以做强做大国有企业为改革的目标,改革企业管理体制,完善企业领导制度,明确改革中不能削弱党对企业的领导,明确企业党组织的政治核心地位,在建立现代企业制度、实行公司制改革中,强调处理好董事会、经理同党委会、职代会的关系,强调把党的政治核心作用、党管干部原则落实到企业管理中。到党的十八大后,党中央明确国有企业党组织处于政治核心地位,发挥领导核心作用,强调通过深化改革,做强做大国有企业,发展壮大国有经济,这都是我们党在马克思主义科学理论指导下为发展完善中国特色社会主义企业制度提出的正确方针、原则。其他方面的改革也是如此,比如文化体制改革中把文化定位为社会主义文化事业和文化产业,强调事业和产业发展中,都要坚持把社会效益放在第一位,都要以弘扬社会主义核心价值观,建设社会主义先进文化为使命,等等。没有马克思主义及中国化成果,特别是习近平新时代中国特色社会主义思想的指导,就不可能提出形成所有这一切改革的正确方针、原则,我国经济体制及社会各方面的体制改革就不可能坚持正确方向,取得今天这样的成就。

三、全面深化改革,必须以习近平新时代中国特色社会主义思想为指导

40年的改革开放,使中国特色社会主义获得了极大生机和活力,通过改革,我们的综合国力、科技实力、国防实力、人民生活水平极大提高,我们成功开辟了中国特色社会主义道路,中华民族迎来了从站起来、富起来到强起来的伟大飞跃,中国特色社会主义进入新时代。新时代全国人民的主要任务就是把中国特色社会主义全面推向前进,全面实现"两个一百年"奋斗目标,把我国建成社会

主义现代化强国,实现中华民族伟大复兴的中国梦,实现这样的历史性任务,需要全面推进"五位一体"的总布局、"四个全面"的战略布局。其中,全面深化改革便是实现新时代历史性任务的根本保证、重要前提。习近平总书记强调,夺取中国特色社会主义事业新胜利必须坚持全面深化改革,改革促发展,必须通过深化改革,坚持和完善中国特色社会主义制度,不断推进国家治理体系和治理能力现代化。如何继续推进改革,以什么样的理论指导我们的全面深化改革,这是保证新时代改革沿着正确方向前进,取得成功必须首先弄清的前提。

习近平新时代中国特色社会主义思想科学回答了我们坚持和发展的是什么样的中国特色社会主义,以及如何坚持和发展中国特色社会主义的一系列基本问题,包括新时代坚持和发展中国特色社会主义总目标、总任务、总体布局、战略布局和发展方向、发展方式、发展动力、战略步骤、外部条件、政治保证等基本问题。为中国特色社会主义的经济、政治、法治、科技、文化、教育、民生、民族、宗教、社会、生态文明、国家安全、国防和军队、"一国两制"和祖国统一、统一战线、外交、党的建设等各方面,都提出了一系列新思想、新论断、新理念。全面深化改革从根本上说,就是对关系中国特色社会主义事业各方面的制度、体制、机制进行改革,以促使各方面的体制、机制、制度更科学更规范、更有利于促进中国特色社会主义事业的顺利发展。从这个意义上说,改革就是为了更好的发展。习近平关于中国特色社会主义各方面的论述、关于推进伟大事业顺利前进的一系列新思想、新理念、新战略,一方面是指导伟大事业顺利前进的科学理论;另一方面也是指导我们全面深化改革,发展创造更好的制度、体制与机制的科学理论、行动指南。新时代全面深化改革实践中,必须以习近平新时代中国特色社会主义思想为指导,以习近平关于伟大事业各方面论述中提出的理念、战略、思想为指导,制定改革任务、明确改革方向、推动改革落实。

习近平新时代中国特色社会主义思想,不仅全面系统地回答了实现新时代全面深化改革各方面任务必须遵循的方针、原则,而且专门就深化改革提出了一系列科学论述,形成了习近平关于社会主义改革的重要思想,这是我们全面深化改革必须坚持的指导思想,包括:

1.我国未来发展必须坚定不移依靠改革开放

习近平总书记强调:"改革开放是决定当代中国命运的关键一招,也是决定实现'两个一百年'奋斗目标、实现中华民族伟大复兴的关键一招。"[①]我国过去40年快速发展的重要原因是改革开放。我国未来发展也必须坚定不移依靠改革开放。全面深化改革,是解决中国现实问题的重要途径。改革是由问题倒逼的产物。旧的问题在过去的改革中解决了,新的问题又会产生,因而改革既不能一蹴而就,也不能一劳永逸。当前我国发展还面临一系列矛盾和挑战,前进道路上仍有不少困难和问题。如,发展中不平衡、不协调的问题依然突出,科技创新能力不强,产业结构不合理,发展方

---

① 中共中央文献研究室编:《习近平关于全面深化改革论述摘编》,北京:中央文献出版社,2014年,第3页。

式转变尚未完成,城乡区域及居民收入差距依然较大,社会矛盾仍然存在,教育、就业、社会保障、医疗、住房、生态环境、食品药品安全、生产安全、社会治安、执法司法等关系群众切身利益方面的问题较多……如何解决这些问题?需要系统谋划、多管齐下、多方用力,但基本途径是,必须按照习近平总书记指示,依靠深化改革,为破解这些难题,为推动这些问题的解决创造好的制度、体制、机制。

2.把握全面深化改革的总要求

一是把完善和发展中国特色社会主义制度,推进国家治理体系和治理能力现代化作为全面深化改革的总目标。用习近平新时代中国特色社会主义思想指导改革,就要明确我们的改革最终是要坚持和完善中国特色社会主义制度,是要实现国家治理的现代化,而不是另起炉灶。二是坚持进一步解放思想,进一步解放和发展生产力,进一步解放和增强社会活力。这三个"进一步解放"既是改革的目的,又是改革的条件,要明确推进深化改革,就是要使中国特色社会主义在解放和发展社会生产力,解放和增强社会活力,促进人的全面发展上比资本主义制度更有效率,更能激发全体人民积极性、主动性、创造性,更能为社会发展提供有利条件,展现社会主义制度的优越性。三是坚持社会主义市场经济体制改革方向,建立起以市场配置资源的经济体制运行机制,同时,更好地发挥政府的宏观调控作用,运用这两手保证我国经济效益高质量发展,其他方面的体制改革也要适应社会主义市场经济发展提出的新要求。四是以经济体制改革为重点,发挥经济体制改革的牵引作用,在全面深化改革中,坚持以经济体制改革为主轴,努力在重要领域和关键环节改革上取得新突破,以此牵引和带动其他领域改革,使各方面协同推进,形成合力,而不是各自为政、分散发力。

3.改革成果要惠及全体人民,使广大人民群众从改革中增强获得感、幸福感

习近平总书记提出的这个理念,是确定全面深化改革各方面内容、举措方式的重要原则。我们不是为了改革而改革,而是通过改革,最终惠及全体人民。因此,改什么、不改什么的内容的确定,改成什么样子的目标的确定,都要把是否有益于人民获得感的提升作为基本遵循和价值准则,要通过改革不断增强人民幸福感。①

4.坚持改革的社会主义方向

在改革问题上,一方面要继续前进、决不停步;另一方面,要坚持社会主义方向绝不动摇,这是习近平总书记强调我们改革的基本态度。按照这样的态度,在全面深化改革中,必须始终坚持社会主义方向,决不能搞苏联戈尔巴乔夫那样否定社会主义根本制度的改革。具体地说,在政治上,决不能搞西方国家的多党制、三权分立那一套;在经济上,决不能搞私有化,搞所谓"新自由主义"那一套。正如习近平总书记所说:"问题的实质是改什么、不改什么,

---

① 于慧颖:《习近平关于民生论述的本质特征及其现实意义》,《马克思主义研究》2018年第11期。

有些不能改的,再过多长时间也是不改。"①坚持这样的指导思想,才能使改革的结果是坚持和完善中国特色社会主义制度。

四、以科学态度对待马克思主义,不断推进马克思主义创新与发展

习近平总书记在庆祝改革开放40周年大会上的讲话中指出,40年来我们始终"坚持马克思主义指导地位不动摇,坚持科学社会主义基本原则不动摇,勇敢推进理论创新、实践创新、制度创新、文化创新以及各方面创新,不断赋予中国特色社会主义以鲜明的实践特色、理论特色、民族特色、时代特色,形成了中国特色社会主义道路、理论、制度、文化,以不可辩驳的事实彰显了科学社会主义的鲜活生命力"②。这就告诉我们,过去40年的改革实践中,我们坚持马克思主义为指导,同时是以科学态度对待马克思主义,在坚持科学理论指导改革的同时,坚持不断推进马克思主义的创新和发展。

首先是坚持马克思主义的本质。马克思主义诞生以来,作为马克思主义科学理论信仰者,在以马克思主义为指导的问题上,实际上存在形形色色的不同表现。有的口头上宣称信仰马克思主义,实际上背离马克思主义根本立场、基本精神,如第二国际伯恩

---

① 中共中央文献研究室编:《习近平关于全面深化改革论述摘编》,北京:中央文献出版社,2014年,第15页。
② 习近平:《在庆祝改革开放40周年大会上的讲话》,北京:人民出版社,2018年,第10页。

施坦等人的修正主义等。有的则是把马克思主义当作僵硬的、一成不变的教条,不能根据时代特点、环境变化运用马克思主义。在中国共产党的历史上,也曾出现过这样的现象,这就不仅对革命和建设事业无益,而且不是真正坚持马克思主义。中国共产党取得革命、建设、改革成功的一个重要经验是,把马克思主义当作行动的指南,必须以科学态度对待马克思主义,必须坚持马克思主义立场、坚持马克思主义本质。习近平总书记在纪念马克思诞辰200周年大会上揭示了马克思主义四个方面的本质特征,指出:马克思主义是科学的理论,是揭示人类社会发展规律的科学;马克思主义是人民的理论,是服务于作为历史创造者的广大人民群众的,是为人民求解放、谋幸福的理论;马克思主义是实践的理论,它从人民推动历史前进的伟大实践中产生,也在实践中不断前进、发展,是人们改造世界的科学;马克思主义是开放的理论,不是封闭的理论,它没有结束真理,而是开辟了人类认识真理的正确道路,它吸收人类文明的所有有益成果而不断丰富自己完善自己。40年来的改革实践中,中国共产党以马克思主义指导改革,主要表现为坚持马克思主义以上四个方面的本质特征,按照这些本质特征的规定对待马克思主义,坚持马克思主义,推动马克思主义创新与发展。40年来,在指导改革开放的实践中,我们党坚持马克思主义理论的科学本质,以这个科学理论揭示的人类社会发展规律、社会主义建设规律、共产党执政规律原理来指导改革,破除改革难题;坚持马克思主义理论的人民性质,在指导改革实施的全部工作中,始终把实现人民利益,为中国人民谋幸福作为改革价值准则,确定改革任务、明确改革方式;坚持马克思主义的实践性质,坚持实事求是,从实际出发,从有利于实际问题解决的角度出发,按照实践的需要确定改革什么、怎么改,确保改革有利于中国特色社会主义事业;坚持马克思主义的开放本质,在改革实践中,不断吸收借鉴人类文明有益成果,以这些有益成果丰富和发展马克思主义,以体现了时代特征、反映了人类文明最新成果的马克思主义指导改革实践。这就使中国改革始终代表着历史前进的正确方向,体现时代进步与人民根本利益的要求。

其次是坚持马克思主义立场、观点、方法和基本原理。习近平总书记在2016年5月17日全国哲学社会科学工作座谈会上的讲话中强调,坚持以马克思主义为指导,主要是指我们在实践中必须坚持马克思主义的立场、观点、方法和一系列基本原理。这既是我们党全部工作中坚持以马克思主义为指导的基本要求与准确含义,也是我们在改革实践中坚持以马克思主义为指导的基本要求与准确含义。过去40年改革实践中,我们始终坚持马克思主义立场指导改革、谋划与实施改革。在改革的性质上,我们坚持这是对社会主义制度的发展和完善,而不是另起炉灶,推倒重来。在改革的进程中,面对来自各方面的干扰,面对资产阶级自由化把改革引向资本主义的企图,我们党坚持马克思主义立场,反击资产阶级自由化,坚持改革的社会主义方向。在改革的各方面内容的确定,改革措施、方法的确定上,我们党也始终在运用马克思辩证唯物主义、历史唯物主义的思维方法、思维方式,全面分析改革的必要性,全面地历史地分析中国所处社会主义初级阶段的基本情况、基本特征对生产力发展的要求、对生产关系的要求、对经济体制应有的基本内容的要求,全面分析经济体制改革与其他方面改革的相互关系,全面分析市场配置资源与政府宏观调控经济的利弊,确立建设社会主义市场经济体制的同时更好地发挥好政府宏观调控的作用,坚持以马克思主义一系列基本原理指导改革内容的确定,指导改革途径的选择。比如,对我国社会主义基本经济制度的确定,就是按照马克思主义生产力与生产关系、经济基础与上层建筑关系的基本原理确定了必须坚持公有制为主体、多种经济成分长期并存共同发展;关于农村家庭联产承包责任制、两次飞跃的经济体制改革任务,关于国有企业进行产权明晰的改革,建立现代企业制度等的改革任务,都是以马克思主义政治经济学一系列原理为指导确定的。

第三是在改革实践中进行理论创新,丰富和发展马克思主义。这是中国共产党坚持马克思主义指导的一个重要特色和成功经验。革命战争年代,我们一方面以马克思主义指导中国革命,一方面推进马克思主义中国化,形成中国化马克思主义的成果,找到了中国革命规律。40年的改革也是如此。我们坚持以马克思主义指导改革,但绝不是把马克思主义当作僵化的教条,不是搞本本主义、教条主义,凡事都从经典著作里寻找答案或者用革命导师过去的论述来裁剪活生生的生活,而是以马克思主义的态度对待马克思主义,在坚持这个科学理论所表现的立场、观点、方法和一系列基本原理分析指导改革的同时,也坚持按照这个科学理论所固有的精神特质,面对新的时代环境,以解决问题、推进发展为目的进行实践创新、理论创新。对此,习近平总书记在庆祝改革开放40周年大会上深刻总结说:"改革开放40年的实践启示我们:创新是改革开放的生命。实践发展永无止境,解放思想永无止境"①,"我们坚持理论联系实际,及时回答时代之问、人民之问、廓清困扰和束缚实践发展的思想迷雾,不断推进马克思主义中国化时代化大众化,不断开辟马克思主义发展新境界"②。对于今后全面深化改革如何推进,习近平总书记强调,"我们要强化问题意识、时代意识、战略意识,用深邃的历史眼光、宽广的国际视野把握事物发展的本质和内在联系,紧密跟踪亿万人民的创造性实践,借鉴吸收人类一切优秀文明成果,不断回答时代和实践给我们提出的新的重大课题"③,推动当代中国马克思主义的发展。40年来,我们党以这样的态度对待马克思主义,不断深化对社会主义建设规律的认识,开辟了中国特色社会主义道路,而且形成了马克思主义中国化、时代化的大量成果,这包括:邓小平理论、"三个代表"重要思想、科学发展观、习近平新时代中国特色社会主义思想。在这些马克思主义中国化时代化新成果中,不少内容是对马克思主义科学社会主义原理的新发展,包括社会主义初级阶段理论、社会主义市场经济理论、中国特色社会主义基本经济制度理论、中国特色社会主义制度建设理论、中国特色社会主义民主理论、中国特色社会主义法治道路理论、国家治理体系和治理能力现代化建设理论、马克思主义执政党勇于自我革命的理论等等,这些都是对马克思主义科学社会

---

① 习近平:《在庆祝改革开放40周年大会上的讲话》,北京:人民出版社,2018年,第23页。
② 习近平:《在庆祝改革开放40周年大会上的讲话》,北京:人民出版社,2018年,第23页。
③ 习近平:《在庆祝改革开放40周年大会上的讲话》,北京:人民出版社,2018年,第24页。

主义的坚持和发展。

　　总之,40年的改革历程,我们能够始终坚持改革的正确方向不动摇,我们能够在错综复杂的形势下保持清醒的头脑,朝着正确的目标前进,我们能够克服一切艰难险阻,啃下不少硬骨头,闯过不少急流险滩,能够开启新时期到跨入新世纪,从站上新起点到进入新时代,能够40年风雨无阻,40年披荆斩棘,40年砥砺前进,我们党能带领人民绘就波澜壮阔、气势恢宏的历史画卷,谱写出感天动地气壮山河的奋斗赞歌。一句话,能够取得改革开放伟大成功,首先和最重要的就是,我们在改革开放过程中,始终坚持以马克思主义为指导,并推动马克思主义创新发展。

现代科技革命与振兴东北老工业基地的关系

始于20世纪中叶,以原子能、电子计算机的广泛应用为主要标志的现代科技革命,即第三次科技革命,是现代科学革命与现代技术革命的统称。它涉及信息技术、新能源技术、新材料技术、生物技术、海洋开发技术、空间开发技术等高技术群落,其影响力渗透于许多领域,是前两次科技革命所不能比拟的。现代科技革命的发展,使科学、技术成为一个不可分割的整体,科学技术化、技术科学化、科技一体化、科学技术生产一体化已成为不容否认的事实。科学技术是第一生产力,是当前经济社会发展中最活跃的组成部分。一个地区在科技领域的实力是谋求快速发展、增强综合竞争力的前提和基础。同样,东北地区是我国的老工业基地,为共和国现代化工业的建立和发展做出过巨大的贡献,创造过辉煌的业绩。新中国第一炉钢、第一辆汽车、第一艘万吨轮、第一架飞机、第一台万吨水压机等,都诞生在东北。然而,随着市场经济的不断发展,东北这个老工业基地逐渐落伍。党中央、国务院提出了"振兴东北老工业基地"的战略方针,调整、改造和振兴东北老工业基地绝不能再走低水平重复建设的老路,而必须依靠科技。

由于现代科技革命与时代主题的转换,使时代进入一个新的历史方位,因而振兴东北老工业基地不仅涉及经济工作的方方面面,也涉及社会事业的方方面面。从政府和企业的角度看,振兴东北老工业基地必须以新的思路,采取新的发展对策,转变观念,树立科学的"振兴"观来振兴东北老工业基地。

一、现代科技革命对振兴东北老工业基地的促进作用

现代科技革命是在近代科技的基础上发展起来的,是与近代科技相比较而言的。其意义不仅仅在于科学进步本身,而且在于具有解放思想、变革观念的重大意义。发挥科技对东北振兴的支撑和引领作用,是实现东北振兴战略目标的重要保证。近年来,国家科技部与地方有关部门围绕加快东北老工业基地调整改造和振兴步伐,出台了一系列计划和示范专项,取得了明显实效。实施制造业信息化工程,加快了东北老工业基地用信息化带动工业化的步伐。科技部实施的计算机辅助设计与现代集成管理(CAD/CIMS)应用示范工程,将东北三省作为重点推广地区。科技部组织实施在制造业中推广的应用数字化设计、数字化加工、数字化管理和网络化制造等专项,加快了东北制造业的信息化步伐。实施科技专项,开发了一批具有"东北制造"特色的重大名牌产品。党的十五大以来,研制开发出高中档数控机床、数字化医疗影像设备、工业机器人等一大批具有较强市场竞争力的重大名牌产品,推

动高新技术产业基地发展,促进了东北老工业基地的产业化结构调整和优化。

目前,东北地区建有沈阳、长春、大连等国家级高新技术开发区7个,软件产业化基地、特种材料产业化基地、中药现代化产业基地等特色产业基地12个,哈尔滨工业大学、吉林大学等国家级大学科技园5个。

为了充分发挥科技在东北老工业基地振兴中的先导、示范与带动作用,推进产业结构调整和体制机制创新,促进经济社会全面协调发展,必须对科技创新承担的任务有清醒的认识,在此基础上,紧紧围绕东北老工业基地的产品结构、产业结构、资源现状等来实施科技创新。

二、以科技创新为立足点,长远发展东北老工业基地

科技创新助推了东北老工业基地的先行领跑。东北三省曾是我国工业化程度最高、最先实现工业化的地区,是计划经济时代中国工业经济的大本营。之所以具备这样的地位,当然有国家的投入倾向和政策导向因素,也有东北地区的资源优势和基础设施条件。改革开放以来,随着我国经济发展和经济结构的调整,在新一轮经济体制改革过程中,东北受原有计划经济体制的严重束缚,普遍出现了产业结构老化和经济相对衰退的现象。可以说,科技创新是东北老工业基地振兴的必然选择。

1.坚持走新型工业化道路,利用高新技术改造传统产业。从经济发展的客观规律看,东北老工业基地的产业结构在短时间内不

可能发生重大变化。所以说,坚持走新型工业化道路,关键在于用信息技术改造传统产业,提升传统工业的技术水平、管理水平,开发出高科技含量、高附加值的新产品。当前,要围绕把东北老工业基地建成国家重大先进装备制造基地和主要原材料工业基地的战略目标,大力开展产业升级所面临的关键技术、共性技术的科研攻关,力争突破一批产业核心技术,提升产业技术水平,为经济结构战略性调整和可持续发展提供技术支撑;实施以信息化带动工业化的发展战略,推进装备制造、汽车、石化等行业的信息化进程;推广应用功能材料、结构材料、光电子材料等新材料技术,提高传统产品的性能、质量和水平。

2.提高科技持续创新能力,大力发展循环经济。根据经济和社会发展的战略需求,东北地区要积极开展多学科交叉的综合性研究和应用基础研究,为经济和社会的长期发展提供基础性、前瞻性、战略性的科技创新成果,促进区域科技总体水平和科技持续创新能力的提高。深入开展生态资源环境和资源枯竭型城市工业转型的战略研究,探索资源枯竭型城市和地区发展接续产业的途径和方法,加大新兴接续产业的技术研究,促进单一的资源主导型产业结构向多元的市场主导型产业结构转变,为东北地区的资源型城市和地区发展接续产业奠定坚实的技术基础。当前,要大力发展循环经济,一是创建工业生态园区,根据生态系统循环、共生的原理,使不同企业之间形成共享资源和互换副产品的产业共生组合,使上游产生的废物成为下游生产的原料,实现资源的综合利用。二是发展资源再生产业。大力推进以废旧物资回收利用为主要内容的再生资源循环利用和产业发展。三是积极推进清洁生产。高度重视能源节约,努力提高能源的利用效率,力争在老工业基地振兴过程中把能源消耗控制在最低程度。

3.加速高新技术产业化进程,为东北老工业基地振兴提供新的经济增长点。通过知识创新、技术创新和体制创新的有机结合,积极推进高新技术成果与社会资源的优化组合,大力发展具有自主知识产权的高新技术产业,促进东北地区国家级高新技术开发区的发展和具有东北特色的高新技术产业化基地的建设,为振兴东北老工业基地培育新的经济增长点。要着重建设一批重大高科技产业化项目,发展一批高科技企业集团,形成市场竞争能力强、带动作用大的新兴产业群体。大力推进高新技术产业与资本市场结合,建立与高新技术产业化相适应的风险投资机制,实现高新技术产业的跨越发展。

4.落实新的发展观要求,大力提高农业产业化、现代化水平。新的发展观突出强调的是城乡协调发展,做到统筹兼顾、全面发展。这对于东北老工业基地振兴具有很强的针对性、指导性。因为从区域经济协调发展的角度看,多年来,东北老工业基地的经济发展长期处于困难状态,使得一些地方在处理中心城市与县域经济、农村经济的关系上过分强调中心城市,某种程度上制约了农村经济的发展。这种城乡分割的二元经济结构使"三农"问题越来越突显,成为老工业基地振兴的重要制约因素。所以,加快东北老工业基地振兴,必须把农村经济做大做强,把农业产业优势和基础条件利用好、发挥好。为此,在推进全面振兴的过程中,东北地区要打破城乡体制分制,通盘研究解决城乡发展中的矛盾问题,用城市化、工业化的理念促进农业产业化、农村城市化、农民市民化。

三、解放思想,深化改革,推进体制、机制创新

作为国家重要的老工业企业,要紧紧抓住国家振兴东北老工业基地的有利契机,深入学习、深刻领会、提高认识、深化企业改革、强化企业管理、全力加快高科技现代化企业发展建设的进程。增强机遇意识,进一步解放思想,深化改革,扩大开放,着力推进体制创新和机制创新。

1.深化经济体制改革,实现体制创新和机制创新。体制创新,特别是深化国有企业的体制改革,是振兴东北老工业基地的重要环节。机制创新,就是要充分发挥市场机制的作用,努力形成市场力量驱动的经济增长机制和优胜劣汰机制。振兴东北老工业基地的前提是体制的创新,企业发展的前提是机制创新。国有企业体制不变,市场机制不发挥作用,再多的投入也会变成包袱。以产权制度为核心积极推进国有企业股权重组,相关部门应根据不同情况,采取多种方式,实施国有企业产权制度改革,实现产权的多样化和股份化。对于特大型国有企业可以借助国际资本的实力、民营资本的活力、国有资本的基础原动力,三位一体,混合所有。以建立法人治理结构为重点,重新配置企业利益主体的相互关系,加速特大型国有企业转换机制和向国际化迈进的过程。

2.破除观念障碍,加大人才工作力度,建立科技创新的支撑机制。科技创新,归根结底要靠人才做支撑和保证,而科学有效的机制是培养和促进大批优秀人才脱颖而出的原动力。其中,树立全新的人才观念和科学的人才工作理念是前提。东北地区由于受计

划经济影响较深,在思想观念层面,包括对于人才的培养、使用、引进等方面滞后于国内一些发达地区。因此,东北地区要从全局和战略的高度,牢固树立和落实科学人才观的新要求,创新人才工作体制和机制。当前,要以贯彻落实全国人才工作会议精神为契机,围绕东北老工业基地的调整、改造和全面振兴,打破传统人才观念的束缚,建立起人才的选拔、培养、流动、引进和服务的新理念,充分发挥各类人才的积极性、主动性和创造性,努力开创人才辈出、人尽其才的新局面。要进一步创新人才的选拔机制,实现公平化;创新人才的培养机制,实现多元化;创新人才的流动机制,实现市场化;创新人才的引进机制,实现高级化。围绕振兴东北老工业基地的实际,优化人才成长和创业的环境,营造鼓励人才干事业、支持人才干成事业、帮助人才干好事业的社会氛围,最大限度地实现人才资源的综合开发、优化配置和有效利用。通过创造人才择业、创业、成业的广阔空间,最大限度地发挥人才的潜能,激发各类人才旺盛的创造力,提高人才的贡献率。

3.区分不同类型,完善老工业基地的城市功能。老工业基地的结构调整如何与城市功能很好地结合是一项重大的课题。东北老工业基地比较有代表性的工业城市实际上分为不同工业类型。因此,完善东北老工业基地的城市功能必须因地制宜,不能走单一模式的路子。中心工业城市应加大"退二进三"的力度。沈阳、哈尔滨、大连、长春、吉林等中心城市与老工业基地应当从过去的以第二产业为主逐步转向以发展第三产业为主,把与中心城市不符的、与省会城市未来发展相矛盾的、不能充分体现级差地租要求的产业逐渐外迁、关闭,同时要大力开拓研发中心、金融中心与贸易中心的交通枢纽功能,以改变进一步发挥其中心城市的综合服务及辐射、带动作用。单一资源型城市应强化发展,一方面大力发展农副产品加工业等特色经济,以及其他都市轻型消费工业;另一方面要大力发展生活服务业,完善现代化城市所应具备的各种功能,以改变长期存在的单一产业结构。

(原载《内蒙古民族大学学报》2006年第2期)

吉林省民营经济发展中存在的问题

一、政策不到位,扶持力度小,市场竞争不公平

1.市场准入不平等,政策歧视依然存在。民营经济在"市场准入"上仍未享有公平待遇。主要表现在企业待遇上的不平等。长期以来我国对企业政策形成三种待遇:外资企业(包括三资企业)最好;其次是国有企业,享受特殊政策待遇;民营企业最差,缺乏社会法律名分,在融资贷款、市场准入方面受到限制。长期以来,民营经济被列入"另册",没有享受到"平等的国民待遇",这种状况现在虽然已有很大的改变,但事实上的歧视性政策规定和不公平的做法仍然广泛存在。目前,许多领域对民营投资虽没有明文规定的限制,但是民营经济在市场准入方面与国有经济甚至外资经济仍然存在着很大的政策差异。一些优惠政策不能享受,一些垄断行业不能加入。具体表现:一是有些领导同志存在发展观与政绩观的偏颇和浮躁,缺乏实干精神,"重国企轻民营""重大轻小""重

外轻内",忍耐不住民营经济从小到大的发展周期性,资源要素支持偏少,在投融资体制尚不健全的情况下,把发展当地经济的希望更多地寄托在上大项目和招商引资等外源性经济上。二是市场开发的门槛正在提高,致使民营经济市场开发成本不断加大。比如政府有关部门在对民营经济投资资格的认定过程中,对注册资本的方式、用地指标的落实、经营范围的划分、投资项目的许可、贸易渠道的开放、产权转移与企业兼并等诸多环节依然实行更多的前置审批,导致民营投资的关卡多、手续杂、费时长,增加了民营经济发展的交易成本。如通化市制药业目前平均利润率比10年前下降了10%以上,这种情况进一步延缓了企业再积累的过程,削弱了企业再发展能力。

2.审批程序复杂,人为因素过多。民营企业在进入交通、水利、电力、通信等基础设施建设项目及公共服务和公共设施项目等领域,列入审批的事项过多,同时存在办事程序不公开、不透明,操作过程中弹性太大的问题。一是审批程序复杂。据外县市的民营企业人士反映,某些职能部门存在着国家权力部门化、部门权力利益化、部门利益合法化和私人化的问题,特别是那些"三权在上"的部门,以为自己手里有把锤子,于是看谁都像钉子,成了"管、卡、压"的"公共乞丐"。二是信息不透明。基础设施建设项目及公共服务和公共设施项目一般都是政府部门或一些特许公司筹划,民营企业难以获得准确翔实的信息,在项目决策上缺乏信息支持。三是对于一些垄断行业或半垄断行业,在项目审批、资金安排、原材料供应方面向本系统直属企业倾斜,民营企业很难进入。四是还有一些行政职能部门靠收费过日子,一直是在"收费养人,养人收费"

的怪圈里运行。这些都严重制约了我省民营经济的发展。

二、政府职能转变滞后,执法不规范

1.部门职能错位,服务意识淡薄。据调查,有些职能部门到企业检查不是出于帮扶企业的目的,而是千方百计找毛病。对于有些收费项目,有很自由的裁量权,弹性很大,滋生了权力寻租现象。如九台市一些民营企业反映,长春到九台几十公里设三个收费站,阻碍了人、财、物的流动。这些不规范的行为严重挫伤了民营经济的积极性。缺乏系统的服务体系建设,如集中介组织、信用担保、信息提供、法律维权于一体的服务体系。

2.违纪违规执法依然存在。据吉林市非公有制经济发展局与市纪检、监察、政法等部门的一项联合调查表明,"三乱"现象较为普遍,集中表现在十个方面:一是自立收费项目,二是超标准收费,三是重复性收费,四是变相收费,五是搭车收费,六是收人情费,七是以罚代管,八是硬性摊派,九是收费不开收据,十是雇佣临时人员收费。此种"三乱"现象不仅在吉林市,而且在吉林全省也具有普遍性,严重阻碍了民营经济的健康发展。一是有些部门以经费不足为由,将司法执法行为作为创收的手段,下达创收任务,导致乱收费、乱封账、乱罚款、以罚代刑、以罚代管现象严重。二是有的部门受利益驱动,超出自己管辖范围,超越管理权限,多头、交叉、重复执法。三是有的执法犯法、徇私舞弊、贪赃枉法,只要收了钱,就可以重罪轻判、轻罪不判。四是一些部门利用自己的垄断地位或手中的权力,搞强制服务,搞索、拿、卡、要。五是有的对本系统、本单位的执法不严、执法不公的违纪、违法问题处理时拖延、推诿,存在处理事不处理人的现象。

3.服务体系不健全。从目前来看,我省还没有建立起为民营企业提供信息传递、创业指导、技术咨询、市场开拓等方面服务的社会化服务中心和相关的社会团体,导致民营企业渠道不畅、信息不通的问题难以解决,造成其在项目投资选择上带有较大的盲目性和投机性,从而导致投资风险加大和经济损失。发达国家普遍建立中小企业孵化器的做法,南方发达省份在这方面的工作已经走在了前头。比如上海在2000年就建立了中小企业社会服务中心,形成了多主体、多层次、全方位的企业社会化服务体系,几年来,经济与社会效益显著,值得我们借鉴。另外,法制建设不健全。虽然国家宪法修正案已经确定了民营经济的合法地位,但是,至今有关民营经济的单项法律仍未制定,目前依法对民营经济进行管理只能是依照相关法规。这些法规已经明显滞后于改革的形势,这就使民营企业长期在无法可依、缺乏应有法律保护的条件下发展。

三、民营企业投资融资渠道单一,融资障碍多

融资难依然是制约吉林省民营经济发展的瓶颈。据有关部门统计,2002年吉林全省民营经济资金缺口就达150亿元,2003年上半年全省民营经济完成的132.1亿元投资中,多为自筹和引进资金,银信部门贷款仅占3.9%。

首先,贷款难。1996年《担保法》实施以来,企业贷款大都采用抵押贷款的形式。但由于私营企业大部分是小本经营,没法向银

行提供抵押而获得贷款。同时,又由于民营企业规模小、抵御风险的能力差、信用程度不高、贷款风险大等因素,致使银行不愿意提供贷款。除此之外,担保体系不健全也是一个重要因素。据调查,吉林省有些城市已建立了贷款担保基金,如通化市,但大多数城市目前还没有建立此基金或基金数额太少。

其次,直接融资难。缺失直接融通长期资金的资本市场,金融资源过分向银行集中,不仅无法满足企业再生产所必需的资本需求,银行资产也面临呆滞和亏蚀。截至2002年,深沪两市共有民营上市公司194家,连陕西、新疆都有数十家民营企业上市公司,而吉林省发展较慢。在直接融资方面,股权融资是民营企业特别是民营高科技企业最主要的融资方式。但由于目前全国性资本主要服务于国有企业改制和重组,地方性、区域性产权交易市场融资活动受到禁止,民营企业融资依然面临困难。而吉林省由于受传统计划经济影响严重,民营经济的投融资机制一直比较僵硬,比如投融资总量并不随民营经济资本供求的变化而变化,忽略了投融资活动必须受到供求调节这一基本市场准则的影响。此外,金融创新型产品种类少,技术含量低,远不能满足地方经济快速发展,特别是老工业基地振兴对新型投融资工具的需要;金融市场不活跃、融资渠道不畅,导致资本积累能力差,资本运作机制不健全,致使民营中小企业融资难的问题始终得不到解决。

再次,金融部门信用等级评估的各种指标基本上是针对大企业制定的。融资环境不理想已成为制约吉林省民营企业上规模、上档次、上水平的重要因素。

四、社会各界对民营经济的评价不公正,社会保障落实不够

问卷调查显示,民营企业中认为社会各界对民营经济的评价公正和比较公正的占 23.1%,认为不公正和很不公正的占19.8%;党政领导和执法者中也有 11%的人认为不公正和很不公正;65.6%的人认为民营企业职工的社会统筹、医疗保险等方面的社会保障工作跟不上,职工有后顾之忧。这些数字充分说明,社会上仍然存在对民营经济歧视的心态,最明显的表现在就业观念上。

一是对民营企业思想上仍存在歧视心态和认识偏差。对民营企业的"富有"缺乏正确认识,一些行政部门有"吃富"的思想倾向。一些执法人员用有色眼镜看待他们创造的财富,认为"吃他们点,花他们点没啥","让他们出点血是应该的"。对民营经济的治理多于引导,重视税费征收而缺少各类服务。社会上对于民营经济也不同程度地存在偏见。

二是就业方面。有的下岗职工宁肯待业,也不愿去民营企业再就业。问卷调查显示,81%的求职者择业首选的不是民营企业。绝大多数人表示,到民营企业最担心的是没有保障,这主要是社会保障不完善造成的。另外,由于宣传力度不够,尚未形成民营经济发展的良好舆论氛围。

三是民营业主自身素质不高,存在一些不正确的做法。民营企业的成长与发展周期长短不确定,职工在企业的工作时间长短不一,劳动关系的确立与否不规范,以及民营企业主对问题的认识

方面的问题,致使吉林省大部分民营企业均没有按规定足额缴纳养老保险金、医疗保险金、工伤保险金、失业保险金、生育保险金。所以说民营企业的保障制度不健全,从业人员的合法权益得不到保障,已成为制约民营企业引进人才、企业发展的一个重要问题。

五、民营企业自身存在的问题突出

从吉林省民营企业成长、发展、壮大的过程来看,不难发现吉林省大部分民营企业仍存在起点低、规模小、整体实力不强,民营企业家自身素质不高、管理方式落后等问题。主要表现在以下这些方面。

1.规模小,技术落后。吉林省民营企业数量虽然不少,但大部分民营企业处于初始积累阶段,大多规模偏小,骨干龙头民营企业屈指可数。大都存在资本积累不足,竞争能力不强,大部分产品科技含量低,缺乏创新和再发展能力,研究开发能力不强等问题。

2.企业管理者素质低,管理方式落后。第一,企业整体素质不高。一方面,由于机制不健全,民营企业需要的人才在住房、养老、医疗、职称评定、培训深造等方面难以得到保障,因而"引不来"人才;另一方面,人才在自我价值的实现感、归属感、工资待遇等方面与现实有距离,因而"留不住"人才;还有的民营企业家对人才不放心、不放手、不信任,因而民营企业普遍出现人才危机。第二,企业管理者水平偏低。据抽样调查,吉林省私营企业主文化程度在大专以上的仅占17.3%,比国有企业低37.3个百分点,比三资企业低40.1个百分点,还有相当一部分业主只有中小学文化水平。多数企业主未经过企业管理的专业培训,战略素质、决策能力、经营管理能力跟不上时代发展的要求。到目前为止,还有很多民营企业停留在传统的家长式、家族式和作坊式的管理模式上,缺乏科学化决策和制度化、规范化管理,财务比较混乱,市场营销手段落后。第三,企业信用度低,相当一部分企业没有树立"诚信为本、诚信经营、诚信服务"的理念,不注意在社会上塑造企业和个人诚信的形象,不遵守供销合同,以及不按时还银行贷款的现象比较突出。还有一些企业偷税漏税,生产销售假冒伪劣产品,搞不正当竞争,劳资关系紧张,影响了正常的市场环境和社会秩序。

3.产业布局、经济结构不合理。据资料反映,有关部门对61户民营企业集团进行调查,结果显示,从事第一产业的有1户,第二产业的有15户,第三产业的有45户,一、二、三产业的比例为1.6∶24.6∶73.8,产业结构明显不合理,第一、二产业比例远远低于第三产业。民营企业在第三产业,主要集中在批发和零售贸易、农村牧渔业、制造业、交通运输业和社会服务业,特别是餐饮业,而高科技研发型企业比较少。由于产业结构相同,使企业间竞争激烈,效益普遍滑坡。这种结构不合理制约着民营企业的发展。同时,产品结构也不尽合理。名牌、高新技术产品比重不大,产品相似或雷同较多,用于产品研究与开发的经费严重不足。据悉,国际上一般标准为5%至10%,而吉林省民营企业集团研究开发费用仅占营业收入的0.7%,且有79%的民营企业集团没有投入研究开发经费。

[原载《长春工业大学学报(社会科学版)》2005年第4期]

加快吉林省民营经济发展的对策及建议

当前,吉林省民营经济正处于发展的重要时期,总体上处于难得的发展机遇期,发展条件十分有利;同时,也面临一些问题和挑战。从国际上看:一方面,经济全球化趋势加快,科技进步日新月异,许多国家瞄准中国市场,为非公有制经济发展提供更多的发展机会;另一方面,中国加入世界贸易组织以后,对作为农业大省和老工业基地的吉林省来说,其农业、汽车工业、传统商业,特别是民营企业面临着巨大冲击。从国内来看,一是党中央国务院对发展民营经济高度重视,使民营经济的发展环境越来越宽松,发展空间越来越大。尤其是党的十六大提出振兴东北老工业基地,对东北来说是一次腾飞的机会,对东北的民营企业来说更是一次难得的发展时机。从民营企业自身来看,面临着企业规模小、管理方式落后、产业结构不合理、运营方式落后、科技创新能力不高等问题。所有这些既为民营经济发展提供机遇,同时也带来严峻挑战。

然而,推动吉林省民营经济的发展,必须不断地解放思想,更新观念,优化民营经济发展环境,创新民营经济发展思路,使吉林省民营经济在全面建设小康社会中发挥更大的作用。

一、解放思想,更新观念,营造民营经济发展的优良环境

发展环境是否宽松,政策能否落实到位,是吉林省民营经济发展的关键。吉林省各级政府特别是有关职能部门,必须更新观念,把加快发展民营经济作为建设服务型政府的一项具体措施,营造民营经济发展的良好环境。

1.正确认识民营经济的重要地位,消除所有制歧视,营造发展民营经济的良好思想意识氛围。吉林省民营经济发展落后,根源在于思想观念落后。长期以来,在传统计划经济体制下形成的以意识形态和按所有制性质区别对待经济主体的观念,根深蒂固地影响着人们的思想。因此,把发展民营经济的认识统一到党的十六大和十六届三中全会的精神上来是非常重要的。充分认识"个体私营企业主也是社会主义的建设者"这一论述的深刻含义,真正从姓"社"姓"资"的误区中走出来,从现实情况出发,对民营经济的发展实行"不看成分,看发展""不看性质,看贡献"的政策,要像对待国有企业、外资企业那样,一视同仁、一律平等。首先,要解决各级领导干部中存在的思想问题,从而带动全省范围的思想解放。创造有利于各种所有制经济公平竞争的政策环境。把思想解放与工作落实结合起来,用工作实绩来印证思想的解放程度。比如通过宣传和政策调整来引导群众创业致富,在知识、技术、资本和管

理等方面放手,大力发展民营经济。其次,各部门要尽快调整那些体现所有制差别或阻碍民营经济发展的政策和规章,同时,针对目前存在对民营经济发展的优惠政策不够完善、操作性太强、落实不到位的问题,进行调整。吉林省要尽快出台加快民营经济发展的若干规定,并且建立监督机构,督促政策落实情况,从而把公平的原则落实到实际工作中去。再次,放宽民间资本市场准入领域,用探索和改革创新的办法解决民营企业融资难、贷款难、用地难等问题。凡是国家法律没有明文禁止的,都可以大胆地去做;凡是对民营经济发展有利的措施办法,都要大胆尝试,从而消除对民营企业、民营企业家的政策歧视。

2.在民营经济发展中,要处理好政府管理职能与服务职能的关系,提高服务意识。政务环境是民营经济发展的土壤,只有优化政务环境,才能提供优质高效服务。因此要加快吉林省政府职能转变,从"管理型"政府真正转换为服务型政府,转换到宏观管理和公共服务上来,对民营企业的发展多支持、服务,少干预、限制。

一是各级政府和部门都要把是否有利于民营经济发展作为衡量工作的标尺,通过建立严格的约束机制和激励机制,科学定位政府角色,摒弃"主角意识",辩证处理好"有所为有所不为、有进有退"的关系,按照市场规则,明确自己该做什么,如何做。努力营造宽松的政策环境和资源要素市场。

二是要增强服务意识。要树立企业是发展的主体,也是各级政府服务的中心,从而形成"服务为本"的理念。按照行政许可法的要求,以保护、扶持民营经济发展为己任,强化服务意识,转变服务作风,多指导不干预,多帮忙少添乱,多协调不扯皮,积极为民营企业开展"一条龙的办事服务",坚决纠正一些不够规范的收费行为,切实减轻企业的负担。

三是在促进民营经济发展过程中,建立规范化的信息、融资、人才、技术、培训等方面的服务体系。第一,信息服务。要利用信息网络,为民营企业搜集、筛选、发布有关信息,减少民营企业经营行为的盲目性和局限性。第二,科技服务。在促进"产、学、研"的结合中,推动民营企业、科研机构和大学成立共同研究的技术开发机构。第三,中介服务。要以市场为中心大力发展社会中介,包括融资中介、人才流动中介、新技术推广中介、进出口贸易中介等,要促使其按照市场经济的规律,有效运行,并真正成为连接民营企业、政府和研究机构的桥梁。第四,建立人才服务体系。根据需要,采取讲座、培训、函授、脱产等灵活多样的方式,重点抓好对中小企业创业者、经营者、中高层管理人员、关键技术研发人员的培训。第五,建立企业招商引资服务体系。

3.对于一些民营企业来说,要改变小富即安的思想。吉林省的民营企业家,就其大多数而言,都能做到勤俭耐劳、精明能干,但在勇于创业、善于创业、创业的思路、创业延伸发展的激情和创大业的理念上,与浙江、广东等民营经济发展较快地区相比差距较大。这在一定程度上制约了民营经济的快速发展。因此要发挥吉林省科教优势,通过建立社会化服务机构,为民营企业提供创业指导、市场开拓、现代企业制度,以及如何树立创业理念等相关知识的培训。引导民营企业经营者进一步解放思想,增强加快发展的责任感和紧迫感,彻底摒弃小富即安、求"稳"藏富,"恐私"等落后思想观念,培养创大业的理念。与此同时,积极引导私营企业家走出去,到经济发达的地区,如到温州、广州去学习创业经验和管理经验,甚至可以出国学习考察,拓宽创业思路,转换经营意识,提高整体素质,从而促使民营企业家更新观念,向现代企业制度转变,走制度创新之路。

二、切实转变政府职能,提高行政办事效率

一是要健全管理机制。美国为促进民营企业为主的中小企业的发展,1958年专门设立了中小企业管理局,通过中小企业管理局把中小企业的发展列为政府经济发展的重要组成部分。这一经验值得我们借鉴。要根据吉林省实际,在民营经济的发展中,各级政府和职能部门加强对民营经济的领导,把发展民营经济纳入经济社会发展的中长期规划和年度规划。同时由政府牵头,设置集中统一的民营经济管理机构,改变目前民营经济管理政出多门的多头管理体制,帮助民营企业及时解决生产中遇到的困难和问题,避免民营经济发展的无序和盲目。

二是要改善政务环境。改善政务环境的切入点就是改革政府审批制度,简化办事程序,加强对行政执法部门执法行为的监督。我们知道管理的目的是促进发展,不能借加强管理之名行限制之实。因此要坚决摒弃狭隘的部门利益,深化行政审批制度的改革,提高行政办事效率,推行"全程一站式"服务,简化环节,规范行政执法行为,在行政执法人员中逐步形成自觉服务和保护民营经济发展的新风尚。

三是建立健全政务公开制度,全面推动办事公示制、服务承诺

制、办理时限制、投诉反馈制、失职追究制等服务理念,建立和完善为民营经济服务的相关制度。

三、放宽市场准入限制,拓宽民营企业发展空间

拓宽民营经济的市场准入和经营范围对民营企业发展来说是至关重要的。如何放宽市场准入,拓宽民营企业发展空间,关键是消除体制性障碍,进行管理体制创新。第一,总结几年来吉林省发展的实践,进一步理顺管理体制,改变按所有制设立机构的旧模式,设置一个符合本省实际,又有利于民营经济发展,便于协调指导的服务机构。对凡是国家法律法规未加限制的行业,都对民营经济放开;凡是鼓励和允许外商进入的领域,都对民营经济放开;凡是国家实行特殊投资政策的领域,允许其他所有制经济进入的,也应对民营经济放开。同时要允许民营企业参与政府采购的公开竞标。鼓励民营企业投资办教育、办医院,从而打破行业和部门的垄断,公开招标,公平竞争。第二,改革市场准入前审批的管理方式。根据吉林省具体实际,撤销一切不合理的增设机构,如在注册登记方面要降低门槛,允许新设立的民营企业注册资本分期注入、分批到位。尽量减少企业设立注册登记的前置审批事项,除法律、法规明确规定必须进行前置审批的事项,其他事项,申请人均可先领取营业执照,再向有关部门申报。对保留的前置审批事项,应当与企业注册登记实行并联审批。第三,放宽律师、会计、审计、评估、代理等社会服务、咨询机构的市场准入限制,明确市场准入的资格、条件,原则上要改审批制为核准制。并且鼓励民间投资项

目,把它纳入省级重点项目规划之中。

四、优化民营企业融资环境,发展和完善信用担保制度

1.推动金融改革,加大对民营企业的支持力度。搞活金融市场,提高融资能力,充分利用民间资金,多渠道融资,是加快吉林省民营经济发展的有效途径。一是调整国有商业银行的信贷政策,根据吉林省具体实际,安排一定比例的信贷资金流向民营企业,做好服务。二是建立科学完善的民营企业信用等级评估体系。对一些支柱产业和大企业集团,以及那些有市场、科技含量高的民营中小企业给予贴息贷款优惠政策,从而建立起适合民营企业发展的信贷审批制度。比如通化市推行股份制、利用民间资金的做法,辽源市以会员制的形式连接银企的做法,长春中东信用担保公司的融资方式等都是值得在全省推广的。

2.建立完善的信用服务体系。信用建设包括多方面,作为政府来说,一方面要按照有关政策规定,该减免的税,该优惠的收费一律要彻底兑现,尤其是一些隐性收费和随机收费要坚决取消。另一方面要教育引导企业诚实守信、守法经营,该缴纳的税费必须如数缴纳,做到不逃税、不避税。以信用为载体,全力打造全省民营企业的诚信度,实行信用等级评定制度。尤其要坚决打击制假、售假、欺行霸市、不正当竞争行为。此外,政府要加强相应的机构建设,提供相应的服务,如争议仲裁服务,即对于在经营中,企业间、企业主与雇员、企业与部门之间出现矛盾和纠纷,政府要提供优质的服务,不断规范企业行为,切实保护民营企业的合法权益。

3.进一步完善担保体系。首先,要发挥政府的作用。由于目前民营中小企业大多实力不强,政府应该牵头以货币资产或国有存量资产入股,联合其他经济实力强、市场形象好、资信度高的企业法人组建担保公司。各部门发放给中小企业的各种发展、引导资金,可作为担保基金直接委托给担保机构按市场机制运作。按公司法、担保法和合同法规范作为股东的政府行为,政府部门不可直接操作具体担保业务,防止政府行政指令担保公司对某家企业、某个项目进行担保。

　　其次,信用担保机构必须实行规范的会员制。担保公司筹建过程中应该按照公司法的要求,从财政及国有资产划拨、企业法人、银行、社会、担保费收入等多种渠道筹集担保资金,地市民营中小企业信用担保机构可以吸收符合条件的中小企业作为会员单位。为了在开展担保业务过程中能与协作银行有效合作,可以和辖区内各商业银行共同审查会员企业资格。省级民营中小企业再担保机构可以吸收符合条件的地市中小企业信用担保机构(含政策性、互助性和商业性中小企业信用担保机构)和企业为会员单位。申请贷款担保时,同等条件下会员企业优先。

　　再次,规范中介组织行为,降低企业融资成本。土地、房产评估机构应彻底与政府部门脱钩,引入市场竞争机制,打破政府垄断,降低收费标准。

五、加快推进法制建设,营造公平竞争的环境

　　第一,要建立宽松和谐的监管体系。一方面要发挥民营经济

领导小组的监督作用,对物价、财政、监察等牵头部门开展不定期检查。另一方面,要实行综合监督,及时反馈。工商、税务、质量技术监督等部门要进行联合执法检查,实施规范的效能监察制、程序办案制和重大案件处理的新闻发布制,比如可通过设立举报箱、征求意见卡等形式听取民营企业的意见反馈。

第二,要建立健全严格的责任追究制度。要实行行政执法首长负责制,哪个部门违规,应追究那个部门的领导责任。要加大《吉林省个体工商户和私营企业权益保护条例》的贯彻落实施力度,严厉打击侵害民营企业合法权益的违法犯罪行为,确保民营企业正常运转和投资经营者的人身财产安全。

第三,规范收费项目,加大惩治力度,为民营经济发展营造宽松环境。首先,收费项目、标准的审批权应集中到省政府,市州政府和县市政府无权规定收费项目、标准。对违背省政府统一规定乱设收费项目、标准的,应严肃查处。其次,严格规定有关部门的收费程序,特别是流动性收费程序。

第四,逐步缩小收费项目,使之由费改税。并且要以地方法规、规章的形式加以规定,纳入法制化、规范化轨道,从而营造宽松的外部环境,促进个体私营经济的发展。

六、推动民营经济自身改革,不断提高民营企业的素质

大力发展民营经济,必须重视和解决其自身存在的问题,包括规模小、技术创新和市场开发落后、资信等级较低、融资能力较弱、管理水平和企业素质不高、经济效益较差、创业意识薄弱等问题,

促进民营经济提档升级。

1.注重规模适度,发挥比较优势。一是鼓励民营企业上规模,实现总量突破。通过扶持有基础、有实力的企业加快发展,扩张规模,形成综合实力很强的民营企业集团。从吉林省实际出发,大力发展劳动密集型企业,利用群体产业优势和行业性优势,培育企业"小巨人"。比如,辽源市私营袜厂已发展到36家,年生产能力7千万双,其中,"欧蒂爱"和"松鹤",占领东北市场,打入南方市场,且已成为该市的优势产业,并成为"全城经济"的突破口。三是探索集群式发展模式,形成民营企业规模经济、特色经济、品牌经济。从吉林省实际出发,调整生产力布局,积极推动资源整合,突出特色,集中力量建设一批产品档次较高、产业关联度较大、带动作用较强的产业群,引导具有共性和可比性的产业或企业集中发展。

2.建立健全法人治理结构,依靠技术人才做大做强。一是突破家族式管理模式,建立起法人治理结构,依法建立健全股东大会、董事会和监事会,招聘专业化的经理人才、管理人才和技术人才,规范企业的内部运作,提高企业的管理水平。二是引导民营企业走技术创新之路,加大科技投入,加快科技项目开发,推进企业信息化建设,增强企业发展后劲。大力促进民营企业与高校、科研院所合作,提高产品和技术开发创新能力,引导和支持民营企业实施品牌战略,对获得国家和省名牌产品称号的产品要优先列入有关技术改造、技术创新和新产品开发项目上,对获得中国驰名商标或被评为中国名牌产品的,要给予重奖。支持和重视民营企业的人才建设,积极创造条件,为高科技人员提供发展空间。对民营企业人才引进和流动方面给予优惠和支持,如户籍、职称等。三是民营企业要依法建立完善的社会保障制度。建立健全民营企业的工资福利、劳动保障和养老、工伤、失业、医疗等社会保障体系,解决高科技人才和企业员工的后顾之忧,使民营经济的快速发展真正转移到依靠人才和科技进步的轨道上来。

3.推动民营企业优化产业结构和产品结构。首先,促进民营经济与农村经济紧密结合。鼓励和支持民营企业充分利用本地资源,发展一个乡镇一个具体产业的产业布局,逐步形成区域化布局、专业化生产、一体化协作、规模化经营的格局,促进民营经济在推动产业化、农村城镇化进程中发挥更大的作用,形成各具特色、各显优势的块状经济产业带。

其次,促进民营经济在走新型工业化道路上发挥积极作用。要以政策为鼓励,市场为导向,资本为牵动,鼓励支持我省民营企业参与信息产业、高新技术产业、装备制造业。通过新型工业化战略的带动,促进全省民营经济达到提高科技含量、降低资源消耗、减少环境污染、增加经济效益的目的。

再次,在传统的手工业、轻型加工业和社区服务等劳动密集型产业继续发展的基础上,加快发展现代物流、旅游等一批新兴服务业。同时推动全省有较强资本实力和知识产权的优势产业向集团化方向发展。从而推动产业结构、产品结构的进一步优化。

(原载《白城师范学院学报》2005年第2期)

浅谈创新行政管理方法与提高基层政府管理能力

随着市场经济的不断发展,基层政府管理也在面临新的挑战,基层政府应当注重提高自身的管理能力,在管理方法、管理模式上主动采用更多创新式行政管理手段,不断运用科学有效的方法提升基层政府的管理能力,这既是对学习型政党的基本要求,也是对人民群众获得更大生活改善的必要条件。

一、当下基层政府行政管理现状问题

1.行政管理手段较为落后

当下经济快速发展,对于基层政府管理提出了更大的挑战,如果基层政府还是采用传统的管理方法,则很难适应当下市场经济的需要。[1] 基层政府需要不断着眼于行政管理方法的改善，不断提高政府的管理能力，并提高自身的管理效率。

2.行政管理需要加大与人民群众之间的互动

长久以来，我国政府都在致力于向服务型政府转型，在转型过程中，作为和人民群众接触最为广泛的基层政府，要将服务意识扎根于心，不断提升自身的服务态度，坚持一切为民的服务理念，将官僚主义的作风收起来，要真正地站在人民群众的角度为人民群众办实事，纠正自身的态度问题，这样才是一个服务型政府应当展现的姿态。

3.行政管理要和经济发展趋势相契合

在经济快速发展的过程中，中国已经在全球化进程中获得了重要的地位，在基层政府管理过程中，也要主动和经济发展的步调相一致。市场经济也将很多的外国企业带到了中国，这种与以往不同的经济环境也使基层政府在行使行政管理权力时遇到了一定的问题。遇到新问题时，基层政府应当对环境的改变加大重视，不断去适应新的环境，同时解放思想，主动吸收国外先进的基层管理经验，不断调整自身行政管理的模式。只有顺势而为，才能在经济全球化的大背景下获得更快速的发展。

---

[1] 李晓辉：《关于行政管理方法的创新和基层政府管理加强的研究》，《山西青年》2016第15期，第87—88页。

二、提高基层政府管理能力的创新性方法措施

1.以服务为本作为基层政府管理的第一要务

在以往的基层政府管理方式上,行政权力往往非常集中,很难体现民主的精神理念。为了改善这一情况,基层政府的管理人员应当放下架子,到人民群众中去听取群众的意见;同时基层各个岗位的公务人员,也应当改变以往的思维习惯,要将自己的工作看作一项服务,这样才能让行政工作更好地展开。

2.运用综合性管理方法作为创新式管理

在管理方式上,基层政府首先应当立足于居住地的特点,以当地的风土人情为基础,再结合现代管理的理念,在行政管理上进行创新。不能盲目地采用传统的行政管理模式,毕竟基层管理主要面对的是生活在同一片土地上的人民群众,需要考虑到当地的人文属性。在管理风格上,也应当注重和基层群众之间的情感沟通,多在基层群众中走动,才能真正成为为人民服务、为人民群众谋发展的服务型政府。

3.提高整个基层政府管理人员的综合素质

在进行基层管理的过程中,作为直接和基层群众接触的政府

工作人员,应当摒弃以往没有必要的官僚主义作风,在工作中要脚踏实地,避免盲目追求工作排场和一些流于形式的内容,毕竟政府应当做人民的公仆,讲究排场不仅影响了政府在人民心中的形象,也是对公共管理资源的极大浪费。[①] 所以作为基层政府管理人员,应当将注意力放在提升业务能力和服务意识上,将不断为人民群众创造更多利益作为自己的职业发展目标。

四、结语

提高基层政府管理能力任重而道远,除了需要主动吸收先进的管理学知识,不断提升自身的服务意识,在基层行政干部队伍建设上也始终不能松懈。只有提高公务人员的工作热情和主动性,让公务人员都能成为脚踏实地的人民公仆,才能促进向服务型政府的转型,进而提高自身的执政地位,为所在区域实现更大的发展。

---

① 李佳微:《农村行政管理体制创新的必要性、目标及路径》,《建筑工程技术与设计》2016年第20期,第67页。

网络公共事件中政府回应路径选择探究

近几年来,网络公共事件不断涌现,孙志刚案、山西黑砖窑事件、厦门PX事件、云南"躲猫猫"事件、双汇"瘦肉精"事件、哈尔滨天价鱼事件、天津港爆炸事件等此起彼伏,网络舆论调动了公民参与政治的热情,网民纷纷表达自己对事件的意见和看法。但当公共事件发生后,公众迫切需要了解事情真相,这给政府及时做出有效回应带来了许多挑战。

一、相关概念界定

1.网络公共事件的内涵

"网络公共事件"是一个新兴名词,随着互联网的不断发展,网络政治也愈来愈热。国内外学者对网络公共事件的研究有很多,经过梳理总结,我们将网络公共事件的概念界定为:网络公共事件是由现实中的某个社会事件引起,通过互联网引起众多网民参与,围绕某社会事件引起网民的广泛讨论并形成强大的网络舆论,从而得到政府重视或对现实产生重大影响的公共事件。

2."政府回应"的内涵

我国对"政府回应"的研究起步较晚,从 2000 年开始展开对"政府回应"的研究。学者何祖坤指出:"政府回应是政府公共管理过程中,对公众的需求和所提出的问题作出积极的反应和回复的过程。"根据国内外学者对"政府回应"的研究,本文认为:"政府回应"是政府在与公众的互动过程中,政府应尊重公众的话语权,当某事件发生后,对公众所提出的问题和质疑应做出积极的回复。

二、网络公共事件中政府回应存在的问题

1.政府回应意识淡薄

当前政府对网络公共事件仍然存在不回应、消极回应、被动回应及过度回应的情况,回应意识不足将会导致网络公共事件的快速蔓延,严重损害政府形象。当网络公共事件发展到难以控制的地步时,政府往往采取删帖、压制舆论等方式来进行应对,回应比较滞后,影响了政府的公信力。政府回应主体不够明确,"官本位"思想比较浓厚,而且政府的服务意识和责任意识不强,面对公众的利益诉求,不能及时做出有效回应。

2.政府回应渠道不畅通

当前政府回应的主要方式有政府网站、政务微博及官方微信等,使政府的回应效率大大提高,但各级政府网站平台建设的完善程度参差不齐,一些地方政府网站的信息更新较慢,甚至不更新,不利于政府与公众之间的有效沟通。各级政府之间缺乏有效的信息沟通和协调,信息共享渠道不畅,使得公共事件发生后,由于政府信息发布迟缓,引起公众的强烈质疑,可能会导致事件的进一步扩大。

3.政府对事件舆论引导不足

网络公共事件的发生非常迅速,从事件的潜伏期到爆发期这段时间是解决问题的关键时期,公众期待能够第一时间得到权威的回应。政府应清楚认识到媒体在公共事件引发的社会舆论中所占的重要地位,当公共事件发生后,政府应及时利用媒体发布准确信息,并采取积极的应对措施。有效的舆论引导,有助于公众对事件做出正确的判断。但当公共事件发生后,政府担心事件的真相会引起公众的恐慌,往往采取遮掩事实的方式,对媒体采取敷衍的态度,这更容易导致媒体的不实报道,导致事件态进一步扩大,因此政府应该保持与媒体的良性互动。

4.政府回应制度缺失

现阶段,由于专门负责处理网络公共事件的机构少,不能集中大量的人力、物力和财力来解决相关问题。政府信息公开不及时、内容缺乏真实性和有效性等情况主要是因为政府信息公开制度不健全。由于政府机构各部门的职责和权限不够清晰,有效监督的问责制度也不够完善,中央和地方相应出台了一些法律法规对行政问责做了相关规定,但只是政府机构内部的问责,缺乏公众的监督,降低了政府问责机制的操作性。

三、网络公共事件中政府回应路径选择

1.提高回应意识,树立服务理念

政府管理理念中"官本位"的官僚思想仍十分浓厚,忽视了对公众和社会的服务。要提高政府的回应意识,必须先转变政府官员的思想观念,落实对公民所承担的责任和服务。各政府部门要清晰认识到,自身的权力来源于人民,在行使权力时要围绕着人民出发,权力的大小也是人民赋予的。要在人民的监督下,正当行使自身的权力。政府应以"人民公仆"的身份,对公共事务进行管理,推进政府向服务型政府和责任政府转变。服务型政府主要强调公民本位,在民主制度下,政府要认识到自己作为服务者,要以服务人民和服务社会为宗旨。政府在提供公共服务时,要尊重公民的

意愿,积极与公民互动,政府要对公民提出的诉求给予及时回应,在政府回应路径选择中,要树立服务型政府的理念。

2.建设并完善政民互动平台

政府要重视网络回应渠道的完善,真正发挥政府回应平台的作用,不断提高政府回应效率。首先,加强信息基础设施建设,不断建立和完善政府门户网站,设立互动论坛,并且以政务微博和政务微信为配套,及时更新信息,从而更好地服务民众。建立网络公共事件常态预警机制,各级政府部门对信息进行及时整合,确保各类网络公共事件的信息能够及时准确地集中,推进部门间信息传递畅通。其次,在政府网站设立互动专栏,特别是针对网络公共事件问题,要及时公开信息、澄清事实、解答公众质疑的问题。推进各级政府间的信息沟通和协调,建立信息共享机制,当事件发生后,各级政府能够迅速了解事件,以便快速应对。

3.采取正确的舆论引导手段

政府要加强与媒体的沟通和协作,发挥媒体的舆论传播作用,推动公共事件往正确的方向发展,只有与媒体保持良性互动,才能实现双方共赢。政府要积极参与媒体议程设置,增强政府对舆论的引导,充分利用好拥有公共事件第一手信息的优势,将公共事件的真实信息通过媒介发布出来,保证公众及时获取公共事件信息。通过权威媒体发布信息,公众对权威媒体的信任度更高,可以使公众做出准确的判断,不会盲目跟风,这样有助于政府更加快速有效地处理公共事件。

4.完善政府回应制度

政府回应模式的完善,需要有一套成熟的回应制度,这有利于政府回应不会因为党政负责人的离任或人为意志的改变而改变。首先,要完善信息公开制度,提高公众对政府的信任,必须向公众及时公开信息,提高政府回应的透明度。其次,完善网络新闻发言人制度,新闻发言人作为政府回应公众诉求的代表,要做好信息把关、舆论引导,要注意言语的表达,从而促进政府回应工作的进一步开展,树立良好的政府形象。第三,行政问责制度的完善程度直接影响到政府回应体制的建设,也对我国网络公共事件回应力的提升起到决定性的作用。所以,要强化和完善行政问责制,要不断完善行政问责制度。加快对行政问责的立法,明确问责主体,避免相互推诿扯皮,明确问责程序,做到有章可循。把行政问责制与政府信息公开制度等有机结合起来,强化政府对网络公共事件的有效回应。

(原载《视听》2018年第3期)

新时期我国政府职能转变存在的问题及对策

政府职能问题是行政管理的基本问题,同时也是政治学和经济学研究的重要课题。随着历史的发展,政府职能也应因时转变,面对新的机遇和挑战。本文主要是研究新时期我国政府职能转变面临的问题及对策。

一、新时期我国政府职能转变面临的问题

1.政府的管理理念中"官本位"思想仍十分浓厚

首先,党的十八届三中全会指出,要充分发挥市场在资源配置中的决定性作用和更好地发挥政府作用,但目前,政府仍在资源配置中占主导地位,而市场在资源配置中受到各种制约,因此由政府对市场进行全面管理的旧理念还没有得到彻底的改变。其次,经济全球化趋势日益明显,尤其是加入WTO后,我国的政府职能尤

其是政府管理理念面临严峻挑战,为了更好地融入世贸组织,我国政府必须加快推动管理理念的创新和转变。由于受传统行政观念和社会习俗的影响,政府管理中"官本位"的传统思想仍然存在。

2.职能界限不够清晰,越位缺位现象严重

政府与企业、社会及政府内部各职能部门的关系还没有完全理顺。首先,政府工作人员分不清哪些事务该管,哪些事务不该管。当前仍然存在政府直接参与企业生产经营的问题,由于政府直接干预微观经济活动,因而削弱了宏观经济、市场监管、社会管理和公共服务等服务型政府的目标职能。其次,政府过多地介入本属于某一行业、地区的公共事务,由于政府的直接干预,使得一些社会组织难以发挥其作用。第三,由于政府内部各职能部门之间的职责也不够明确清晰,导致有利的政府事务大家争着去做,而无利的事务大家就相互推诿扯皮。我国各级政府的行政审批权过多,审批事项没有相应的法律规定,以及审批流程过于烦琐,在市场准入领域中存在多头审批的问题,容易产生权力寻租和官僚腐败的现象。

3.依法行政工作存在许多缺陷和不足

党的十八届四中全会通过了全面依法治国的决议,会议强调要"深入推进依法行政,加快建设法治政府",并阐述了要大力推进政府职能的转变。但在实际行政过程中存在着违背法治统一原

则、政令不畅的问题。首先,我国是一个有着人治传统的国家,人们的民主法治观念比较淡薄,以权代法的思想仍然存在。行政机关工作人员藐视法律,以权压法,认为自己可以超越法律的束缚,严重阻碍了依法行政的实现。其次,行政立法不健全,行政组织机构、职能、编制、工作程序、行政行为还缺乏完善的法律依据。政府及其工作人员拥有较大的自由裁量权,容易产生少数行政执法人员滥用职权,从而出现腐败的问题。第三,我国行政监督机制还不够完善。行政监督缺乏立法及其可操作性,导致监督机关行使职权时缺乏法律标准和依据。行政监督运行的过程及结果仍缺乏公开性和透明度,普通百姓对监督的运行程序及结果了解甚少。

二、新时期推进我国政府职能转变的对策

1.推进政府向服务型政府转变

党的十八届三中全会明确指出:"必须转变政府职能,深化行政体制改革,创新行政管理方式,增强政府公信力和执行力,建设法治政府和服务型政府。"因此,各政府部门工作人员要淡化"官本位"的思想,牢固树立为人民服务的意识,积极推进政府向服务型政府转变。而且政府履行管理职能时要以服务人民和服务社会为宗旨。

2.科学界定政府职能,推进行政审批制度改革

党的十八大报告指出:"深入推进政企分开、政资分开、政事分开、政社分开,建设职能科学、结构优化、廉洁高效、人民满意的服务型政府。"因此,政府部门要加快完善经济调节和市场监管,重视政府行政管理和公共服务的职能。党的十八届三中全会强调,要进一步简政放权,深化改革行政审批制度。因此,要推进政府职能转变,首先必须加快行政审批制度的改革,必须继续调整和简化行政审批项目,努力推进行政审批的规范化建设。

3.加快推进法治政府的建设

党的十八届四中全会通过了全面推进依法治国的决定,并明确提出全面依法治国的总目标:"建设中国特色社会主义法治体系,建设社会主义法治国家。"推进法治政府的建设,需要各级政府部门工作人员树立法治理念,坚持依法行政。行政机关要坚持"法定职责必须为、法无授权不可为"的原则,将权由法定、责依法定、事随法定的原则落到实处,由此纠正行政机关滥用职权的问题。要加快推进行政裁量权基准制度的建立,从而使政府在行使职权时有制度可依,防止各政府部门工作人员滥用职权,损害人民的利益。

三、结语

在新的历史时期,政府的管理理念还没有完全转变,政府与企业、社会及各职能部门的关系也没有完全理顺,这是一个长期的转变过程,并不是一蹴而就的。因此,仍须继续推进政府职能转变,提高政府的治理能力,推进法治政府建设,从而有利于中华民族伟大复兴中国梦的实现。

(原载《电视指南》2017 年第 17 期)